ジェンダーが拓く共生社会

都留文科大学ジェンダー研究プログラム七周年記念出版編集委員会
編

論創社

まえがき

都留文科大学ジェンダー研究プログラム七周年記念出版編集委員会
山本　芳美

本書は、公立大学法人都留文科大学「ジェンダー研究プログラム」（以下、プログラム）発足七周年を記念して刊行されました。山梨県の東部にある都留市に一九五三年に創立した都留文科大学は、文学部のもと初等教育学科、国文学科、英文学科、社会学科、比較文化学科の一学部五学科を擁します。全学で三〇〇〇名ほどの学生が学ぶ本学に、このプログラムが開設されたのは二〇〇五年四月に遡ります。本学には、以前より教養科目や各学科の専門科目にジェンダー関連の科目が多数ありました。二〇〇五年度より、これらの講座を体系的にまとめ、全学科の学生がジェンダーについて横断的に勉強ができるように、プログラムとして明確に位置づけました。

プログラムでは、歴史的に形成された社会的、文化的性としてのジェンダーに注目し、多様な社会や文化の中で、性別役割や両性の関係、社会諸制度や価値・規範などがどのように形づくられてきたのか、その起源や形成過程、変化について探究し、ジェンダー秩序を見直すための科目を提供しています。また、階級・身分、障害、年齢、人種、エスニシティ、セクシュアリティなどの多様な問題とジェンダーとの接点を明らかにすることにより、さまざまな社会的マイノリティ、差別、人権、人間の尊厳について考察しています。プログラムの受講者は、必修科目となっている「ジェンダー研究入門」を履修したあと、「基礎科目」「基幹科目」「関連科目」として分類された科目群から一六単位以上を修めることによって、大学が認定した修了証が与えられます。ジェンダー研究に関して、こうした「体系的」なプログラムをもつ大学は、全国でも多くありません。現在、プログラムを履修した卒業生は、平成二〇年度から一五〇名前後（全卒業生数の約二二％）に達しています。

ジェンダーの視点から見た本学の特色としては、女性の専任教員が四割近く在職し、出産・子育てなどを体験しながら働き続けていることが挙げられます。二〇一二年現在の本学の女性専任教員の割合は、二〇一〇年一二月に策定された男女共同参画基本計画（第三次）が二〇二〇年の達成目標とする三割を超えています。もちろん、建学の当初から女性教員比率が高かったわけではありません。このような現象はこの十年間の変化にすぎませんが、このことはプログラムが学内のジェンダー平等意識の向上に大きく寄与した証ともいえるでしょう。本学においても、管理職における女性の割合はまだ低く、課題も多くあります。そもそも男女共同参画基本計画の目標とする「三割」という数は、日本における男女比率を考えれば、決して平等な数字ではないのです。文科省の「学校基本調査」によると、二〇一二年五月一日現在、日本全国の大学教員一七万七五七一人のうち、女性は三万七二二一人です。女性教員の数は二一・二％にすぎず、前年から一二九七人増えて「過去最高」とされています。国公私立別の女性教員比率は国立一四％、公立二六・九％、私立二五％となります。

プログラムは、こうした一端からも推し量ることのできる日本社会の現状に対し、変革を強く望む教員たちのパワーを結集して誕生しました。プログラムでは常時二〇名以上の教員が科目を担当しています。各学科の委員で構成されるジェンダー研究プログラム運営委員会では、学科間の交流をはかるほか、年に一回、国内外の論者をお招きし、ジェンダー関係の講演会を開いています。講演のテーマは女性のキャリア形成、フェミニズム、トランスジェンダーなど多岐にわたっています。二〇〇六年に日本児童文学学会研究大会が本学で開催された折には、学会との共催でファンタジー評論家の小谷真理氏に、作家として女性が世間に出るときに往々にして起こる「テクスチャル・ハラスメント」についてお話しいただきました。

また、二〇〇九年には、インドのデリー大学南キャンパス副学長およびデリー大学大学院英文学科教授としてインドのジェンダー研究の最先端に立つマラシュラ・ラル氏にインドの女性たちが抱える問題（幼児婚、ダウリ、寡婦問題）についてのご講演をいただきました。さらに、二〇一一年の一二月には、ジェンダー研究プログラム七周年の記念事業として、国際的な講演会を開催しました。お招きしたのは、一九世紀から二〇世紀のスカンディナヴィアの教育史、女性史とジェンダー研究の方法論について主に研究されているコペンハーゲン大学教授およびデンマーク国立古文書館上級研究員のバージット・ポッシング氏と、アメリカでレズビアン活動家として同性愛の女性の人権の問題に取り組み、現在は「変革を求めるオールド・レズビアンの会」の副会長を務めるジャン・グリージンガー氏です。このような活動を通し、大学内外の学問的ネットワークも形成されてきています。

本書は、このプログラムの講義や運営にたずさわる教員による論集です。目を通していただければ、一般の読者の方にも心に響く箇所が見つかるはずです。ジェンダーは日常生活の中に埋め込まれている問題意識です。

本書は三部からなります。第一部では、ジェンダーの視点から読み解く日本の文化や社会の諸相を取り上げています。現役弁護士でもある杉井静子は、「『家』意識を支え再生産するもの――慣習・しきたり、社会通念を通して考える」にて、結婚式の招待状にあるあて名や世帯単位でおこなわれる社会保障など、日常生活を例に、「○○家」意識に潜むジェンダー規範、その再生産の状況について指摘しています。

牛山恵と望月理子による共同論文、「教育とジェンダー――山梨県中学校教師の意識調査から見る教師の現実」は、山梨県の中学校教師を対象に行ったジェンダー意識のアンケート調査結果について考察したものです。アンケートを踏まえて望月は「女ことば・男ことば」「くん付け・さん付け」ということばにおけるジェンダー規範を指摘し、「ことばに敏感になる授業」を創ることを提唱します。牛山は、アンケートの回答者が性別を選択しなかったことの無自覚と、「くん付け・さん付け」問題を取り上げ、教師の意識改革の必要性を強調しています。

山本芳美の「装いとジェンダー――纏足とハイヒールとコルセットとブラジャーと」では、日常身につけられているハイヒールやブラジャーをめぐるジェンダー意識や規範について論じています。装いがジェンダー意識に拘束されていると同時に、身につける人自身が「主体的に」進んで拘束されている側面があることを指摘しています。さらに、「装い」という行為自体の不条理さまで言及します。

三橋順子「強豪力士は女だった⁉――鹿児島県出水市加紫久利神社の石燈籠をめぐる説話から」は、筆者の講義を履修する鹿児島県出水市出身の本学の学生が教えてくれた伝承の分析です。同市・加紫久利神社に現存する、江戸時代の力士関脇出水川が寄進した石灯籠にまつわる伝承、とりわけ、出水川の好敵手だった強豪力士伊達ヶ関が実は男装した女だったという伝承の背景にある意識について、「双性原理」による説明を試みるものです。

第二部は「文学・芸術とジェンダー」をめぐって展開する論文を収録しています。

藤本恵による「錯綜する物語――薫くみこ『十二歳の合い言葉』の魅力」が検討するのは、一九八〇年代から現在まで活動している児童文学者、薫くみこ作『十二歳の合い言葉』（一九八二年、ポプラ社）です。本作は、「女の子」読者向けにジェンダー化された成長物語として、従来は批判的な評価を受けてきました。しかし、藤本は「男の子」向けの物語の要素を巧みに組み込み、「女の子」物語と錯綜させることで独自の世界をつくりだしていると指摘しています。作品分析を通して、この作品を支持した「女の子」読者の多様性や可能性も指摘しています。

大平栄子の「シータ像の変容──インド英語文学における寡婦」では、インド女性差別が集約されている寡婦差別を取り上げた短編小説に焦点があてられています。インドの寡婦に対する虐待について描く女性作家の作品から、ギータ・ハリハランの「夜毎の饗宴の名残」を取り上げ、そこには、虐待されるシータ（忍従の賢婦の女性モデル）ではなく、母と娘の離反と融合の物語の中に交差させる複雑な物語構成の中で反逆し、歓喜するシータの物語（＝寡婦の物語）が見られることを論じています。

中地幸の「ネラ・ラーセンの作品における売春、あるいは人種混淆と性の禁忌」では、一九二〇年代のアフリカ系アメリカ人女性作家ネラ・ラーセンの作品における人種混淆と性の問題が取り扱われます。ラーセンは、シカゴの貧しい白人（デンマーク移民）の母親に生まれた混血児で、白人家族から疎外され続けたという実体験を持つ作家ですが、本稿はこれまでのラーセン批評の中であまり論じられなかった売春というテーマを、ラーセンの出生問題とも絡め、読み解いています。

小沢節子の論文「再考・丸木俊の画業──裸婦と朝鮮人女性の表象」は、夫である位里との共同制作「原爆の図」の作者として知られる画家丸木俊（一九一二〜二〇〇〇）を論じました。敗戦直後から二〇世紀末まで、それぞれの時代の平和運動や、戦争責任・植民地責任論の浮上などに呼応しつつ描かれた女性像を、政治性とジェンダーの緊張関係を踏まえて解読しています。俊の絵画表現の新たな位置づけのみならず、戦後社会における裸婦や朝鮮人女性の表象をめぐる議論のひとつの手がかりとするものです。

第三部では、社会進出や労働をジェンダーから読み解く論文を集めました。

笹野悦子の「共生社会と『女性の社会進出』」では、共生社会がジェンダーの観点からどのように含意されているのかを検討しています。「女性の社会進出」が日本社会のオピニオンリーダーたちにどのように課題として構成されてきたのかを、CiNiiでヒットした約二〇〇件の著作を対象として分析しました。その結果、二〇〇〇年を境に「女性の社会進出」が女性を対象化した論述から男女の問題ないしは社会システムの問題へと推移していることを指摘しています。

村上研一による「二〇〇八年不況と就業構造の変容――ジェンダー視角からの考察」では、二〇〇八年以後の不況下の就業構造について、ジェンダー視角を踏まえて分析しています。分析の結果、就業者数減少や失業率悪化に関して、女性は男性よりも軽微であった、と筆者は指摘しています。それは、貧困が広がる中で女性の労働が促進されたことが主な要因ですが、今次不況を経て、ジェンダー格差を内包しつつ、所得格差・貧困はさらに深刻化していると述べています。

田中夏子「『協同労働』の優位性を捉えなおす――ワーカーズ・コレクティブ調査に見る女性たちの労働観」では、ＩＬＯ提唱のディーセントワーク実現の可能性について、「人間が大事にされる働き方」をめざしてきたワーカーズ・コレクティブの取り組みを事例として取り上げています。北海道のワーカーズ・コレクティブの組合員を対象としたアンケートを手がかりとしながらディーセントワークへの可能性と課題を論じています。

諸藤享子による論文「次世代を担う女性農業者の人材育成」は、日本の農村では高齢化が深刻化しており、農業や農村を担う若い人材の育成が急がれる現状を取り上げたものです。次世代を担う若い女性農業者に関する現状と課題を示し、現在取り組まれている育成支援事業を紹介した後、女性のエンパワーメントの視点から、自ら考え、自ら興す農業をおこなおうとする女性たちの姿を活写しています。

ジェンダー研究とは、「女性問題」にとどまるものではありません。日々の「働きづらさ」、「生きづらさ」がどこから生じているかを見つけ出し、ことばにしていく作業とも言い換えられます。ジェンダーに関連して何らかの問題意識を抱く方、研究動向に関心のある方などに、この本をお勧めしたいと思います。

最後になりますが、本書の企画は二〇一一年に立ち上がり、都留文科大学ジェンダー研究プログラム運営委員会のなかで編集ワーキンググループが組まれました。二〇一二年にワーキンググループのリーダー役であった窪田憲子の定年退職により、山本が引き継ぎ、牛山恵、古川裕佳、分田順子とともに編集を進めました。本書の出版が、プログラムの発展ならびに共生社会実現の一助となることを祈念して筆を置きます。

（参考ＷＥＢ）

「都留文科大学ジェンダー研究プログラム」http://www.tsuru.ac.jp/jender/index.html

＊本書は、都留文科大学重点領域研究費交付金（代表　中地幸）により出版しています。

目次

まえがき　3……山本　芳美

第一部　ジェンダー論の諸相　17

第一章「家」意識を支え再生産するもの……杉井　静子
──慣習・しきたり、社会通念を通して考える
はじめに　19
1　慣習、しきたりに残る「家」意識　20
2「家」意識を支える「世帯主」「世帯単位」　24
3「家」意識の名残がどの程度残っているか　29
まとめ　41

第二章　教育とジェンダー　42
──山梨県中学校教師の意識調査から見る教師の現実
〔論文一〕中学校教師のジェンダー意識の考察……望月　理子

1　幻の「女ことば」という規範　43
2　ことばと意識　48
〔論文二〕ジェンダーを自覚することから人権教育は始まる……………牛山　恵
1　自らの性に無自覚であることの問題　52
2　性別による言葉の使い分けの問題　55
第三章　装いとジェンダー…………………………………山本　芳美
——纏足とハイヒールとコルセットとブラジャーと
はじめに　61
1　ハイヒールとブラジャー　62
2　纏足とハイヒール　69
おわりに　78
第四章　強豪力士は女だった!?…………………………三橋　順子
——鹿児島県出水市加紫久利神社の石燈籠をめぐる説話から
はじめに　84
1　出水市加紫久利神社の石燈籠をめぐる説話　86
2　「説話」の検証　90

3　「説話」に見る双性原理　98
おわりに　104

第二部　文学・芸術とジェンダー　109

第五章　錯綜する物語……………………………………藤本　恵
――薫くみこ『十二歳の合い言葉』の魅力
はじめに　111
1　読者を引きこむ語り　113
2　〈男の子〉物語と〈女の子〉物語の交錯　116
おわりに　125

第六章　シータ像の変容……………………………………大平　栄子
――インド英語文学における寡婦
1　インドの女性作家たちとシータ像　130
2　多彩な寡婦の物語　132
3　寡婦の反逆の物語　135

4　母と娘の物語としての「饗宴の名残」　144
5　母の語られざる物語　148

第七章　ネラ・ラーセンの作品における売春、あるいは人種混淆と性の禁忌……中地　幸
はじめに　153
1　ラーセンの主要なテーマと売春問題　156
2　混血児ネラ・ラーセンの出生　159
3　『流砂』と娼婦というテーマ　164
4　パッシングへの危険な道のり　169
結びにかえて　175

第八章　再考・丸木俊の画業……小沢　節子
——裸婦と朝鮮人女性の表象
はじめに　181
1　裸婦像の展開　182
2　空を飛ぶチマ・チョゴリ　187
3《広島日本製鋼事件によせて》　193
まとめに代えて　199

第三部　仕事・ライフ・ジェンダー　207

第九章　共生社会と「女性の社会進出」……………………笹野　悦子
1　「女性の社会進出」とジェンダー構成　209
2　学術誌・オピニオン誌における「女性の社会進出」著作　212
3　「女性の社会進出」著作の課題構成　214
4　「女性の社会進出」と共生社会　223

第一〇章　二〇〇八年不況と就業構造の変容……………………村上　研一
――ジェンダー視角からの考察
はじめに　230
1　就業構造の男女別動向　231
2　従業者数の産業別動向　233
3　家族関係と女性の就業構造　236
4　労働時間別就業構造の変容　242
むすびにかえて　245

第一一章　「協同労働」の優位性を捉えなおす……田中　夏子
―ワーカーズ・コレクティブ調査に見る女性たちの労働観
はじめに――問題意識と構成　249
1　「協同労働」とは　252
2　「協同労働」の経過と現在――ワーカーズ・コレクティブをめぐって　254
3　ワーカーズ・コレクティブ調査に見る「協同労働」意識　259
4　小括　275
第一二章　次世代を担う女性農業者の人材育成……諸藤　享子
―日本の農政における女性支援施策から
はじめに　280
1　次世代女性農業者の現状と課題　282
2　次世代女性農業者の育成に関する取り組み（千葉県を事例に）　289
3　女性のエンパワーメント　297
おわりに　304
あとがき　307……窪田　憲子
（著者略歴）　318

第一部　ジェンダー論の諸相

第一章　「家」意識を支え再生産するもの
——慣習・しきたり、社会通念を通して考える

杉井　静子

はじめに

憲法二四条は、「一、婚姻は、両性の合意のみに基いて成立し、夫婦が同等の権利を有することを基本として、相互の協力により、維持されなければならない。二、配偶者の選択、財産権、相続、住居の選定、離婚並びに婚姻及び家族に関するその他の事項に関しては、法律は、個人の尊厳と両性の本質的平等に立脚して、制定されなければならない」と規定する。戦前の「家」制度の下、個人とりわけ女性の人権が「家」により抑圧されていたことを改め、個人一人ひとりの人権の尊重をうたったものであった。

一九四六年に日本国憲法草案が発表され、それにともない民法改正手続きも開始される。憲法草

案では「家」制度の廃止とは書いていないので、「家」制度の廃止を民法の改正のなかに折り込むかどうかをめぐり、「家」制度を維持しようという勢力と、それに抵抗する勢力との間に大変なせめぎあいがあった。

民法改正のための法律案要綱の審議は、内閣内に設置された臨時法制調査会と司法省内の司法法制審議会で一九四六年から始まった。一九四七年六月の最終案まで紆余曲折があったが、最終的には「家」制度の廃止を含む民法の改正が実現した。しかし、せめぎあいのなかでの改正であるから、不十分なものが残ってしまったといえる。それを改めるのが、選択的夫婦別姓を含む民法改正である。

いずれにしても戦後の民法改正は当時の「国民感情」、すなわち個人より「家」を優先する考え方（以下「家」意識という）に配慮した面が強くあった。「国民感情」は、民法改正後もそう簡単には変わらず、今日まで「社会通念」「慣習」「しきたり」などとして根強く残っている。しかし、それも家族の実態の変化とともに変わってきているのも事実である。以下変わってきているとはいえ未だに残存する「家」意識を支え再生産するものについて考えたい。

1　慣習、しきたりに残る「家」意識

（1）慣習、しきたりにおけるジェンダー差別のもつ意味

「男女共同参画社会における世論調査」（内閣府二〇〇九年）によると、社会全体における男女の地位の平等感は「男性の方が優遇されている」と「どちらかといえば男性の方が優遇されている」と答える者は約七割を超え、「平等」と答えている者は約三割に過ぎない。とりわけ「平等」感が低いのが「社会通念・慣習・しきたりなど」で二〇・八％である。そして男女別に見ると女性は一七・五％しか「平等」とは感じておらず、「男性が優遇されている」と感じている者は七五・六％にものぼる。「慣習・しきたり」といった場合どんな場面を想定するのか、それほど明確ではなく、各個人によって想定場面が異なることもあろうと思われる。

またこれらは、地域によって差があり、また構成員の年齢、職業、学歴等によって様々であろう。そしてこれらにより現実の実害を受けることはそうないので「目くじらたてる必要はない」と軽視されがちである。しかしながら、これら慣習・しきたりは日常的に行われているため、人々の意識にしっかりと根づき、ジェンダー差別が意識しないうちに再生産され、次世代に引き継がれるという点で、軽視することはできない。

そして、それがまた「社会通念」として意識されたときには、司法その他の場でもジェンダー差別を合理化、正当化する根拠とされることを考えると、慣習・しきたりを変えていくことが「社会通念」を変えることにつながるという意味で重視しなければならない。さらに慣習・しきたりは日

常的になるが故に、人々が身近に実感するものであり、ジェンダー差別の「気づき」を促すという面でもジェンダー教育の格好の材料ともいえる。

そこで以下では「家」制度の名残としての慣習・しきたり、社会通念について考えてみたい。

(2)「家」制度の名残として思いつくもの

まず婚姻は憲法では、両性の合意のみに基づく夫婦の関係であるが、未だに結婚式の表示が「〇〇家と△△家の結婚披露宴」となっていることや、招待状に「〇〇家長男」と「△△家二女」との結婚披露宴と表示されることも多い。そして「嫁をとる」「嫁に行く」という表現も明らかに「家」を前提にしている。さらに「入籍」という言葉も戸籍上の「家」を連想させる。

現在の民法では、夫婦同姓が強制されているものの、夫の氏でも、妻の氏でも選択できるが、婚姻後に妻の氏を名のる夫婦は二〇〇五年でも全体で三・七%、初婚だけを見ると二・七%に過ぎず、九六・三%が夫の氏を名のっている(厚生労働省『平成一八年度婚姻に関する統計 人口動態統計特殊報告』)。

これも「家」制度の下で妻は夫の「家」に入り夫の氏を名のることとされていたことが未だに慣習・しきたりとして引き継がれているといえよう。氏を変えた夫は世間からは「婿に入った」と見られるので、妻の氏を名のることは夫および夫の親族らの抵抗も強い。

そして夫婦同姓のため、婚姻すると妻は自分の氏を失い「〇〇さんの奥さん」「△△ちゃんのお母さん」としか呼ばれないことが往々にしてある。

また、夫婦に宛てた手紙などでも連名で書かれず、夫の名のみで妻の名は省略されてしまうこともある。ごく最近の筆者自身の体験ではこんなことがあった。ある若い知人が結婚することになり、結婚式に招待されたが、筆者と夫の両方が招待され、その知人が「先生、招待状は連名でいいですか?」と聞くので、「杉井厳一様　杉井静子様」で来るのかと思って「いいですよ」と軽く答えたところ、「杉井厳一様　御令室様」と書かれていた。筆者の名前はなくなって、筆者は完全に夫の付属物みたいになっていた。これは何なのか。この知人が直接宛名を書いたのではなく、おそらく結婚式場に頼んだのだろうとは思う。筆者は、この知人を責めようとは思わないが、結婚式場はじめ式の準備をする人々の中では「これがあたりまえ」、つまり夫が一家を代表するのだから夫の名だけでよい、妻はご丁寧に「御令室様」と表示しているのだから失礼はないはずだとの認識であろう。

PTA名簿や町内会名簿でも、夫の名のみが掲載されており、妻の名が掲載されていないことの方が多い。さらには学校の保護者会の出欠表に氏名を書く欄が一つしかない場合には、出席するのは妻なのに夫の名を書いてしまう妻も多い。

結婚式や葬式に出席する際、妻が出席するのに祝儀袋や香典袋に夫の名前のみしか記載しないことも多い。筆者の経験では、自分の姪の出産祝いを筆者の名で贈ったところ、内祝は夫宛に来たということもある。

これらは「家」の代表者は夫というのが「社会通念」であることを示す。そのため未だに代表者である夫は、妻より上位であるという意識を醸成する。離婚事件等で体験することであるが、未だに夫が自分のことを「家長である」と言って、妻が自分に従わないことに不満を露わにすることもある。

このような「家」の代表者は、社会的には「世帯主」という言葉で表される。そこで、「世帯主」と「世帯（家族）を単位とする考え」について考えてみよう。

2　「家」意識を支える「世帯主」「世帯単位」

（1）「世帯主」という用語

戦後「家」制度は廃止され「戸主」はなくなったが、「世帯」の長としての「世帯主」は生き残った。「世帯」と「世帯主」の用語は住民基本台帳法（一九六七年制定）に根拠をもつ。住民票には「世帯主」が記載され「世帯主との続柄」が記載される。世帯とは居住と生計をともにする社会生活上の単位で「世帯を主宰する者が世帯主である」「『世帯を主宰する者』とは『主として生計を維持するものであって、その世帯を代表する者として、社会通念上妥当と認められているもの』と解する」

という行政通知がある。つまり「世帯を代表する者」「主たる生計の維持者」が世帯主とされている。そして実際には住民票上の世帯主は戸籍筆頭者以上にほとんどの場合、夫である。そういう実態のなかで、夫＝世帯主＝世帯の代表者というのが「社会通念」になっている。（なお、世間一般に使われている「家長」という言葉は法律上の用語ではない）。

「世帯主」という用語は一九八五年のナイロビ世界女性会議で採択された「ナイロビ将来戦略」の二九五項において、「法律文書や家計調査で『世帯主』というような用語を廃止し、女性の役割を適切に反映するに足りる包括的な用語を導入する必要がある。（中略）政策決定の際の調査を含めた諸政策や立法の底に流れている家庭の維持者や世帯主を男性に限定するという思想を明確にし、これを撤廃すべきである」とある。

またOECD専門家会議の報告書でも「家族と雇用」の項の行動指針の第一に「課税および社会保障の基準として、成人が二人いる家庭のうち、一人のみを家計維持者とすることを撤廃する」と掲げられている。

このような国際的潮流からしても、本来「世帯主」という用語自体の廃止が検討されるべきものである。

ところでわが国では、税制・社会保障制度のなかで「世帯単位」原則がとられていることが問題である。

(2) 税制における「世帯単位」

①所得税法五六条

わが国の税制は戦後、世帯合算方式から原則的には個人単位方式となり、妻も税制上、夫とは独立の人格をもつ「納税者」としての権利義務をもつものとして改められた。しかし、世帯合算方式を未だにとどめるものがある。所得税法第五六条がそれである。同条では夫婦で自営業を営んでいる場合など妻の働き分(妻に払った給料)は必要経費として認められない(この扱いはいわゆる白色申告の場合)。これは戦前の世帯合算方式、つまり家族がその事業のためにどんなに働いても、納税者であり事業主である夫の収入に吸収され、家族の労働を「無償」とする税方式を容認しているといえる。まさに「家」制度下の税制の名残である。家族への給料であっても青色申告であれば、また家族以外の他人を雇い給料を払った場合は、給料は経費として認められるのであるから、この差別を考えただけでも、同条は本来廃止されるべきものである。

②配偶者控除

次に問題なのが「一〇三万円の壁」、すなわち配偶者控除である。

給与所得者の場合、所得金額は収入金額から給与所得控除額（現在は最低六五万円）が控除され、残りが所得金額となるが、生計をともにする配偶者の所得金額、すなわち控除前の収入金額が一〇三万円以下の場合には、その配偶者自身にも所得税がかからないだけでなく、納税者である給与所得者の所得からも三八万円が控除される。これが配偶者控除である。勿論、この制度はあくまでも「妻控除」ではないので、一〇三万円以下の収入のものが夫で控除を受けるのが妻ということは当然ありうるが、実際には低収入の配偶者は妻である場合が圧倒的に多いので、妻のパート収入が一〇三万円を超えれば、夫の所得から配偶者控除がされないという制度として知れ渡っている。妻の収入が一〇三万円を超えると妻自身の所得税もかかるし、何よりも夫も配偶者控除が受けられなくなるので、世帯全体としてみれば税引き後の手取額が減少する（いわゆる逆転現象）ことになる。そのため妻はできるだけ一〇三万円を超えない範囲で働こうとする。一〇三万円を超えそうになると、年末には雇用調整をして超えないようにすることを夫の方も望むというのが実態である。

配偶者控除は、納税者本人の事情ではなく、配偶者の事情によって控除を認める制度であり、個人単位方式のわが税制においても特異なものである。妻が働くか、働かないか、どのような働き方をするか（フルタイムか、パートか）等々は本来妻自身の選択でよいはずのことが、夫の税金が高くなるか、安くなるかに影響することから、夫の口出しを許し、また家計全体として（世帯単位で）損か、得かで考えると、妻の方もその口出しを受け入れざるを得ないことになるのである。世帯単位で考えると、世帯の家計を支えるのは夫、妻はあくまでも「家計補助労働」という制度設計であり「夫は仕事、妻は家庭」という固定的性別役割分業にもとづくものといえる。このためパートの主婦は低賃金に甘んじ、賃上げ闘争もできない構造がつくられている。

将来的には基礎控除の大幅な引き上げをするなどして課税最低限度額を引き上げて、段階的な配偶者控除の廃止を考える必要がある。

(3) 社会保障の制度における「世帯単位」

健康保険には「家族給付」があり、年金では第三号被保険者という制度がある。これらは「主としてその被保険者に依り生計を維持する者」で年収が一三〇万円未満で、かつ被保険者の二分の一未満の収入の配偶者は保険料はタダで「家族給付」をうけられ、あるいは「第三号被保険者」として保険料を払わなくても国民年金の基礎年金を受けられる。この場合の配偶者も多数が妻であるのが実態であることもいうまでもない。

このような社会保障制度は「男性稼ぎ主」を想定した「夫婦世帯」を優遇するシステムで、女性の個人の生活を保障したものではない。「世帯主」ないし「主たる生計の維持者」である男性に養われる女性に対して「世帯」を援助することにより「間接的」に生活保障するシステムである。つまり「男は仕事、女は家庭」という固定的性別役割分業を前提にした上の社会保障システムである。これについても今すぐには難しいとしても、将来的には社会保障の充実と合わさった個人単位の健康保険制度、最低年金制度の確立が必要となろう。

こうした「世帯単位」原則は、児童手当など、国や自治体からの給付金についても貫かれている。これらは「世帯主」である夫に支給されるので別居中の夫婦の場合、原則としては夫が「児童手当消滅届」を出さない限り、妻は児童手当の給付がされないなどの深刻な問題が生じている。

「世帯単位」の制度をつくり運用する側は、「世帯として得になればいいじゃないか」と「世帯」をワンパックで考えているが、そこには家族構成員それぞれが独立の人格であり、それぞれが自己決定権をもつものとして、それを尊重する憲法の「個人の尊重」の理念が貫かれていない。世帯＝家族のなかに個を埋没させる考え、つまり戦前の「家」制度に通じる思想（家父長制的考え）が残っているといえる。

3 「家」意識の名残がどの程度残っているか
――妻の「家族に関する規範意識」から

国立社会保障・人口問題研究所編集の『現代日本の家族動向――第四回全国家庭動向調査』（二〇〇八年社会保障・人口問題基本調査）にある図10－1（本論文の末尾に添付）を手がかりに妻の意識から、

慣習、しきたりのベースにある「家」意識を探ってみたい。

(1) 伝統的な意識が変化している面

家族に関する妻の意識調査結果をみると、次のような項目については明らかに伝統的な意識に変化が見られる。

①「夫婦は子どもを持ってはじめて社会的に認められる」という項目では、第一回(一九九三年以下同じ)でも反対(まったく反対、どちらかといえば反対の合計、以下同じ)が五八・九%と、賛成(まったく賛成、どちらかといえば賛成の合計、以下同じ)四一・一%を相当上回っていたが、二回(一九九八年以下同じ)、三回(二〇〇三年以下同じ)と確実に賛成が減少し、反対が七〇%近くになっている。これは「家」制度の下では家督相続があって「家」は継がれていくもの、したがって夫婦は、子どもを持って初めて社会的に認知されるという伝統的な意識があったのが、大きく変化したことを示すものである。結婚しない男女も増え、晩婚化も進み、現に子どものいない夫婦も珍しくない実態の中での変化であろう。しかし、未だに賛成は三一・六%もあり、「長男が家を継ぐ」「一人娘が結婚により姓を変えると『家』を継ぐ者がいなくなった」ということが人々の口にのぼるところに、「家」意識は完全にはなくなっていないことがみてとれる。

②「年をとった親は子ども夫婦とくらすべきだ」という項目では、第一回は賛成が六一・五%で、

反対三八・五％をかなり上回っていたが、第二回は賛成五〇・四％、反対四九・六％と賛否がほぼ同率になり、第三回も同様な傾向で、第四回（二〇〇八年以下同じ）ではついに反対が五〇・三％と賛成四九・七％を上回った。

これについては、世帯の小規模化、一八歳未満の子どものいる世帯の減少とともに、子どもと同居しない高齢者のみの世帯の増加が背景にある。三世代同居世帯は高齢者数の増加にもかかわらず、減少傾向にある。「家」制度がなくなった後も子どもと夫婦と親が同居するという実態が戦後長く続いていたが、最近では激減している。それに伴う意識の変化といえよう。

③「年老いた親の介護は家族が担うべきだ」という項目については、賛成が未だに六二・一％と反対三七・九％を上回っているが、回を追うごとに賛成は減少し、反対が増加していることから、上記①②と同様の傾向とみてとれる。

④「高齢者への経済的な援助は家族が行うべき」という項目については、③と逆で一回からすでに反対が六九・一％と賛成の三〇・九％を大きく上回り、この傾向は止まらず、第四回では賛成が二五・五％、反対七四・六％となり、意識の変化は著しい。

「家」制度の下では親族の扶養義務が明記され、それが当然と考えられ、戦後もそれに依拠して家庭（とりわけ女性に）負担を負わせた上での不十分な福祉、すなわち日本型福祉がまかり通っていた。それが少子高齢化社会の現実の中で、個々の家庭では高齢者介護を人的にも金銭的にも担いきれない実態を反映しているのが③④といえよう。

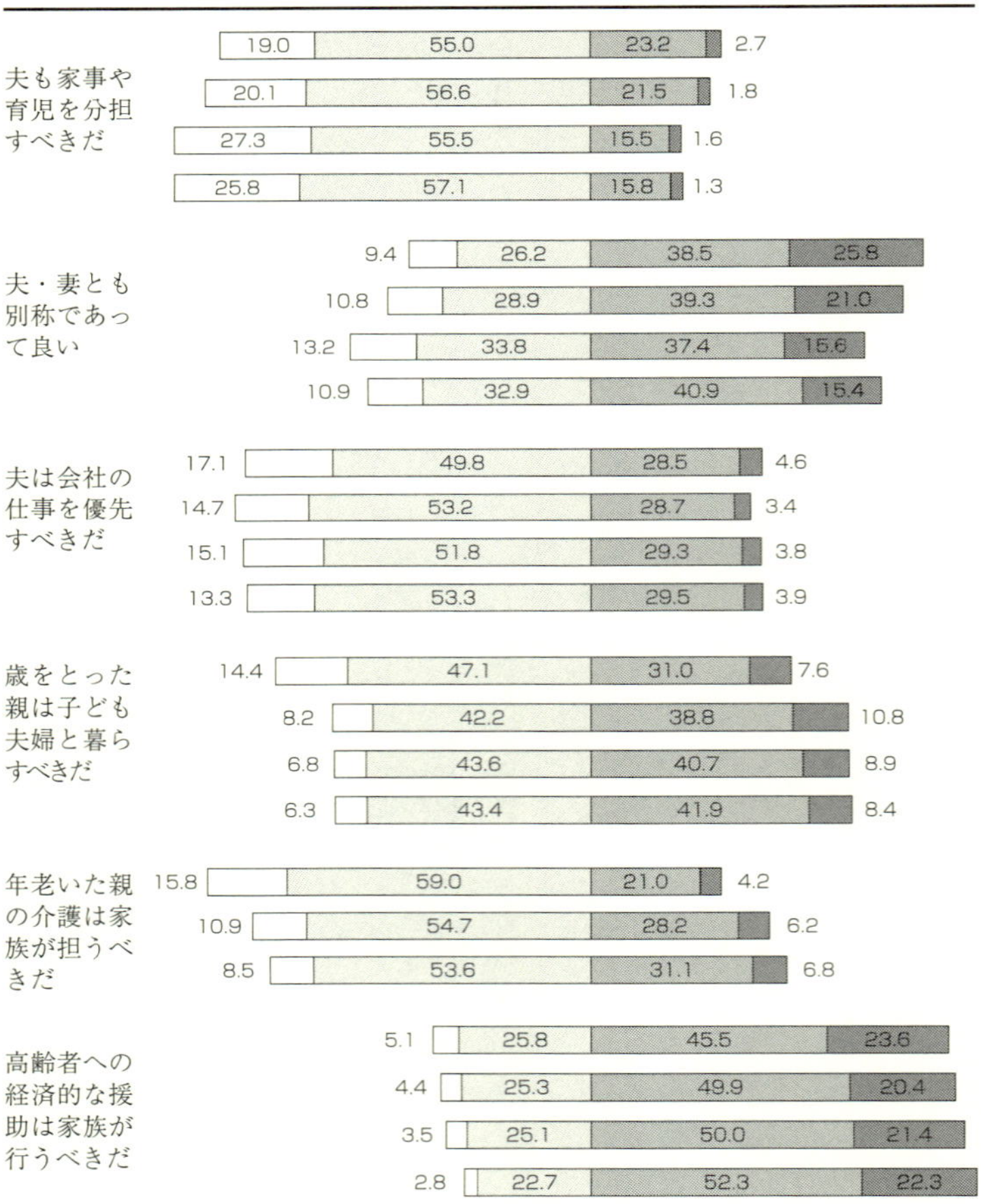

(注) 妻の年齢 69 歳以下を対象に集計している。なお、四捨五入の関係で、割合の合計が 100 にならないことがある。

＊ ：第 2 回以降の質問項目。

＊＊：第 1、2 回では「年をとった親は息子夫婦と暮らすべきだ」への賛否をたずねた。

第１図　家族に関する規範意識

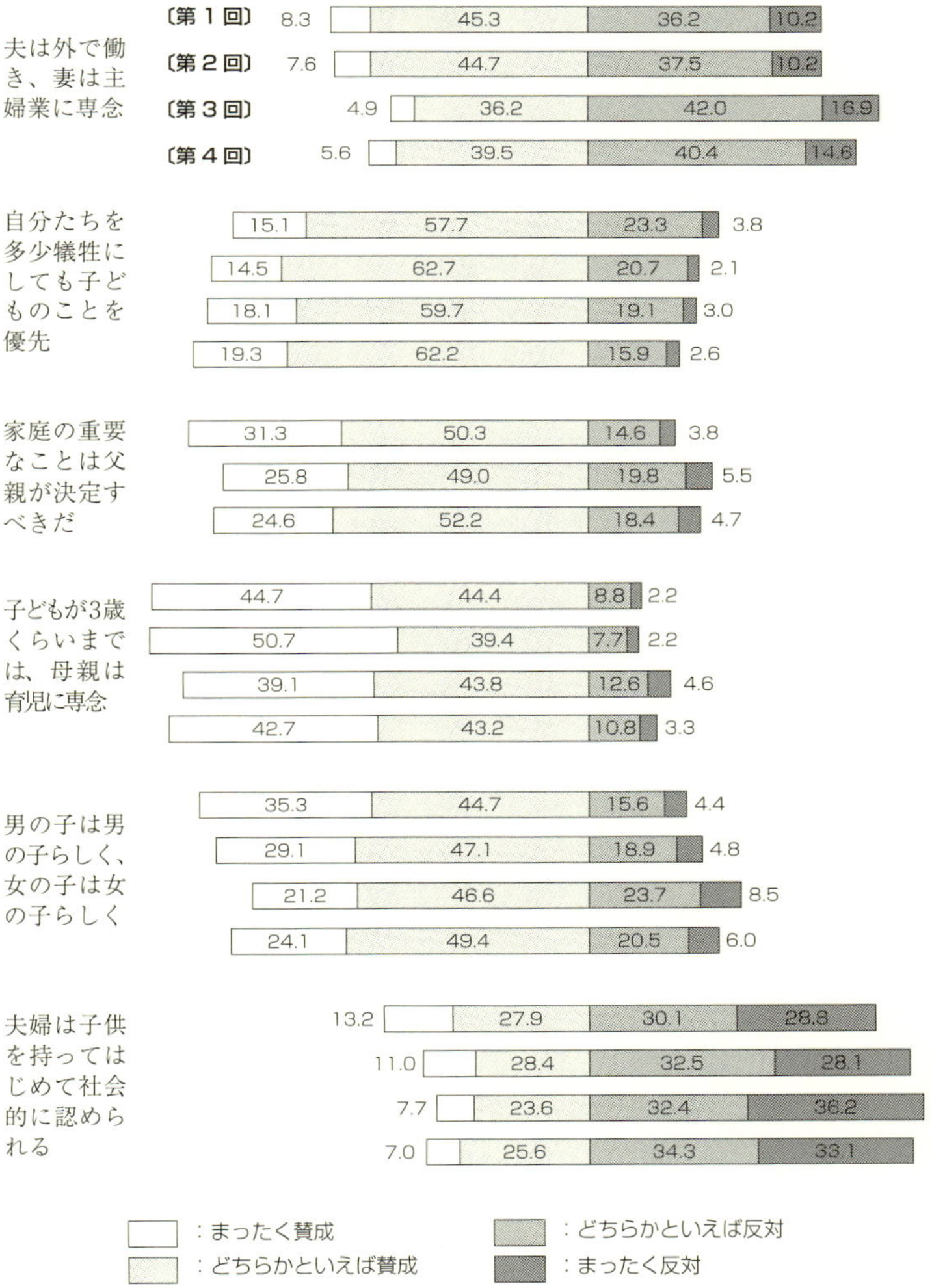

夫は外で働き、妻は主婦業に専念
〔第１回〕 8.3 45.3 36.2 10.2
〔第２回〕 7.6 44.7 37.5 10.2
〔第３回〕 4.9 36.2 42.0 16.9
〔第４回〕 5.6 39.5 40.4 14.6
自分たちを多少犠牲にしても子どものことを優先
15.1 57.7 23.3 3.8
14.5 62.7 20.7 2.1
18.1 59.7 19.1 3.0
19.3 62.2 15.9 2.6
家庭の重要なことは父親が決定すべきだ
31.3 50.3 14.6 3.8
25.8 49.0 19.8 5.5
24.6 52.2 18.4 4.7
子どもが3歳くらいまでは、母親は育児に専念
44.7 44.4 8.8 2.2
50.7 39.4 7.7 2.2
39.1 43.8 12.6 4.6
42.7 43.2 10.8 3.3
男の子は男の子らしく、女の子は女の子らしく
35.3 44.7 15.6 4.4
29.1 47.1 18.9 4.8
21.2 46.6 23.7 8.5
24.1 49.4 20.5 6.0
夫婦は子供を持ってはじめて社会的に認められる
13.2 27.9 30.1 28.8
11.0 28.4 32.5 28.1
7.7 23.6 32.4 36.2
7.0 25.6 34.3 33.1
：まったく賛成
：どちらかといえば賛成
：どちらかといえば反対
：まったく反対

（2）固定的性役割分担意識の変化

「夫は外で働き、妻は主婦業に専念すべき」との項目については、第一回では賛成が五三・六％と反対四六％を上まわっていたが、第三回では反対が五八・九％と賛成四一・一％を上まわり、賛否が逆転した。ただ第四回となると賛成がやや増えて四五％となったが、反対は五五％と依然として反対の方が賛成を上まわる傾向は持続されている。

これは、男女ともに実施している内閣府の「男女共同参画白書」でも見られるところで、反対する割合が年々増加している。男女合わせた割合でみると、一九七九年には賛成が七二・六％であるのに対し、反対は二〇・四％であったが、二〇〇四年には反対（四八・九％）が賛成（四五・二％）を上まわった。また女性はすでに二〇〇二年の調査で反対が五一・一％と五割を超え、賛成（四五・八％）を上まわっている。

二〇〇九年現在では、賛成四一・三％、反対五五・一％である。ただ、男性に限ると未だに賛成は四五・九％もおり、女性の賛成三七・三％に比べても賛成派が多い。また、年齢階層別にみると、二〇〇九年には二〇歳代女性の賛成は二七・八％でその割合がどの年齢層より低く、反対も最も高い六九・九％であり、この年齢層の男性も三四・三％が賛成、反対は六三・六％とどの年代の男性より高い。こう見てくると、今日ではようやく賛成が反対を若干上まわる程度であるが、これからは年々その差は開き、反対が圧倒的多数になる日も夢ではない。

しかし、現状では依然として諸外国に比較すると反対する割合が低くなっており、スウェーデンでは反対する割合が男性では八八・六％、女性では八六・一％であるので、それに比べると相当低いことは明らかである。さらに、この項目での賛成・反対の割合は、学歴による違いも大きい。すなわち、中学校卒では四四％が「男は仕事、女は家庭」という伝統的な考え方を支持するのに対し、大学・大学院卒では二六％とその差は一八ポイントもある（『平成二一年わが国夫婦の結婚過程と出生力──第一四回出生動向基本調査』六三頁）。

このことは、学校でジェンダー教育を受けたか否かとも関連し、今後のジェンダー教育が小中学校でも実施される必要性を示している。同時に国民感情、社会通念は年齢・階層・学歴を含め、その者をとりまく環境によって異なるものであることがわかる。

（3）三歳児神話は相変わらず根強い

「子どもが三歳くらいまでは、母親は育児に専念」との項目には、依然として圧倒的多数が賛成している。第一回で賛成八九・一％、反対一一％であり、回により若干の違いはあるものの第四回でも八五・九％が賛成し、反対は一四・一％にすぎない。すなわち「三歳児神話」がしっかり定着しているのである。

この妻の意識が妻の自立を妨げている。すなわち性別役割分業に疑問をもち、反対している妻であっても、多くの者が母親の育児責任の故に出産後一旦は就業をやめる。二〇〇五年〜二〇〇九年出産グループでも、子どもの出産前後で就業継続する割合は二六・八%で、育児休業施行前の一九八五年〜八九年出産グループの継続割合二四・〇%水準から二・八%の上昇にとどまっている。また、第一子出産を機に退職する者もあり、第一子出産前後の無職の割合は六八%にのぼる（『男女共同参画統計データブック』一三頁）。勿論、育児休業制度の拡充による利用対象者の拡大やその後の就業継続のための短時間勤務制度などの施策が求められるところではあるが、女性自身に「子どもは三歳までは自分（母親）の手で育てるべき」という意識があること自体をジェンダーの視点から問題にしなければならない。

子育てのために一旦退職した女性にとって、日本は極めて厳しい社会である。子持ち女性にとって、正規雇用の門は極めて狭い。また、正規雇用であれば残業や深夜業がつきまとうし、子どもが病気でもなかなか休めない。結局「家庭（子育て）と仕事の両立」のために、非正規とりわけパート雇用を選択せざるを得ない。

今日大量の非正規雇用が生み出されており、男性雇用者に占める非正規雇用者は二〇年前に比べると倍増し、二割を占めるようになった。しかし、それでも男性の場合はまだ八割が正規である。これに対して二〇〇七年の非正規雇用者一八九〇万人中、一二九九万人（約七割）を女性が占めている。女性の非正規は二〇〇二年に正規を上まわり、今日では五三・五%（〇八年）になり、パート・アルバイトの七八・四％、派遣労働者の五六・五％を女性が占めており、非正規が多数派なのである。

非正規は正規と異なり有期雇用すなわち不安定な雇用であるとともに、賃金をはじめその他の待遇面でも差別され格差がある。とりわけ著しい賃金格差がある。

非正規の元祖（？）は主婦の短時間労働（パート）であるが、主婦パートは家計を主として支える夫の賃金があることを前提に「家計補助労働」として、単身者が独立して生計を営む賃金水準とはほど遠い低賃金である（低賃金の原因としては最低賃金の低さに加え、前述した配偶者控除に伴う「一〇三万円」の壁もある）。

そのため、一世帯平均でみると「世帯主でない妻」の収入が実収入に占める割合は、一九七〇年の四・五％から二〇一〇年に一〇・九％と増加傾向にはあるが、主婦の収入は家計にとって欠かせないものとはなっていない家庭も多く、離婚後の生活を考えると離婚も出来ないという妻は相当数いる。妻の夫への経済的従属は家庭でのジェンダー平等を妨げる大きなファクターである。

（4）依然として強い父親（夫）の権限

「家庭の重要なことは父親が決定すべきだ」との項目についても、反対がじょじょに増えてきているけれども、賛成が七割をこえる（賛成割合八一・六％→七四・八％→七六・八％）。

これを見ると、夫と妻は日常的には「対等平等」であるかのように暮らしているが、未だに家庭の中では、父親すなわち夫が実権を握っているのだ。

何故ならば、夫が経済力を握っているからである。前述したように、妻の収入は世帯収入の約一割強であり、値の張る家電は勿論、子どもを私立学校に入れたり、塾に通わせたりする等、多額の経済的支出が伴うことは、夫の反対にあったらあきらめざるを得ない。夫婦円満のときには、夫婦の価値観も似ていれば夫婦でよく話し合えば、夫は納得するのが普通であろうが、破綻しかかった夫婦では、この点の意見の対立が離婚原因となることもある。別居中の夫婦の場合には、いわゆる婚姻費用の中には、私立学校の学費等は含まれないので争いになる。

また、ごく日常的な家計費の支出についても常に夫の顔色を見ながらせざるを得なかったというのが、離婚事件等での妻の言い分である。前述の祝儀や香典袋に夫の名前を書くかということも、妻自身に独自の収入がない場合などは、何の疑問ももたずに当然のことのように夫の名前を書くということになるのではなかろうか。

ある離婚事件で妻がガンにかかった弟の見舞いに一人で行ったことに不満をもった夫が「家長である自分に無断で見舞いに行った」と法廷でも堂々と陳述していた。これら親族との「つきあい」も、出費を伴うものである以上、妻の一存で妻自身の名前で行うことが難しいのも、その背景にはこうした妻の夫への経済的従属性が存在するからに外ならない。

「主人」という言葉はこのような場面では、決して死語ではないことを思い知らされる。

（5）夫婦別姓について

「夫・妻とも別姓であっても良い」という項目については、第一回は、反対が六四・三％に対し賛成は三五・六％であり、反対が相当割合をしめた。しかし、反対が序々に減り、賛成が増える中で、その差は縮まってきている。四回では若干伝統的な考え方に回帰する現象が現れており、賛成四三・八％、反対五六・三％と依然として反対の割合の方が高いが、差が縮まってきていることは疑いもない事実であり、賛否がいつ逆転してもおかしくない状況にまで至っている。

しかし一方で、意識としては自立したいと思っても経済的基盤が伴わないとき、夫の深い理解と協力がなければ、別姓を選択しようとすることを許さないかもしれないのである。やはり夫婦の間の経済的格差が夫婦の平等を妨げているといえるのではないか。容易に逆転しそうもない気もする。

婚姻後に妻の氏を名乗る夫婦は二〇〇五年では全体の三・七％であり、初婚だけを見ると二・七％にすぎないが、夫婦とも再婚の場合は妻の氏を選択する割合が九・〇〇％になっている（前掲データブック二五頁）。二〇一〇年の婚姻件数と離婚件数との比は二・八対一で、およそ三対一を維持している。そして離婚経験者同士の再婚率もさらに上昇することが予測される。この場合妻の氏を名乗る夫も増えてくるだろうし、結婚、離婚、再婚の度に氏を変えることを迫られた妻にしてみれば、別姓を望む妻も今より確実に増えることが予測されるからである。

選択的夫婦別姓を含む民法改正がなかなか実現しない背景には、こうした賛否拮抗した世論がある。民法改正を実現させるためには、圧倒的多数の支持を得る運動が必要であろうが、その運動の中で夫婦別姓は姓が「家」の呼称から、個人の呼称への転換であり、「家」意識からの脱皮であることを強調すべきであろう。

(6) 親から子へのジェンダー差別の再生産

「男の子は男の子らしく、女の子は女の子らしく」という項目では、賛成が第一回は八一%であったのが、第二回は七六・二%、第三回は六七・八%と徐々に減ってきていたのが、第四回は七三・五%と逆行傾向が見られる。この逆行傾向は他の項目(「夫は外で働き、妻は主婦業に専念」や「子どもは三歳くらいまでは、母親が育児に専念」など)でも見られるところではある。重視したいのは未だに七〇%を越える妻すなわち子どもにとっては母親が「男の子は男の子らしく、女の子は女の子らしく」という意識で子育てをしているという事実である。

男の子は「男の子らしく」と強調されて育てられる。泣くと「男の子でしょ!」と叱られ、強くなければ男じゃないと教育される。さらに「妻を養うのが男の役割」と教え込まれるのであるから、フリーターなど非正規社員では男性はなかなか結婚できず、結婚してからも、家事や育児をやる男性は甲斐性がないかのようにみられるなどは「男性差別」といえる。

さらに、「男は妻子を養う義務がある」と男性は思い込まされ、高い収入を得る人が高い評価を得られることから、競争路線からなかなか降りられず、長時間労働が余儀なくされ、家庭や子育てにかかわる時間がもてない。その意味では、男性の方が心身ともに非常なストレスを抱えることになる。自殺者の数、犯罪者の数は断然男性の方が多い。このような〝非人間的な生き方〟をせざるを得ないジェンダー差別が、親から子へ伝えられ再生産されているといえる。「男性差別」は「女性差別」と裏腹である。

まとめ

以上要するに、家族に関する意識は相当に変化はしているものの、その根幹の部分では未だに夫（父親）が家を代表し、家族を統率する権限をもつ「家長」としての地位を保っている。それは「家」意識の名ごりともいえるが、前述したように根源的には経済的に妻が夫に依存していることに由来する。妻の夫への経済的従属が家庭内のジェンダー平等を妨げている。

ジェンダー平等を実現するには、子育てが仕事をする上でのマイナス評価にされない社会、子育ては両性と社会の責任という女性差別撤廃条約の視点での社会的な条件整備が不可欠であることを痛感する。

第二章　教育とジェンダー
――山梨県中学校教師の意識調査から見る教師の現実

【はじめに】

本研究は、都留文科大学に籍を置く牛山恵と、現役の山梨県中学校教師（国語）である望月理子との共同研究である。

中学生と接し、彼らを指導する立場にある中学校現場の教師たちが、ジェンダーに関してどのような意識を持っているかを、言葉という観点から調査し考察したものである。

アンケート調査の時期は二〇一一年一一月で、対象は、山梨県の北杜市、韮崎市、甲斐市、南アルプス市の公立中学校に勤務する中学校教師である。

〔論文一〕

中学校教師のジェンダー意識の考察

——ことばへの指導に着目して

望月　理子

1　幻の「女ことば」という規範

(1)「正しいことば」を求める教師

最近の中学生のことば遣いにおいて、九四%の教師が気になることがあると回答した。突出している項目が二つある。ともに、教師に対することば遣いを問題にしていると思われる。教師は、授業等の公の場だけではなくて、休み時間等の個別に対応する場面においても、敬語や主述の整った「正しいことば」を求めていることがうかがわれる。(表1)

(2) 女子生徒は「男ことば」を使う

これらに比すと格段に少なくなるが、「流行語を使う」「若者ことばを使う」「女子生徒が「男ことば」を使う」の三項目が、ほぼ同数で並ぶ。流行語や若者ことばを使うことへの危惧は、突出していた「正しいことば」の裏返しとして、教師の規範意識の強さが表れているとも言えよう。だからこそ女子生徒の「男ことば」が耳につくのである。

「女子生徒が「男ことば」を使う」という項目は、ジェンダー意識を如実に示すものとして選択肢に入れたもので、「男ことば」「女ことば」という区別を前提としている。「男ことば」が気になる九人の内訳（表2）を見ると、ベテランの女性教師の方が、「女らしさ」を重視する傾向にあることがわかる。

一方、「男子生徒が「女ことば」を使う」項目を選んだ教師はゼロである。女子生徒の方に規制がより働くという結果は、「男子には励まし、女子には抑圧」という「隠れたカリキュラム」

表1　気になることば遣いの内容

項目	男	女	性別未選択	合計
ア　流行語を授業中に使う	5	2	2	9
イ　若者ことばを授業中に使う	3	1	4	8
ウ　敬語を正しく使うことができない	19	13	14	46
エ　男子生徒が「女ことば」を使っている	0	0	0	0
オ　女子生徒が「男ことば」を使っている	4	5	0	9
カ　きちんとした文ではなく単語ですまそうとしている	16	23	21	60
キ　辞書の意味と異なる使い方をする	0	1	2	3
ク　その他	3	5	2	10

と同様である。ここでは九人の教師が明確に女子生徒は「女ことば」を使うべきであると答えたのだが、「男ことば」「女ことば」という意識は、少数の教師だけの問題なのだろうか。別の問いへの回答からこの問題について検討してみよう。

(3)「ぼく」「おれ」への指導

国語の教科書に「女ことば」という記述があると思う教師は五人であった。おおかたの教師が想定するように、教科書には「女ことば」の記述はない。しかし、イメージとしては存在する。半数の教師が「～だわ」「～かしら」「～なのね」「～てよ」(以上は「女ことば」)や「～ぜ」「～だぞ」(以上は「男ことば」)等の文末表現を回答したことがそれを表わしている。この文末表現の使用度を調査した岡本成子氏は、多くの女性は「女性らしい」ことば遣いはあまり用いず、中立形が多いと報告する。(1)

フォーマルなカリキュラムにも、現実の生活にも登場せずとも、イメージとして「女ことば」は内面化されていると考えられる。中村桃子氏は、「女ことばはたんなる言葉づかいではなく、日本の伝統や誇り、社会秩序を象徴

表2　女子生徒が「男ことば」を使っていると回答した人の内訳

	20代	30代	40代	50代	合計
男	1	0	0	1	2
女	0	0	4	2	6
性別未選択	0	0	1	0	1
合計	1	0	5	3	9

表３　女子生徒が「ぼく」「おれ」を使った時に指導していると答えた人

	20代	30代	40代	50代	合計
男	2	0	8	9	19
女	2	2	11	7	22
性別未選択	4	2	4	1	11
合計	8	4	23	17	52

するもの」として「言語イデオロギーとして言説によって歴史的に形成されてきた」と論じる。(2) 教師が「女ことば」を指導することは、「言語イデオロギー」形成の遂行者の一人になるとも言い換えられる。

女子生徒が「ぼく」「おれ」と言った時に指導すると答えた人は、半数近い五二人である（表３）。その理由として一番多かったものは「学校という公の場では、正しい言葉に使い慣れるべきだから」が三〇人、続いて「男ことばだから」が一七人であった。「おれ」という自称名詞は、現代では男の子どもが口にすることが多いが、かつては男女ともに用いられたことばである。「ぼく」は明治になってからの新語である。長い目で見ると「ぼく」も「おれ」も流行語になるのかもしれないが、現代では「男ことば」という意識が強い。したがって、女子生徒はイメージとしての「女ことば」にふさわしくない「ぼく」「おれ」は使うべきでないと考えるのだろう。

この結果は、教師の「正しいことば」へのこだわりの強さと同時に、教師の指導に反して、ジェンダー規範のゆらぎが起きていることも示す。女子が「ぼく」「おれ」を使うことの背景として、遠藤織枝氏は、学生への調査をもとに、「ことばの性差があることへの根本に迫る疑問、批判が読み取れる」(3) と述べている。

教師は、このゆらぎ現象を受け止めて、その意味を考察することが求められよう。

(4)規範としての「女ことば」

学習指導要領には「女ことば」「男ことば」という概念への言及はない。フォーマルなカリキュラムとして、「女ことば」「男ことば」を指導する国語の教師はいないはずである。しかし、前述したように言語生活での実情は異なる。ジェンダーと教育の問題を研究する木村涼子氏は、「隠れたカリキュラム」として教師は、性別二分法・男子優先・性別のステレオタイプイメージなどを伝達していると指摘する。(4) また、牛山恵氏は、小学校国語科の教科書に掲載されている物語教材を詳細に分析して、女性の主要な登場人物が一八%であることをはじめとして、性別役割分業の固定化を肯定する作品や、女性の問題解決能力を認めない等の作品が、多数存在することを明らかにした。(5) 同じく小学校の国語教科書をジェンダーおよびクィアの観点から考察した永田麻詠氏は、具体的な言語活動における人称代名詞や語尾のことば遣い等を取り上げて、ことば遣いにおけるジェンダーが自明視されていると述べている。(6)

こうした教科書の「隠れたカリキュラム」問題と相まって、「男ことば」を使うなという「正しいことば」指導は、ジェンダー秩序の再生産に加担しているのである。教師は、幻の「女ことば」というジェンダー規範に、無自覚であってはならない。

2　ことばと意識

(1)「くん」「さん」と男女二分法

「女子生徒には「○○さん」、男子生徒には「○○君」と区別して呼んでいるか」という問いに対して「はい」と答えたのは、表4のように、六一人であった。五七%の教師に当たる。区別しないのは、三二人、三〇%である。「どちらともいえない」という回答が一三人あった。区別している理由として挙げられたものを分類すると、「①習慣、なじみがある。②体の構造が違うように、呼び方も区別する方が適正。けじめのため。男子だからできる仕事、女子ならではのかわいらしさを意識してほしい場面では区別する。③区別であって差別ではない。区別して呼んでいるからと言ってそれがそのまま差別にはつながらない」の三つになる。

①のなじみ型の問題点は、男女二分法が自明なものとして存在し、多様な性についての知識の欠如として認識されないことである。習慣や常識は、時にはセクシズム的学習環境として働くが、中学校現場では「隠れたカリキュラム」という用語自体もほとんど聞かれることはない。②は特性論

表4　女子生徒には「○○さん」、男子生徒には「○○君」と区別して呼んでいるか。　＊「はい」と回答した人数

	20代	30代	40代	50代	合計
男	2	1	12	7	22
女	2	3	10	7	22
性別未選択	5	5	7	0	17
合計	9	9	29	14	61

型とでも呼びたい。ジェンダー秩序の再生産に積極的な教師群である。③は隠れ差別型である。差別していないという自覚が表面的なものであることに気づいていない。いずれの型にしても、教師が性のグラデーションやセクシュアリティの多様性を学ぶ研修が望まれるが、それが実現しないのは、次のような背景が考えられる。

二〇一二年度から中学校において全面実施されている学習指導要領の「特別活動」には、「男女相互の理解と協力」という項目がある。フォーマルなカリキュラムは、依然として男女二分法、異性愛主義に貫かれている。男女二分法を「隠れたカリキュラム」として教えることになり、性的マイノリティへの差別意識を助長しかねない。

（2）ことばが意識を変える

入学したばかりの一年生が、全員を「さんづけ」しているのを聞いて、「男子がさんづけされているのを聞くと、背中がぞくぞくする」と言った男性教師のことばに対して、「私も同じ」と頷いた女性教師の対応を、最近職員室で耳にした。調査対象とした地域のほとんどの小学校は混合名簿であり、

校教師は多い。「さんづけ」呼称を推進している。このように、習慣化された「さんづけ」に、違和感を覚える中学校教師は多い。

中学校は、小学校に比べて、ジェンダー秩序をかなり利用する。制服、頭髪等の成文化された決まりを始め、座り方、話し方等あらゆる場面において、慣習、常識、美徳、伝統、理想等々として教えている。無自覚なままジェンダーの再生産に加担していると言えよう。子ども達がそれに異議申し立てをしないのは、大人社会への準備だと受け止めさせているからだろう。子ども達が自然に口にする「さんづけ」の意味、「ぼく」と自称する女子生徒の存在、学校の正式な文書から「父兄」が消えて「保護者」になった経緯、「少年の主張」というコンクールの名称をはじめとして、ことばとジェンダーを考える題材は学校生活の中に限りなく存在する。「ことばが現実をつくる」(7)という言語論的転回に立って、ことばに注意を向けることが中学校教師に求められる。それが子どもの人権を尊重することになるのである。ジェンダーにセンシティブになるとは、ことばに着目することであり、ことばを変えることが意識を変えていく一歩だと考える。

おわりに

今回の調査対象校の中に、一〇年ほど前、市の要請を受けて、混合名簿にした学校がある。学校に「隠れたカリキュラム」という概念が持ち込まれ、男女の区別という常識を疑うきっかけともなった。制度が意識を変えた例だと言える。制度の変革に努力する一方で、ことばに着目する授業の実践を積み重ねていくことが、中学校教師には不可欠ではないだろうか。調査結果から、中学校教師が幻の「女ことば」というジェンダー規範に縛られていることが明らかになった。また、ジェンダーやセクシュアリティに関する認識の課題も浮き彫りになった。未来に生きる子ども達が、自尊感情を育てながら生きることができるように、ことばに敏感になる授業をひとつずつ創っていくことが重要ではないかと考える。

〔注〕

(1) 岡本成子「若い女性の「男ことば」言葉づかいとアイデンティティ」『ジェンダーで学ぶ言語学』一三四頁、世界思想社、二〇一〇年
(2) 中村桃子『女ことばと日本語』二二七頁、岩波新書、二〇一〇年
(3) 遠藤織枝「女の子の「ボク・オレ」はおかしくない」『女とことば』三八頁、明石書店、二〇〇一年
(4) 木村涼子「ジェンダーと学校文化」『新編　日本のフェミニズム八　ジェンダーと教育』一二一頁、岩波書店、二〇〇九年
(5) 牛山恵「小学校国語科教材とジェンダー」『都留文科大学紀要　六一号』二〇〇五年
(6) 永田麻詠「小学校国語教科書に見る隠れたカリキュラムの考察――ジェンダーおよびクィアの観点から」『国語思想研究四号』国語思想研究会、二〇一二年
(7) 池田晶子「言葉の力」『伝える言葉　中学三年』教育出版、二〇〇六年度以降掲載

〔論文二〕

ジェンダーを自覚することから人権教育は始まる

牛山　恵

本論は、アンケート調査から見えてきた、中学校現場における様々な問題のうち、紙数の都合で二点に絞って考察するものである。一点は回答者の性別未選択の問題である。もう一点は、生徒に対する「さん・君」付けの接尾語の問題である。

1　自らの性に無自覚であることの問題

今回のアンケート調査で、現場の実態が顕著に表れたのは、回答者の性別を問う、調査の入り口部分である。回答者が、自らの性に無自覚であることが明らかになった。（表1）

表1　回答者の年齢・性別

	20代	30代	40代	50代	年代未記入	合計
男	6	5	16	13	1	41
女	3	3	14	14	0	34
性別未選択	9	10	11	1	0	31
合計	18	18	41	28	1	106
未選択割合	50%	56%	27%	4%		29%

表2　学校基本調査による中学校における女性・男性の教員数（平成24年度）

	女性	男性	合計	女性比
全国	101,242	135,888	237,130	43%
山梨県	777	1,099	1,876	41%

表1によると、二〇代では性別未選択が五〇％、三〇代では五六％で、四〇代の二七％、五〇代の四％を大きく上回っている。なぜ、若い世代ほど自らの性について無自覚な傾向なのだろうか。

平成二四年度の文部科学省による学校基本調査では、中学校教員の男女比は表2のようになっている。（表2）

この表から見ると、全国的にも、山梨県においても中学校教員の女性比は決して少ないというわけではない。全国的に、平成四年度三七・九％、平成一四年度四〇・七％と、少しずつではあるが増加傾向にある。中学校における女性教師の数は男性に比べて大きく劣勢であるということはなく、人数の面から見れば、男女共同参画は進められていると言っていいだろう。しかし、その事実を評価した上で、人数の割合が必ずしも性別役割分業を解消していくことにはならないということを指摘しておきたい。

女性比の上昇は、日常の業務の上では男女の差を縮小しつつあるが、たとえば女性の管理職登用になると、男女共同参画が決して実現されていないことが明らかになる。全国の中学校の女性校長は、教員総数に対してわずかに五・五％である。[1]

また、「女性教員の比率は，全国的に高くなってきている一方で、公立小中・盲ろう養護学校の女性管理職数は，全国平均二割を切って低迷している。女性の意識の向上と女性が管理職に着任できる条件を作っていくことが今後に望まれる」[2]という報告もある。リーダーは男性という性別役割意識が強く残っていることを示すものである。

中学校の現場は、男女数が接近してくるなど、ジェンダーの問題を解消しつつあるかのような幻想を生んでいる。そのことが、回答者に、「今さらジェンダーなんて」観をもたらし、自らの性別を深く受け止める必要性を感じさせないのだろう。

特に、若い世代にその傾向があるのは、男女差別撤廃を掲げて闘った世代と、制度上の問題が解決されつつあった世代との違いであろうか。

ジェンダーの問題はもはや過去のことであるという認識は、新保守主義化の傾向と共に、良妻賢母観を復活させる懸念がある。男女ともに、自らの性別の確認を土台として、ジェンダーの問題に取り組み続けることが求められている。

2　性別による言葉の使い分けの問題

「さん」は「さま（様）の変化した語」で「人名、職名などに添えて敬意を表す語」。「君」は「目上の人などの名前の下に付けて敬意を表す」「同輩やそれ以下の者の名前の下に付けて親しみや軽い敬意を表す」とある（日本国語大辞典）。語義には男女を分けて使う必然性はまったくない。しかし、中学校現場ではいまだに、女子には「さん」を、男子には「君」を付けて呼ぶ習慣が残っている。調査では表3のような結果が出ている。

全年代を通して、半数からそれ以上の教師が、性別によって使い分けをしていると出た。

このことについては、「以前からの習慣」「男子にさん付けは違和感を感じる」「さん付けに統一したところで男女平等につながるとは思わない」「体の構造が違うように、呼び方も区別する方が適正だと思う」などの理由があげられた。

表3　男女で「さん、君」を区別して呼んでいると回答した者

	20代	30代	40代	50代	全体
男	2	1	12	7	22
女	2	3	10	7	22
性別未選択	5	5	7	0	17
合計	9	9	29	14	61
割合	50%	50%	70%	50%	58%

これまで学校現場では、多くの場合、女子には「さん」を、男子には「君」を付けて呼んできた。それは呼び捨てに対して、正しく美しい日本語として受け入れられてきた。そのことに慣れ、習慣化している。今、敢えて「さん」付けに統一する必要性がどこにあろうか。全体の五八％の教師たちはそのように考えているのであろう。

また、論文一の筆者である望月理子氏が述べるように「中学校は、小学校に比べて、ジェンダー秩序をかなり利用する」ため、「さん」「君」付けは性別が明らかになって便利だという考えもあろう。では、なぜ、小学校では男女共に「さん」付けで呼ぶことを推進しているのか。それは舘かおる氏の次の言葉に示されている。

性別カテゴリー分けを多用していることが、子どもたちに女と男を区別させる性別意識を醸成していることなのであると、教師たちは気付いて行った。(3)

上掲の言葉に対して、「差別は悪いが区別はよい」と回答した教師は戸惑うであろう。アンケート調査で性的マイノリティの問題を取り上げたが、女と男という二分法がそもそも問われる時代になったことを受け入れる必要がある。さらに、男女混合名簿の実施が証明したように、学校現場では男女別にする必要性はほとんどないのである。習慣化した呼び方を見直し、男女共に「さん」付けで呼ぶことを心がけてほしい。その一歩が、ジェンダー・フリーの実現につながるのである。

終わりに

教育現場をジェンダーの再生産拠点にしてはならない。そのためにはなによりも教師の意識改革が必要である。調査結果はそのことを強く訴えてくる。

〔注〕

（1）内閣府男女共同参画局「平成二四年度版男女共同参画白書」

（2）「中央教育審議会 義務教育特別部会意見発表資料」平成一七年

（3）舘かおる「『ジェンダー・フリー教育』のコンセプト」藤田英典他編『ジェンダーと教育』世織書房、平成一一年

「ことばとジェンダー」についての中学校教師の意識調査結果

実施者：都留文科大学教授 牛山恵、韮崎市立韮崎西中学校教諭 望月理子

実施対象：韮崎市他の中学校教師　一〇六名

実施方法：アンケート調査

実施時期：二〇一一年一一月

「ことばとジェンダー」についての中学校教師の意識調査結果

回答者の年齢・性別

	20代	30代	40代	50代	年代未記入	合計
男	6	5	16	13	1	41
女	3	3	14	14	0	34
性別未選択	9	10	11	1	0	31
合計	18	18	41	28	1	106
未選択割合	50%	56%	27%	4%		29%

1－（1）最近の中学生のことば遣いについて気になることがありますか
＊「はい」と回答した人

	20代	30代	40代	50代	年代未記入	合計
男	6	5	13	12	1	37
女	3	3	14	13	0	33
性別未選択	9	10	10	1	0	30
合計	18	18	37	26	1	100

1－（2）「はい」と回答した場合、どのようなことか、最もあてはまるものを一つ選んで下さい　＊複数回答あり

項目	男	女	性別未選択	合計
ア　流行語を授業中に使う	5	2	2	9
イ　若者ことばを授業中に使う	3	1	4	8
ウ　敬語を正しく使うことができない	19	13	14	46
エ　男子生徒が「女ことば」を使っている	0	0	0	0
オ　女子生徒が「男ことば」を使っている	4	5	0	9
カ　きちんとした文ではなく単語ですまそうとしている	16	23	21	60
キ　辞書の意味と異なる使い方をする	0	1	2	3
ク　その他	3	5	2	10

1－（3）「オ」と回答した人の内訳

	20代	30代	40代	50代	合計
男	1	0	0	1	2
女	0	0	4	2	6
性別未選択	0	0	1	0	1
合計	1	0	5	3	9

2－（1）生徒が自分のことを「○○ちゃん」と言った時に指導していますか　＊「はい」と回答

	20代	30代	40代	50代	合計
男	0	1	7	9	17
女	1	1	5	6	13
性別未選択	0	7	2	0	9
合計	1	9	14	15	39

3－（1）女子生徒が自分のことを「ぼく」「おれ」と言った時に指導していますか　＊「はい」と回答

	20代	30代	40代	50代	合計
男	0	2	8	9	19
女	2	2	11	7	22
性別未選択	2	4	4	1	11
合計	4	8	23	17	52

3－（2）「はい」と回答した人。それはどのような理由からですか　＊複数回答あり

項　目	男	女	性別未選択	合計
ア、「ぼく」「おれ」は「男ことば」だから	9	5	3	17
イ、学校という公の場では、正しい言葉に使い、慣れるべきだから	12	11	7	30
ウ、子どもっぽいから	0	2	0	2
エ、その他	1	5	1	7
合　計	22	23	11	56

4－（1）国語の教科書では、「女ことば」を教えていると思いますか。＊「はい」と回答

	20代	30代	40代	50代	合計
男	1	1	1	0	3
女	0	0	0	2	2
性別未選択	0	0	0	0	0
合計	1	1	1	2	5

5－（1）授業中、生徒に指示する時に「○○しなさい」という命令的なことばと、「○○してください」という依頼的なことばと、どちらを多く使っていると思いますか　＊命令的なことば

	20代	30代	40代	50代	合計
男	0	2	3	6	11
女	0	0	2	1	3
性別未選択	2	1	3	0	6
合計	2	3	8	7	20

5－（1）
＊依頼的なことば

	20代	30代	40代	50代	合計
男	5	3	12	4	24
女	3	3	10	10	26
性別未選択	6	8	6	1	21
合計	14	14	28	15	71

6－（1）生徒が性的マイノリティだと感じたことがありますか
＊「はい」と回答

	20代	30代	40代	50代	合計
男	0	1	4	0	5
女	0	0	3	7	10
性別未選択	1	2	0	0	3
合計	1	3	7	7	18

6－（2）「はい」と回答した人。その後の指導に影響がありましたか
＊影響した

	20代	30代	40代	50代	合計
男	0	0	0	0	0
女	0	0	3	3	6
性別未選択	0	2	0	0	2
合計	0	2	3	3	8

7－（1）女子生徒には「○○さん」、男子生徒には「○○君」と区別して呼んでいるか。
＊「はい」と回答

	20代	30代	40代	50代	合計
男	2	1	12	7	22
女	2	3	10	7	22
性別未選択	5	5	7	0	17
合計	9	9	29	14	61

第三章　装いとジェンダー
——纏足とハイヒールとコルセットとブラジャーと

山本　芳美

はじめに

日本人が靴をはくようになって、わずか一四〇年ほどにすぎない。「隔靴掻痒」以外に、日本の民俗伝承や言葉のなかに靴が定着しているとはいいがたい。しかし、ジェンダーを軸にしてみれば、世界各地にみる靴をめぐるジェンダー規範と靴がひきおこす障害が日本にもしっかりと根づいたことは明らかである。大きく見れば、男性は、背を高く見せることと足を細長く見せること、女性は背を高く見せることと足を小さく見せることを靴に求めてきた。

女性の纏足とハイヒール、コルセットとブラジャーは、「男性による拘束の結果」であり「社会が女性を無力化させるための装置」であるとは、八〇年代までのフェミニストによる主張だった。ただし、事はそれほど単純ではない。これらの着装は、社会に仕向けられた結果との見方もあろうが、自ら選んで身につけることも繰り返しているのである。

本論では、身近な靴や下着を素材にジェンダーの問題を考えていきたい。(1)

1　ハイヒールとブラジャー

靴産業史の研究家である稲川實氏との共著である『靴づくりの文化史』(稲川・山本、二〇一一年)を出版後、ある女性誌の編集者が「ハイヒールの特集を組みたい」と連絡をしてきた。書中で纏足について触れた箇所に感動したという。「纏足の時代の中国女性たちは大変ですよね。私は現代に生まれて幸せだと思いました。だって好きな靴を自由に選べてはける時代なんですから……」と滔々と話しだしたので、筆者はあわてて問い返した。

「失礼ですけど、今、ブラジャーはつけていらっしゃいますよね」

話が急に飛んだせいか、相手はとまどったようだ。かまわず筆者は続けた。

ブラジャーは形態学的にみると、胴をしめつけていたコルセットが胸にあがったものである。コルセットは、胸部に関してみれば下から盛り上げるように押し上げる機能があった。しかし、コルセットがブラジャーに変化したことによって、今度は胸付近を整えたり、締めつけることになったと簡単に説明した。「学生がコルセットや女子割礼（女子性器加工、通称ＦＧＭ　Female Genital Mutilation の略称）について卒業論文を書くと、そろってコルセットから解放された時代に生まれて私は幸せです、ＦＧＭのない社会に生まれて幸せです、と書くんです。『では、あなたたちはブラジャーをつけないで外を歩けますか？』と聞くと、『ブラジャーをつけないなんて考えられない』と顔を見合わせるんです。でも、私たちもコルセットに縛られていた女性たちと同じく、ブラジャーに縛られているんですよ。あなたはどうですか？」

「ブラジャーをつけないなんて、とても考えられません」

「私たちもコルセットをつけていた時代の人たちと同じように可哀そうなのです。でも、自分たちを可哀そうだとは思っていません。むしろ、嬉々として自分好みのブラジャーを選んでいますよね」

一二世紀以降、長年欧州の女性の胴をしめつけてきたコルセットは、フランス革命後に「古代ローマ時代に戻ろう」との機運が盛り上がって一時姿を消した。当時流行した簡素な綿のシュミーズではカシミアのショールをつけたとしても長く厳しい冬を越すのは難しく、肺炎になる女性が続出した。(2) それでも懲りずに、シュミーズの流行は続いた。しかし、二五年ほどで再びコルセットが隆盛を迎えた。第一次世界大戦を背景に女性の社会進出が進んだ時、コルセットはブラジャーに変化する。戦場に赴く男性に代わって、工場などで働くようになった女性たちは動きやすさを求めたのである。コルセットを前提としないドレスを発表したポール・ポワレなどの先駆者もいるが、ガブリエル・シャネルが一九一六年に決定的なドレスを発表する。ウェストを絞らないジャージー素材のドレスである。しかし、コルセットを女性たちは完全に手放したのではなく、コルセットの代わりに女性の身体のラインを整える下着として主流となったのがブラジャーであった。ブラジャーを捨て去る選択は女性の視野にはなかった。

一九七〇年代のほんの一時期、女性とブラジャーが切り離される気配が見えたことがあった。女性の権利獲得を求めるウーマンリブ運動が、最高潮に達した頃のことである。女性に求められていた社会規範の象徴として、デモの際に身につけていたブラジャーを焼く女性が現れた。下着製造会社は野火の如く広がる「ノーブラ」の勢いに青ざめたというが、ブラジャーをつけない気運はいつの間にか終息した。また、ノーブラの女性も実は乳首が目立たないようにニプレスをつけていた。今のところ、女性たちのあいだにブラジャーを手放す気配は見えない。

現在、五〇代以上の女性が化粧を身だしなみとしておこなうように、ブラジャーには、人目を気にしてつけられる面がある。体調によって着装感が異なったり、肩ひもが汗で摺れたりするが、それでもがまんする。それは、コルセット全盛期に、コルセットのゆるみが気持ちのゆるみと評されたのと似ている。つまりは、コルセットは道徳的規範にも関わっていた。現代女性がブラジャーを手放せない理由の一端は、ここにもある。告白すれば、筆者は二三歳になるまで、自分の正確なバストサイズを知らなかった。たまたま、ある女性にブラジャーと胸が合っていないことを指摘され、はじめて採寸をして下着を買いなおしたのである。それまでは、母親が選んできた「標準サイズ」のブラジャーを身につけていた。結果として、私は二サイズ以上小さいカップのブラジャーをつけていたことが判明した。母親世代には、「胸が大きく見えてはみっともない」という意識があったことが事の背景にあると、今の私は推察している。

一九二五年生まれの下着デザイナーである鴨居羊子が女性の下着革命をおこしたのは一九五〇年代である。一九五〇年代は、まだブラジャーは先端を行く装いであった。当時は「下着自体のおしゃれを楽しむ」という時代ではなかった。ブラジャーは洋装をする際に、身体のラインを整えることを主眼としたファンデーションという考え方であった。鴨居羊子が現れるまで、女性の下着は「白」が当然とされていたのである。

鴨居は女性記者としての経歴もあり、斬新でカラフルな下着を発表するかたわら、女性解放と下着の変革を論じた著作を世に送り出した。そして、現在その著作を中心に再評価が始まっている（鴨居一九五八、一九七三など）。しかし、鴨居の登場があり、そのあとの下着会社による啓蒙があっても、それぞれの家庭内で母から娘に伝わる下着への意識はなかなか変わらなかったと見える。それは、私の例に見るように、母親の世代においてブラジャーは「つつしみ」の記号であり、文字通りの「乳おさえ」や「乳バンド」（ブラジャー登場当初の日本での呼び名）であった。現在のように、胸の丸みや大きさを強調したり、身体自体を彩り飾るという身体意識にはなかなか至らなかった。

そうはいっても、ブラジャーはすでに日本に定着して五〇年以上を経ている。胸を整える以外に、精神的安定を求めてブラジャーをつける人々もすでに現れている。筆者の同世代の友人が、「身体のどこかを締めつけてないと、かえって落ち着かない」と語ったように、「自然派」の人々が抱きがちな身体をまったく締めつけないという発想が、身体意識の面でみれば、身体の境界イメージがあいまいになる側面も考慮する必要がある。

加えて、最近、日本ではワイシャツの下にブラジャーをつけている男性がいるという。ブラジャー派の男性に、両性を問わず露骨に嫌悪感を示す人もいる。この現象から、現代の日本社会ではブラジャーと女性性が強固に結びついており、下着選び一つにもジェンダーへの思い込みがあることに気づかされる。ブラジャーをつける男性（通称＝ブラ男）の存在を世に紹介した下着研究家の青山まり氏は、「文化とは暴力である」と指摘している（青山二〇〇八）。

それに、コルセットを今も女性たちは身につけているとも言える。ダイエットを「みえないコルセット」（海野一九九八）と評した人もいるが、コルセットの着装を支えた思想は、相変わらず女性たちの身体を縛っている。コルセットは外から身体のラインを整えるものであったので、コルセット全盛期の医者に警告したほどには、締めつけによる身体の変形や不調は稀であったといわれる。

今は女性の身体に「くびれ」が本当になければならない。むしろ、見えない縛りはきつくなっているのではないか。「若く美しい身体のままでいたい」、あるいは「いなければならない」と強迫観念になっている人もいる。しかし、女性側には「誰かにやらされている」という悲壮感はなく、「大変なのよ」とこぼしながらもいそいそとつき従っている人もいる。

健康を優先させれば、下着はやぼったくなる。健康とおしゃれは志向が相反するものである。皆、健康とおしゃれを兼ね合わせたブラジャーなり靴なりを探すが、言葉の上だけに存在するもので、結局どちらつかずになりがちである。このように、ブラジャーを探っていくと、根深いジェンダーや装いの不条理さといった問題につきあたるのである。

二〇代の編集者にコルセットについて、この文章の一部をかいつまんで話した後、靴に話題を戻した。

「ブラジャーもハイヒールも纏足も同じことです。ハイヒールをはき続ける私たちは、纏足をした中国女性たちと同じように、可哀そうでもあると同時に時代の枠のなかで主体的に、自らの意思で生きていると考えています。後の世の人から私たちが、『丸一日ブラジャーをつけてハイヒールをはいていたって。なんて可哀そうな人たち』と思われる可能性だってあるんですよ」と告げた。

編集者にどのような記事をつくる予定なのかを聞くと、「足にやさしいハイヒールをつくる会社の靴を何社か取り上げて、私へのインタビューとともに紹介したい」という。それを聞いて、「本に書いたことや話したことを、本当にわかってくれていない」と、不遜だががっかりもした。「足にやさしいハイヒール」は、誰にとってもやさしい靴ではない。靴会社は理想のはきごこちの靴を目指して真剣にモノづくりをしているが、その靴も最終的には自分の足に合わなければ意味がない。靴ほど宣伝コピーがあてにならないものはない。値段はある程度は目安にはなり、靴にお金をかけたほうがよいが決め手ではない。あくまで、自分と合うかどうか、そして「合う」という状態が自分の思い込みが入っていないかも、大事なことである。日本人は、小さめを選びがちなブラジャーと反対に、実寸よりもゆるい靴を選んでしまう。ゆるい靴は靴の中で足が泳ぎ、水ぶくれや靴ずれなどを起こしがちである。また、まともな靴には、親指の付け根のあたりに「殺し」がある。殺しは靴の幅を微妙に狭くした部分なのだが、それは足の一部を締めることで、歩きやすくしているのである。高齢者ほど、この殺しが全くない幅広の全体的にやわらかな素材の靴を選びがちなのであるが、それは足の障害をより深刻なものにしかねない。雨の日にゴム長靴を一日はいて歩くと妙に疲れるのは、ゴム長靴には通常殺しがないから、と言えば思いあたるであろうか。

「そちらもお仕事だから仕方ないと思いますけれど、女性の健康のために、せめてハイヒールは一日中はく靴ではないと記事で触れてほしいと思います」と私は半ばあきらめつつ電話を切った。

女性誌は夢を売るものである。魔法が解けるから、誰も本当のことは知りたくないし、読みたくもない。結局、特集記事のタイトルは「疲れず履きこなせる美しいハイヒール大研究」になった。足の負担については、「毎日は無理でも、〝ここぞ！〟という時にはハイヒールを取り入れたいですね」という別の専門家によるコメントで述べられただけであった。

実は、ハイヒールは、絨毯の敷いてあるパーティー会場で二時間はく程度なら足の痛みに耐えられる靴である。五センチ以上のヒール靴は、四〇歳を越えたころから足への負担が重くなる。若いときなら多少無理が効き、一日歩いて痛めた足も比較的短時間で回復する。しかし、一日中、ハイヒールで歩き回ってでもしたら、足ばかりでなく頭が痛くなってもおかしくない。つまり「仕事中に気分を上げる！」、「疲れずはきこなせる」と女性誌が謳うハイヒールは一種の幻想で、言葉のなかにだけ存在するものである。しかし、一方で「仕事ができる女は、ハイヒールもはきこなす」、「ハイヒールは自立した女の象徴」というイメージが横行しているのである。

2　纏足とハイヒール

それでは、ハイヒールはそもそもどのような靴だったのであろうか。ファッションの歴史全体からみれば、靴の流行は着衣よりもゆっくりとしている。ハイヒールの起源の一つは、チョピンと呼ばれる靴底全体が平均六センチから一八センチ、なかには三〇センチの高さにもなった厚底靴である。トルコに源流があるとされるが、一五世紀から一六世紀のルネサンス時代、ローマと新興都市ヴェネツィアで流行した。人口全体の一割もいた娼婦のなかでも「高級」とされる女性は、ロングドレスの下につっかけ靴に似た形状のチョピンをはき、おつきの者に手を支えられながらしゃなりしゃなりと歩いた。

たびたび世間を騒がせる現代のミュージシャン、レディー・ガガは、イギリスのデザイナーである故アレクサンダー・マックイーン氏や舘鼻則孝氏がデザインしたかかとがない靴や高さ六〇センチにもおよぶヒール靴など突拍子もない靴をはいている。高すぎるヒール靴をはいたレディー・ガガが、両わきから誰かに手を取ってもらってようやく歩く姿をとらえた写真がタブロイド新聞などで報じられている。その写真に既視感があった理由は、「ファッションは繰り返す」という言葉を地で行くレディー・ガガの姿にあり、チョピンをはいた女性の姿と変わらない。

先端を行くファッションの特質のひとつは、人が簡単にまねできないことをすることである。日本の花魁道中では、花魁は高下駄をはいて足を半円を描いて前に出す歩き方で、少女に手を引かれた。これは、自らの出世を誇示するとともに、さげすみと好奇と羨望が入り混じった人々の視線をはねかえす意味もあった。

チョピンが原因で妊婦が流産する事件も多く、一四三〇年にヴェネツィアで禁止令が可決されたが効果はなかった。次いで、かかとの部分にヒールがつけられるようになる。ヒール付きの靴は、イタリアのカトリーヌ・メディッチがフランス王室に嫁ぐ時に持ってきたといわれるが、その後、曲線的なヒールのついた靴が流行した。ルイ一五世(一七一〇~一七七四)の時代に流行したことから、この靴はルイヒールと呼ばれている。

ハイヒールのもう一つの起源として、興ざめな話が残されている。中世に都市が形成されていくにしたがって、石で舗装された道路が汚物で覆われるようになった。ひどい場合は、室内にトイレがなかったために、庶民はおまるの中身を窓から道路にぶちまけた。あれやこれやの汚物を避けるために、靴にヒールがつき、そしてその靴の汚れどめとしてオーバーシューズを重ねばきする場合もあったという。

当時はどちらかといえば、男性の靴に流行りすたりが見られた。男性の足は、タイツのようなズボンにくるまれてむき出しで、いわば脚線美を競っていた。ゴシック時代に生まれたプーレーヌは、靴の爪先が長く尖って反り返っていた。プーレーヌは、初めはせいぜい二センチほどの爪先だったのが、しだいにピンと爪先を立てるために苔や羊毛などの詰め物を入れるようになった。爪先の長さは最長一四インチ以上になった。終いには、つまずいて倒れないよう小さな鎖で膝につないだり、先端部に小さな鈴をつけた。

その次に流行ったのが「カモノハシ」で、一五世紀のヨーロッパに登場し、それから二百年近く流行が続いた。カモノハシ靴はつま先の部分が平べったく一二インチ以上もあった、先に割れ目があり、そこから色鮮やかな別布が見えるように工夫してあった。カモノハシの後に、ヒール靴が流行する。いずれにせよ、肖像画などを見ると、一七世紀にはヒール靴はヨーロッパの王侯貴族や裕福な商人のファッションとして定着したという（市田、二〇一二）。宝石付きバックルや華やかなリボンなどで、ヒール靴は飾り立てられていた。ヒール靴は胸をはった堂々たる姿勢を作ると喜ばれたという。

ただし、フランス革命以降、男性の服装は一転して地味になる。貴族たちは、庶民がひざ丈のタイトな脚衣（キュロット）をはいていたので、「サン・キュロット」と馬鹿にしていた。しかし、革命の立役者となったサン・キュロットの服装が、その後の男性ファッションの主流となる。一九世紀には、暗い色目のジャケットが着られ、現在の紳士服の源流になっていった。現在のようなスタイルの紳士靴が輪郭を明らかにしたのは、資本主義が確立したと言われる一八四〇年からほどなくのことである。両サイドにはきやすくなるようゴムを入れたヒール付きのショートブーツは、明治維新あたりにイギリスで男性靴として流行した。その後、一九六〇年代にビートルズがはいたことで、サイドゴアブーツは再び注目を集める。

結局、男性のハイヒールは、現代ファッションの中で、シークレットブーツとなって生き残っている。シークレットブーツは、背の高さにコンプレックスを持つ男性がはくもので、ヒールは靴の中に入りこんで目立たなくなった。男性のヒール靴は長い歴史があるが、男性向けのヒール付きの靴は、洒落者か中性的なイメージを持たれるに至っている。そして、プーレーヌの精神は、つま先が長くとがったロングノーズと呼ばれるタイプの靴に宿っている。ロングノーズは一九五〇年代に日本でも一度流行しているが、極端ながに股で歩くことになったり、階段の幅と靴の長さが合わずに転げ落ちたりする人が続出して、すぐに廃れたという。しかし、ここ一〇年ほど再流行している。

欧州の歴史では、女性の足は長い間、ドレスの下に隠れていた。一九二〇年代に入ってスカートの丈が短くなるまで、服装全体からすれば靴はさほど重要ではなかった。女性の服はえりぐりが深く胸がむきだしにされていた時代が長く、反対に足はドレスの奥深くにあった。女性たちが足と靴を隠したがる傾向は、二〇世紀初頭まで続いた。しかし、先に書いたように第一次世界大戦を境にファッションの世界に大革命がおこる。
服装からフリルやタフタなどの実用的ではない装飾が省かれ、すその丈は短くなり、はじめて足が陽の目を見た。ファッションにおける靴の重要度が高まり、一九二〇年代には戦時下の耐乏生活の反動もあいまって、デザインや色彩、独創的な素材の組み合わせや装飾が多様化した。一九二〇年代には、かかとの部分をラインストーンと派手な色のエナメルで飾り立てた靴も出現する。これもスカート丈があがったために、靴を飾る必要を感じたためである。一九五〇年代には、体重と歩行の衝撃を支えるだけのヒールの素材と技術が産みだされたことによりピンヒールが登場した。そして、現在では「ハイヒールは婦人靴」とのイメージが定着するにいたっている。

ハイヒールをはくと、かかとが上がることによってつま先とかかとの足長が圧縮され、足が小さく見える。また、重心バランスをとるために胸を張ることで胸が大きく見え、腰の位置が高く、腰を振るような歩き方になる。実は、これは纏足をした女性の姿と共通する。纏足をした女性は、ハイヒールをはいた女性と同じ歩き方をした。

シンデレラ物語にみられるように、古くから女性器の大きさと靴（足）の大きさは連動すると考えられていて、男性も足の大きな人ほどペニスも大きいと古来より考えられていた。「小さな足の女性は美しく、性器も小さくて具合がよろしい」というイメージは、中国において纏足を産み出した。中国には歴史上もっとも古いとみられるシンデレラ物語があり、九世紀の書物『酉陽雑俎《ゆうようざっそ》』として残されている。纏足が意味するところは、労働からの解放と裕福さである。纏足は少なくとも一〇世紀ぐらいには始まり、一三世紀から一五世紀に普及した。もともとは上流階級の習慣であって、農村の女性たちが競って纏足をしたのは一七世紀から一八世紀にかけてである。一九世紀にはすでに上品なものとはとらえられなくなっていた。纏足は主に漢民族の習慣であり、南方の少数民族や客家には普及しなかった。

纏足は、女性が幼いころに施術をはじめるものであった。纏足の方法や理想とされた足の形は時代や地域ごとに異なり、代表的なものは四段階の試練が待ち受けていて、完成までおよそ三年が必要とされた。母親か専門の女性が、女の子が三歳から四歳のときに足をお湯などにつけてもみほぐしたあと、親指以外のすべての足指を足の裏側に折り曲げて包帯でくるむようにしばる。幼い子は泣き叫ぶが、どう訴えても包帯を解くことは許されない。はなはだしい場合は、布のはしと隙間を上から縫いつけてしまった。さらに、纏足用のとがった靴下と小さな布靴がはかされた。以上が第一段階である。

第二段階は半年以上かかる。三日に一度包帯を解いて、砂糖水で足を洗ったり、薬湯でひたして消毒する。いたるところに魚の目ができ、体重が足の裏側に折りこんだ八本の指にかかるので激痛が走る。歩けば足の裏はマメやタコだらけとなり、指の爪が食い込むので、布をほどいて手入れしなければならない。足を縛っている布を解くと、足の甲は皮膚が破れ、血と膿でいっぱいになっている。巻きなおすと、ずきずきと足は痛み、夜も眠れないほどとなる。

第三段階は、足指だけでなく中足骨を足裏に向けて折りこむ。甲の一部が下方にねじこまれて足根も曲がってくる。この段階で肉は落ちて、ほっそりとなる。足の甲はこわばって皮膚がむけ、内出血、ただれ、化膿、血膿が悪化して小指がつぶれてしまうこともあった。

半年がかりで、土ふまずの真ん中の部分を逆凹型にくぼませる最終段階にいたると、痛みはもはや感じなくなる。纏足とは、自らの足をハイヒールに変えてしまう施術であり、形状から「新月」と呼ばれた。また、「三寸金連」との美称もささげられたように、足全体の長さが約九センチから一〇センチに整えられた。纏足が完成すると足指は足の裏に折りたたまれ、接地面は小さくなる。よちよち歩きとなり、直立が難しくなるので歩行訓練が必要とされた。まともに歩けないので、纏足をした女性は働かなくてすむ富裕層とみられた。また、美人の条件とされてもいる。さらに、纏足にさまざまな官能性を読み込む明末の劇作家である李漁(一六一一～一六八〇頃、李笠翁)のような人物がいた。李漁は、纏足した足をなでたり、匂いを嗅いだり、布を解いたり、という閨《ねや》の楽しみを言葉を尽くして描いている。動物学者のデズモンド・モリスは、纏足した女性は無力というイメージが男性の性的興奮を呼び起こすのだと指摘している(モリス、二〇〇七)。

このように纏足は男性の書き手にかかると、もっぱらエロチックな意味合いが強調される。だが、女性たちが苦しみと引きかえに得るものは性的魅力だけだろうか、という疑問に中国系アメリカ人研究者のドロシー・コウの著書『纏足の靴』が答えている。コウによれば、纏足の花嫁を結婚相手の家族が望んだのは性的魅力のためではない。女性の纏足が「花嫁の謙譲と道徳性」を示すものだったからだという。

展覧会のために纏足の靴を研究したコウは、纏足は出産の痛みを予想させるものであり、精神的にも宗教的にも豊かな意味のある、女性が大人になるために必要な重要な儀式であったと指摘する。女性にとって、纏足は母や母方の叔母たち、姉、イトコたちなどを含む女性のコミュニティーに加わるための儀礼と見なされていて、纏足の完成は花嫁予備軍としての新しい地位を得ることにつながった。女性が家の中で実権をふるうには、纏足をしていることが条件となっていた。

纏足の靴は、基本的にそれをはく女性自身がつくるものであり、靴づくりは裁縫や工芸技術の証明でもあった。中国において靴は職人が作って売ることもあったが、木や革、金属などのパーツを使っていない靴は家庭で作ることができた。道具は女性の手近にあるもので、はさみ、針、糸、竹の刺繍枠、千枚通し、こてなどだった。纏足靴は、刺しゅう入りの木綿や絹をつかった上部と、木綿または麻で作った靴底にわかれていた。女性は寝室のなかや柔らかい靴底の靴か靴下をはくものとされていたので、室内ばきとともに手作りした。戸外用は木製のヒールや靴底を使用するため、部品を職人から買うか、注文するかしたのである。

刺しゅうは母から娘へと伝えられる大切な技術で、中国では着衣から調度品までさまざまに用いられた。纏足への刺しゅうも盛んにおこなわれていた。黒い木綿製の素朴な靴を破れるたびにつくろって大切にはく女性たちのほうが多かったが、絹布に凝った刺しゅうをほどこした美しい纏足の靴を残した人もいる。どの階層にしても文字を知らない女性が大半で、自らのものや夫、子ども、舅姑たち、かわいい息子に孫をもたらしてくれる嫁に靴をつくり、つくろってやった。そして、自分や娘、嫁、姑がはく纏足の靴には、家の安定や家族の幸せ、子孫の繁栄などを象徴する文様を文字のかわりに一つ一つ綴っていたのである。

たとえばコウモリや魚、蓮などが好んで刺しゅうされたが、蝠《コウモリ》の蝠の発音は「福《フー》」に通じて幸福を意味した。「蓮《レン》」は連で「連続」、「魚《ユイ》」は余と同じ発音で「余裕」に通じた。蓮と魚を組み合わせれば、「子孫が絶えないで家が続きますように、経済的余裕がありますように」という祈りとなった。さらに、布地や刺しゅう糸の色のシンボリズム、靴の形、ヒールの有無などの組み合わせで、女性たちのさまざまな思いが綴られていたのである。

現代の私たちにとって少々安心できるエピソードは、女性たちは自らの足をより小さく見せるコツを知っていたことである。コウは、九センチから一〇センチくらいの纏足の靴が残されていたとしても、実際には靴よりも足が大きかったことを紹介している。巻き布を使うことによって、足の形をうまく靴の形にあわせることができたのだ。実際、女性たちの関心は、足を現実に小さくするよりも、服装の着こなしによって「どれだけ小さく見せるか」にあった。女性たちは裾のひろがったズボンをまとい、とがったつま先部分をほんの少し見せるなどして錯覚させ、足をより小さく見せるようにしていた。高いヒールやふくらんだ後部の支えなども、優美な外観を産み出す助けとなった（以上、コウ、二〇〇五より）。

このように、ハイヒールや纏足の歴史をさぐってみると、多角的な見方ができ、その是非が簡単には結論づけられないことも見えてくる。人間の心の奥底に、靴の高さや小ささで人を魅了したいという欲求があるかぎり、ハイヒールをはじめとする奇想天外なデザインの靴と、足の障害は尽きることはないだろう。

おわりに

二〇一〇年一二月に、沖縄でコンフォートシューズの店を営む女性Mさんにインタビューしたときのことである。店内で小売業からみた靴業界についてお話をうかがっていると、五〇代の娘さんにつきそわれて八〇数歳の女性が店を訪ねてきた。

「お客様、なんでこんな足に……」

Mさんのただならぬ声に、ノートをまとめていた私が頭を挙げると、腰の曲がった女性が靴を脱いだ姿が眼に入った。完全な外反母趾で、親指が人差し指、中指、薬指に乗っかっている。他人の足は、たいてい靴や靴下に包まれているので見る機会はない。重症の外反母趾はひどくなると親指の付け根にある関節が外側に屈曲して靴に擂れて痛んだり、親指が別の足に乗ったりする（図1）。知識として症状については知っていたが、実際に見るのは初めてだった。一時間後、にこやかに二人を送り出したMさんは急に厳しい顔をして、「現代の纏足です。あの方の足は」とぽつりと言った。「年齢を考えれば、元に戻るのは難しいです。でも、希望を持たせてお帰ししなければ」。Mさんは女性に、毎晩足指をマッサージして、五本指の靴下をはくことを紹介したという。さらに、特注の矯正シューズを作る手はずを整えた。

足の障害の背景には、その人が靴や歩くこととどのように向き合ってきたのか、という日常の営みがある。女性と娘がこもごも語った話をMさんが説明してくれたところによると、社会的地位が高い夫のため、女性はパーティーなど表舞台に出る機会が多かったという。女性が若かった頃、おしゃれな靴は「つま先の尖った靴」しかなく、それをはき続けた。「自ら選んだ」靴をはき続けた結果、女性の足は徐々に変形していくことになる。

経済的には豊かな生活を送っていたものの、夫には家事能力がなく、一切を女性が担っていた。時折、女性が身体の不調を訴えて病院に行こうとしても、夫はとりあわな

図１　今和次郎によるスケッチ

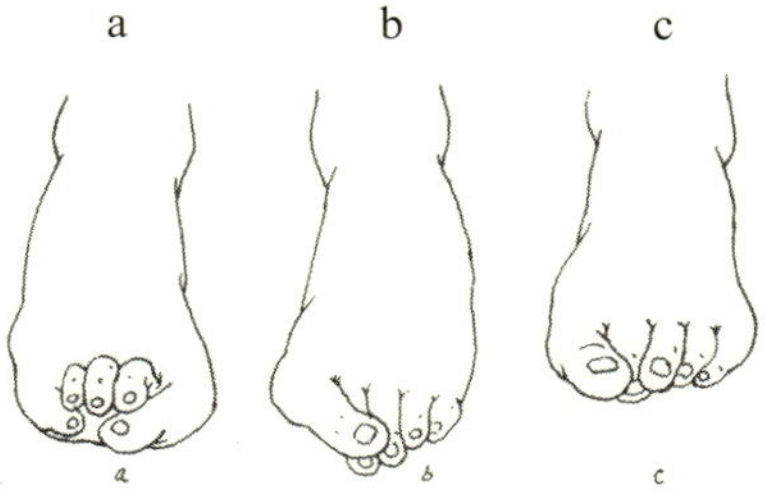

A　悪い靴のため曲がった足指（ホアフによる）

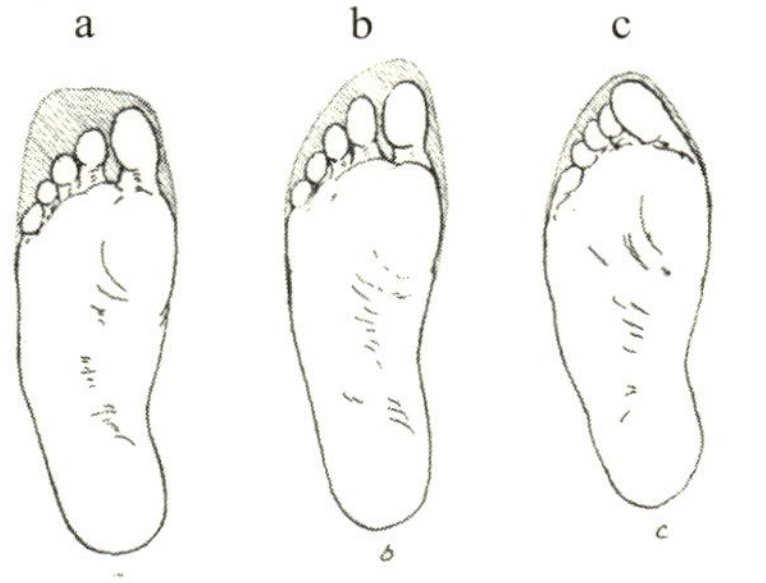

B　良い靴（ａ・ｂ）と悪い靴を履いた足（ｃ）（マイエルによる）

出所：工学院大学図書館蔵。今和次郎『今和次郎 採集講義』口絵 15 頁より、青幻社、2011）

図2　バーナード・フリームによるスケッチ

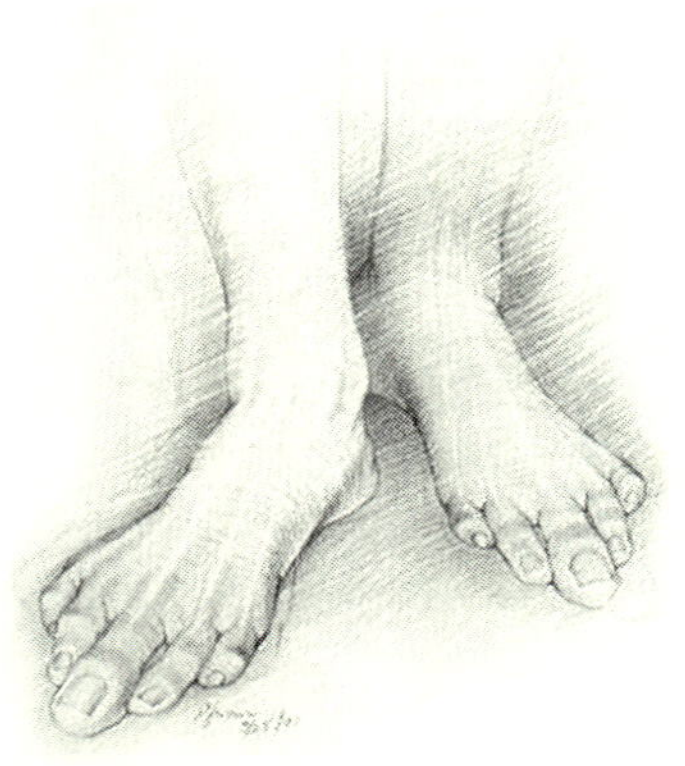

出所：バーナード・ルドフスキー 1979『みっともない人体』鹿島出版会 142 頁より。

かった。家で一人になるのを不安がり、女性が不調を訴えるたびに具合が悪くなったのはむしろ夫のほうであった。女性が八〇歳を越したとき、夫が亡くなる。結婚して沖縄に住む娘の家に女性が身を寄せた一年半後、家族旅行に行く話が持ちあがり、「せっかくだから、靴を新調しよう」との話になった[3]。その時になって、ようやく娘さんが母親の足に気づいたのである。しかし、時すでに遅く、足の変形は手遅れ状態であった。

纏足は中国で千年近く続いた慣習である。纏足に熱をあげた人々を私たちは、他人事と片づけられるだろうか。女性たちは現実の足のあり方を無視して、「ヒールの高い靴」、「足をきゃしゃで小さく見せる靴」に足をあわそうとする。そして、外反母趾や足のマメ、魚の目、タコ、巻き爪、足指が前に向けて曲がってしまうハンマートゥーをはじめとする足の疾患に日々悩まされ続けている。

人間の装いについて皮肉まじりに考察した文明批評家のバーナード・ルドフスキーは著書『みっともない人体』で、中指がもっとも長く太い足のスケッチを示している（図2）。たいていの靴は、中指の位置に合わせて爪先部分がとがったものとなっている。靴の作り手たちが「健康が大事」といいながら、現実にない理想の足を追いかけていることをからかっているのだ。纏足やハイヒールとジェンダー規範との関係を検討してみても、人間は現実を直視できない動物であることがわかる。靴やおしゃれの話をする機会があると、必ず「私は健康を優先していますから」としたり顔をする人が現れる。しかし、それは本当に自らの身体に向き合った発言なのだろうか。靴を選ぶときに、知識や経済的事情が優先されているのではないだろうか。自分の足に向き合って靴を選ぶには、長い時間と経験と自分の思い込みを越えるためのある種の勇気がいる。老化と向き合い、値段は高めの、ヒールがあってもせいぜい三センチから五センチ程度に抑えたひも靴をじっくり選ぶ。ブラジャーなら、購入のたびに胸の採寸をおこたらない。自分の身体と向き合う靴選びや下着選びは、ジェンダーのくびきより解きはなたれる一歩となる。

筆者の専門である文化人類学の視点からいえば、人間の装いは矛盾だらけである。装いの背後にひそむ痛みや苦しみは、ジェンダー意識の呪縛とともに、古代から綿々と続いてきた人間の「業」の営みととらえたほうがよい。そして、業は業としてその存在を認め、人生の中でその業とどのくらい付き合うのか、という自らの基準を定めておくほうがよい。そうでないと、「より美しく」、「より若く」、「よりモテるように」、「より力強く」、「より女らしく」、「より男らしく」などの掛け声とともに時々の消費文化が産みだす流行に一生ふりまわされかねない、というのが、現在のところ、装いの研究にたずさわってきた筆者のたどりついた結論であり教訓である。

〔注〕
（１）本稿はＮＨＫ教育で二〇一一年一一月七日に放送された「極める！矢口真理の靴学第一回――華麗なるハイヒールの秘密」の番組構成のもとになった拙稿を、大幅に加筆・改稿したものである。
（２）ウェストは胸のすぐ下とされた。ドレスを着る際にコルセットはつけず、胸の下にリボンなどを結んだ。
（３）常識としては、旅行には慣れた靴をはいていくのが最良である。時と場所によってはき替える靴を二足か三足持っていくとよい。

【参考文献】

青山まり『ブラジャーをする男たちとしない女』新水社、二〇〇五
天野正子・桜井厚『「モノと女」の戦後史――身体性・家庭性・社会性を軸に』岩波書店、二〇〇三
市田京子「日本はきもの博物館収蔵資料紹介――一九世紀の男性の靴と甲布」『かわとはきもの』一六一号、二二三頁―二二八頁、二〇一二
稲川實・山本芳美『靴づくりの文化史――日本の靴と職人』現代書館、二〇一一
鴨居羊子『下着ぶんか論』凡凡社、一九五八
同　『わたしは驢馬に乗って下着を売りにゆきたい』三一書房、一九七三
ドロシー・コウ『纏足の靴』（小野和子・小野啓子訳）平凡社、二〇〇五
デズモンド・モリス『ウーマン・ウォッチング』（常盤新平訳）小学館、二〇〇七

バーナード・ルドフスキー『みっともない人体』（加藤秀俊・多田道太郎共訳）鹿島出版会、一九七九
菅原健介＋ｃｏｃｏｒｏｓ研究会『下着の社会心理学――洋服の下のファッション感覚』朝日新聞出版、二〇一〇
武田尚子『鴨居羊子とその時代――下着を変えた女』平凡社、一九九七
海野弘『ダイエットの歴史――みえないコルセット』新書館、一九九八

第四章　強豪力士は女だった⁉
――鹿児島県出水市加紫久利神社の石燈籠をめぐる説話から

三橋　順子

はじめに

都留文科大学の「ジェンダー研究」の講義をお引き受けした時、自分の専門であるトランスジェンダー（性別越境）についてはできるだけ話をしないことにした。トランスジェンダーについて語るとどうしても専門的になり過ぎてしまう。もっと身近なテーマからジェンダーとセクシュアリティについて語った方が学生さんに興味を持ってもらえるだろうと思ったからだ。ところが、最初の講義のコメント票に「先生の専門の話も聞きたい」「トランスジェンダーに興味がある」という意見が意外に多かった。そこで講義予定を変更して二コマだけ「トランスジェンダーと社会」というテーマで話をすることにした。

二〇一一年度の「トランスジェンダーと社会」の講義の後、一人の女子学生が質問に来た。

「私、鹿児島の出水《いずみ》という所の出身なのですが、江戸時代に地元出身のお相撲さんがいて……」

「関脇出水川ですか？」

「はい、そうです。どうしてご存知なのですか？」

「まあ、ちょっと……、それで出水川がどうしました？」

彼女が教えてくれたのは、こんな話だった。江戸時代に出水川という強い力士がいた。ところが伊達ヶ関という力士にどうしても勝てない。なんとかして勝ちたいと思い神仏に祈ると、夢の中に観音さまが出てきて「伊達ヶ関は実は女である。だから前みつ（まわしを締めたとき体の前面で横になっている部分）を強く引きつければ勝てるだろう」と教えてくれた。次の場所、出水川が教えられた通りにすると、初めて伊達ヶ関に勝てた。

「そのお礼に奉納した石燈籠が今も地元の神社にあるのです。これもトランスジェンダーと関係する話でしょうか？」

「トランスジェンダーの要素だけでなく、いろいろな意味で興味深い説話ですね。できれば、なにか文字になったものがあるといいのですが」

「はい、探してみます」

全国から学生が集まる都留文科大学の講義で楽しいのは、こうして日本各地の話がいろいろ聞けることだ。本稿は、そうした学生さんが提供してくれた情報に若干の考察を加えたものである。

1　出水市加紫久利神社の石燈籠をめぐる説話

翌週の講義の後、彼女は出水郷土誌編集委員会編『出水の歴史と物語』（一九六七年、出水市役所発行）という分厚い本を貸してくれた。もしかすると郷里からわざわざ取り寄せてくれたのかもしれない。ありがたいことである。

そこに記されている力士出水川の説話を、少し長くなるが要約しながら引用してみよう。

「（出水川が）江戸相撲でも人気力士として鳴らしているころ、忽然と出水川の前に立ちふさがり、その優勝をはばんだ力士があった。奥州から出てきた伊達ヶ関と名のる巨漢である」「さすがの出水川も全く歯がたたず、伊達ヶ関の前には出水川の名も段々影がうすれはじめた。出水川は残念でたまらず、何とかして伊達ヶ関を破り名誉を挽回せんものと稽古に励んだが如何にせん、伊達ヶ関の体力、技量の前にはてんで問題にならないのであった」

「ある年の冬、故郷米之津《こめのつ》に帰った出水川は神にすがってでも伊達ヶ関を破らねばと、近くの加紫久利《かしくり》神社に参籠し、二十一日間の断食をして祈願した」「満願の夜が来た。出水川は精も魂も尽き果てたように目を閉じ、両手を合わせて下を向いていた。そのとき、目の前がぼんやりと金色に変わった。と思う間もなくその真中が明るくなり、中から首に大蛇を巻いた神様が現れた。じっと彼の顔を見ていたが、やがてひびくような声で、『伊達ヶ関は男装するといえども、その実は女なり。立ち上がるとき相手の前褌《まえみつ》をとるときは怯むべし。その機を逃さず技をほどこすときは勝利疑いなかるべし』。ハッと我に返って顔を上げ、目を開けば、今の明りも、大蛇を首に巻いた神の姿もなく、あたりは真暗でしんと静まり返っている。出水川は思うのだった。『これは単なる夢や迷いごとではない。必ず神さまが教えてくださったのだ。よしこれから江戸に乗り込み神さまのみ教えを守って必ず勝って見せる』と今までの心身の苦悩はどこかに吹き飛び、勇気凛凛と湧き出してきた。そして御堂の前に両手をつき、『有難うございました。み教えに従い必ず伊達ヶ関を破り、ご恩に報います。』と平伏した」

「それから家に帰り、はじめ重湯から粥と、あと二十一日の食養生を守り、一ヶ月後には以前よりも丈夫な身体になって江戸に上った。明けて四月の本場所には伊達ヶ関と立ち合い、加紫久利神社のみ教えどおり立ち上がるやいなや、相手の前褌をジッと取ったところ、そこは女体の悲しさ、腰をうしろに引いたので、ここぞと素早く踏み込み出水川流の早業で、ものの見事に投げ飛ばしたのである。溢れるばかりの観衆が一度にドッと拍手喝采、しばらくそのどよめきで場内は崩れんばかりであった。それから出水川の名は再度盛り返し、日本六十余州に鳴り渡った」

文字（文献）に固定された説話ではなく、おそらく地元で語り伝えられた話なので、やや脚色が過ぎるように思う部分もあるが、大筋は、強豪伊達ヶ関にどうしても勝てない出水川が加紫久利神社に参籠し、実は伊達ヶ関が女であることを神に教えられ、その弱点を衝いて見事に勝利するという話で、出水川が寄進した石燈籠の由来譚（縁起）になっている[1]（以下、『出水の歴史と物語』に記録されている出水川寄進の石燈籠の由来譚を「説話」と記す）。

出水川が参籠し、伊達ヶ関の秘密と弱点を教えられた加紫久利神社は、鹿児島県出水市米ノ津平松に鎮座する古社で、主祭神は天照大神。奈良時代の創建と伝えるが、史料的には平安時代前期、『日本文徳天皇実録』仁寿二年（八五二）六月に「薩摩国賀紫久利神預於官社」と見えるのが初見で、さらに『日本三代実録』貞観二年（八六〇）三月に「薩摩国従五位下加柴久利神加従五位上」と見える。『延喜式』の神名帳に記された薩摩国の神社は二社だけで、穎娃《えい》郡の枚聞《ひらきき》神社と並んで「出水郡　加紫久利神社」と記されている、以後、枚聞神社が薩摩国一の宮、加紫久利神社が二の宮として歴代国司の奉幣を受けた。

島津氏の治世になってからは薩摩の総社として尊ばれ、二一代（薩摩藩四代藩主）島津吉貴（一六七五～一七四七）は社殿を改築して寺領六十石を与えている。明治六年（一八七三）に県社となったが、同一〇年（一八七七）六月の「西南の役」で兵火にかかり社殿、神宝、古文書など灰燼に帰してしまった。その後、衰退・荒廃した時期もあったが、地元の人の手で再興され、現在の社殿は、昭和三六年（一九六一）の再建である。

境内に入ると、出水市の史跡に指定されている石灯籠が七基並んでいる。その中の一基（写真1の

（写真1）加紫久利神社の石灯籠群。一番左側が出水川が寄進したもの。

左端）が「説話」に関わる出水川が寄進した石灯籠で、竿石に「安永三年甲午八月吉日」「出水川定右衛門」と刻まれている。ただ、残念なことに、近年、倒壊して火袋や中台などが破損してしまったようで原状が失われている。他の石灯籠より背が低いのはそのためである（写真2、3）。

ひとつ気になるのは、女子学生が教えてくれた話では、出水川に伊達ヶ関の秘密を告げたのは「観音さま」だった。それが『出水の歴史と物語』の「説話」では「首に大蛇を巻いた」神様になっている。これは、明治初年の神仏分離令の影響だと思う。おそらくは観世音菩薩が「説話」の古い形で、それが神仏分離・廃仏毀釈の際に仏から神（加紫久利神社の主祭神である天照大神）へ書き換えられたのではないだろうか。観世音菩薩が天照大神の本地であるという本地垂迹説があるので、両者の移行に問題はない。

神様が「首に大蛇を巻いた」姿については、アマテラスは現代でこそ女神として認識されているが、中世以降、蛇身の男神とする説もかなり広く行われていたことが影響し

（写真２）石灯籠の旧状。

（写真３）石灯楼の現状。

ていると思われる。たとえば、鎌倉時代後期に京の醍醐寺の僧、通海が著した『通海参詣記』（弘安九年～正応元年一二八六～八八年頃の著述）には「サテモ斎宮ハ皇太神宮ノ后宮ニ准給テ夜々御カヨヒ有ニ、斎宮ノ御衾ノ下へ、朝毎ニ蛇《くちなは》ノイロコ（鱗）落侍ヘリナン」という伊勢の神官の言葉が記されている。

2 「説話」の検証

ここでは「説話」がどれほどの事実性をもっているのか、検証してみたい。まず、「説話」の主人公である力士出水川について確認しておこう。それには相撲史に踏み込まなければならない。

出水川貞《いずみがわさだ》（定）右衛門《うえもん》は、薩摩国出水郡米ノ津元町（現・鹿児島県出水市米ノ津元町）の旅籠「絵島」に生まれた。生年は不詳だが、寛延年間（一七四八〜一七五〇）頃と思われる。大阪相撲に入り飛火野《とぶひの》のしこ名で関脇まで進み、ついで江戸相撲に移り、明和二年（一七六五）三月場所、東小結で初めて江戸の番付に載った。この場所、八戦七勝一分の好成績で江戸デビューを飾り、以来、明和から安永年間の長きにわたって、関脇、小結を務め、安永六年（一七七七）四月場所からは久留米藩（有馬氏）の抱えとなり、天津《あまつ》風《かぜ》定右衛門（もしくは雲右衛門）と名乗った。最後の番付は安永九年（一七八〇）三月場所（東前頭二枚目）だった。

最高位は東関脇、生涯成績は二一場所八三勝二二敗一九引分一〇預り四無勝負三三休で、幕内最高成績三回、生涯勝率は七割九分だった。全盛期は江戸に下った直後の明和二〜四年で、この間の六場所は三〇勝二敗七引分三預り二無勝負、勝率九割三分八厘という抜群の成績で三回の幕内最高成績もこの期間だった（明和二年三月、三年三月、四年十月場所）。全盛期の強さ、通算勝率の高さ、活躍期間の長さから十分に第一級（準大関クラス）の強豪関脇の評価に値する。

全盛期の体格は一七七センチ、一三五キロで、堂々たる体格を生かし、力に任せて相手を抱え込み、片方の差手を両腕で極めて出る撓《た》め出しを得意とした。出水川のこの取り口から、後に相撲四十八手の一つである撓め出しを別名「泉川《いずみがわ》」と称するようになった。

引退後は郷里に戻り、家業の旅籠を継ぎながら、地元の青年たちに相撲を教えていたらしい。諸国を遊歴した尊皇思想家高山彦九郎が寛政四年に米ノ津に滞在したとき、出水川の給仕を受けたことを日記（『筑紫日記』）に記している。寛政六年（一七九四）に逝去し、墓は出水市下鯖町の善光寺に接する壺坂墓地にある。墓石の正面に「大力秀泉信士」と戒名が、側面に「出水川定右衛門　寛政六年六月二十九日」と刻まれている。また、丸に十字の島津家の紋を描いた出水川の化粧まわしが現存している。

次に、「説話」の敵役伊達ヶ関である。明和六年（一七六九）四月場所の番付に西大関として「伊達関森右エ門《だてがせきもりえもん》」の名が見える。出水川はその場所東小結で、同時代性からこの力士が「説話」の敵役伊達ヶ関に相当すると考えてよいだろう。

伊達関森右エ門は、その名の通り仙台藩（伊達氏）領の陸奥国宮城郡霞目村（現在の宮城県仙台市若林区霞目）に寛延三年（一七五〇）に生まれた。おそらく出水川より若干年少と思われ、江戸相撲での初土俵も四年遅い。伊達関森右エ門は最初に番付に載ったのが大関だった。これは俗に「看板大関」と言われるもので、体格に優れていたり、美男だったり、要は土俵入り姿が絵になる、客が呼べる興行的な「看板」で、力士として大関の実力があるわけではなかった。取組は数番だけ、あるいは一番も取らず土俵入りのみという例が多かった。そして、たいていは一場所、せいぜい数場所で番付から消えてしまう。

ところが、伊達ヶ関は「看板大関」で終わるのをよしとせず、達ヶ関と改名して、明和七年（一七七〇）十一月場所、前頭筆頭から再スタートを切る。そして、徐々に地力を増し、安永五年（一七七六）十月場所で二代目谷風梶之助を襲名し、安永七年（一七七八）三月場所初日から天明二年（一七八二）二月場所七日目に小野川に破れるまで、引き分け・預り・休場を挟みながら江戸本場所で土付かずの

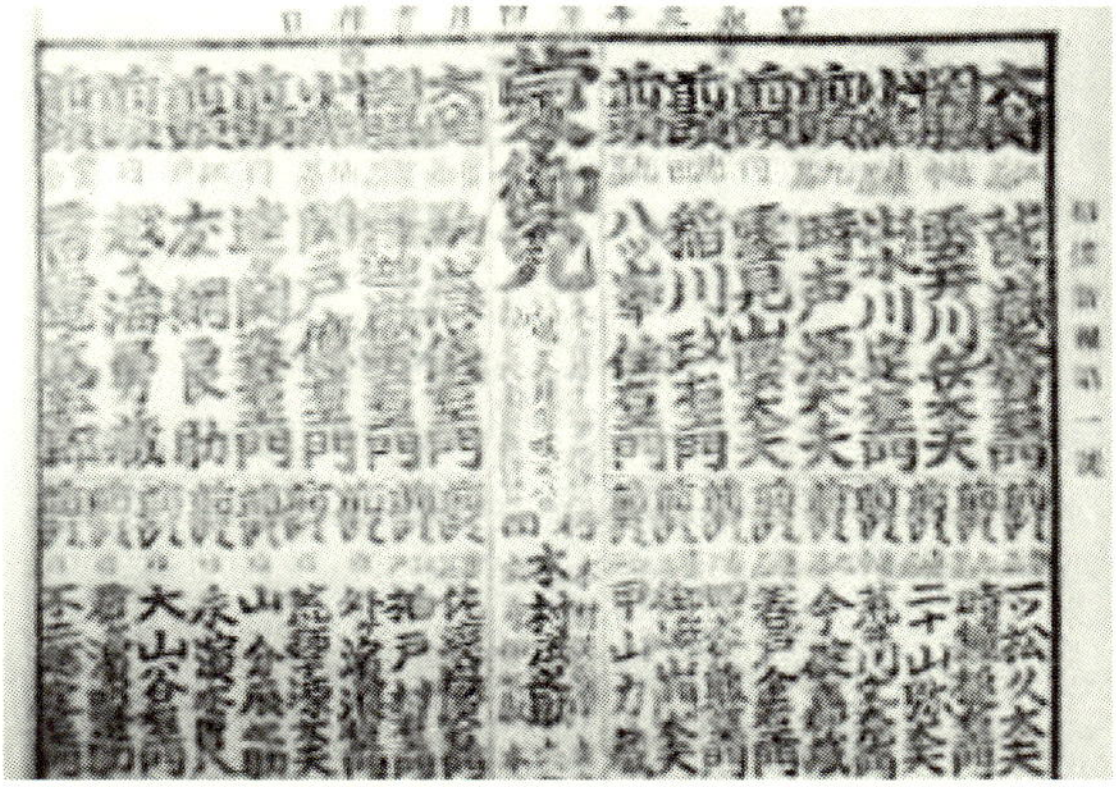

（写真４）石灯籠が寄進された直前の安永三年（1774）春場所の番付。
東（右側）小結に出水川、西（左側）前頭筆頭に達ケ関の名が見える。

六三連勝を達成する。この間、安永一〇年（一七八一）三月場所には実力で大関となり、寛政元年（一七八九）一一月には吉田司家《よしだつかさけ》から最初の横綱免許を授与され実質的に初代横綱となった（現在の相撲協会の歴代では第四代）。

全盛期の身長一八九cm、体重一六九kg、江戸時代の力士としては抜群の体格で、同時に横綱となった小野川と競い合って寛政の相撲黄金時代を築いた。寛政七年（一七九五）一月に流行性感冒のため現役で逝去するまで、生涯成績は四九場所二五八勝一四敗一六引分一六預り五無勝負一一二休、勝率九割四分九厘、幕内最高成績二一回。技量・成績抜群であるだけでなく人格・品格にも優れた大横綱だった。

つまり、「説話」で出水川が加紫久利神社の神から「実は女である」と教えられ、女の弱点を衝いて勝利した宿敵伊達ケ関とは、大関雷電為右衛門（一七六七〜一八二五）と並ぶ江戸相撲の最強豪力士であり、現代に至る大相撲の歴史の中でも双葉山、大鵬などと並ぶ屈指の大横綱である谷風梶之助その人だったのだ。

さて、次に検証すべき問題は、出水川（天津風）と伊達ケ関（達ケ関、谷風）との対戦である。現在、記録に残っている限り、江戸本場所での両者の対戦は十回を数える(2)（△は預り、×は引き分け）。

明和八年（一七七一）十月場所（深川八幡宮社地）三日目
出水川（東小結）△　達ケ嶽（西小結）△
明和八年（一七七一）十月場所（深川八幡宮社地）七日目
出水川（東小結）×　達ケ嶽（西小結）×
安永二年（一七七三）三月場所（深川八幡社地）七日目
出水川（東前頭二枚目）○　達ケ嶽（西前頭筆頭）●
安永二年（一七七三）十月場所（本所一ツ目八幡宮御旅所）六日目
出水川（東前頭筆頭）△　達ケ嶽（西前頭筆頭）△
安永三年（一七七四）四月場所（深川八幡宮境内）六日目
出水川（東小結）●　達ケ嶽（西前頭筆頭）○
安永三年（一七七四）十月場所（深川八幡宮境内）七日目
出水川（東小結）●　達ケ嶽（西小結）○
安永五年（一七七六）十月場所（深川八幡宮境内）七日目

出水川（東小結）●　谷風（西小結）○
安永六年（一七七七）十月場所（深川八幡宮境内）八日目
天津風（東小結）×　谷風（西小結）×
安永七年（一七七八）三月場所（深川八幡宮境内）九日目
天津風（東小結）●　谷風（西関脇）○
安永九年（一七八〇）三月場所（深川三十三間堂境内）三日目
天津風（東前頭二枚目）●　谷風（西関脇）○

出水川と伊達ヶ関の両者が揃って番付に載ったのは明和六年（一七六九）四月場所だが、伊達ヶ関が「看板大関」であったため対戦はなく、最初の対戦は二年半後の明和八年（一七七一）十月場所だった。この場所、両者は東西の小結同士、三日目の取組は勝負がつかず預り、七日目に再戦したがやはり勝負がつかず引き分けに終わっている。翌安永元年（一七七二）一一月場所は出水川の名が番付になく、対戦はなかった。

そして、安永二年（一七七三）閏三月、深川八幡で行われた春場所を迎える。この場所、出水川は東前頭二枚目で初日に敗れたものの、その後は五連勝と好調だった。一方、達ヶ関は西前頭筆頭で六日目まで五勝一預りの土付かず。両者は七日目に対戦し出水川が勝っている。残念ながらどんな相撲だったかは伝わっていない。ただ、一年半前に二番取りながら雌雄を決することができなかった相手に勝って出水川が喜んだことは想像に難くない。結局、出水川はこの場所を六勝一敗の好成績で終えた（達ヶ関は五勝一敗一引分一預り）。

次の安永二年十月場所は前頭筆頭同士で六日目に対戦したが勝負がつかず預り、その次の安永三年四月場所は西前頭筆頭の達ヶ関が東小結の出水川に勝ち、雪辱を果たしている。

つまり、安永三年八月に出水川が加紫久利神社に石灯籠を建立した時点では、両者の対戦は五戦一勝一敗一引分二預りでまったく互角だった。

ところが、その後は五回戦って一引分四敗と、出水川は達ヶ関（谷風）にまったく勝てなくなる。全盛期を過ぎた出水川と上り坂の達ヶ関（谷風）の実力差がはっきりしていく。結局、両者の対戦成績は出水川の一〇戦一勝五敗二引分二預りで、出水川が達ヶ関（谷風）に勝ったのは安永二年閏三月場所だけ、生涯一度だった。

実は、「説話」には後日談がある。伊達ヶ関は出水川の奇策に敗れて以来、その不覚を忘れることができず、雪辱の機会を狙っていたが、出水川が引退して郷里に帰ってしまい機会を失ってしまった。どうしてももう一度立ち合いたく、はるばる薩摩国米ノ津までやってきた。ところが出水川はすでに亡くなっていた。出水川のお墓に案内された伊達ヶ関は悔しさと悲しさで思わず墓石に噛みつき、その歯型が今も墓石に残っているという。

こちらは出水川の墓石の縁起譚になっているが、まったく事実に反する。達ヶ関はなにも薩摩まで行くことなく江戸の本場所の土俵で徹底的に出水川を打ち負かしているのだから。

ということで、「説話」が語る出水川が新鋭の伊達ヶ関（達ヶ関）に「全く歯がたたず」という設定は事実ではない。出水川は勝てないまでも負けてはいなかった。出水川が達ヶ関（谷風）に歯がたたなくなるのは、むしろ石灯籠が建立された後のことである。しかし、あくまで結果的にだが、安永二年閏三月場所の勝利が出水川が達ヶ関（谷風）から挙げた生涯唯一の白星になったのは確かである。

こうした事実関係を踏まえると、石燈籠が建立される前の時点で、出水川が伊達ヶ関打倒のために断食までして神に祈ったという状況はちょっと考えにくい。また、安永二年閏三月の勝利から三年八月の石灯籠建立まで約一年半も開いている。安永二年閏三月の達ヶ関戦の勝利を石灯籠の建立と直接結び付けることにはためらいを覚える。

出水川が伊達ヶ関と初めて対戦した後の安永元年頃、江戸を離れていたのは、この年の番付に出水川の名が無いことからしてどうも確かなようだ。その間、郷里に帰り、加紫久利神社に参拝し、なんらかの願をかけたことはあったろう。しかし、それが伊達ヶ関打倒だったのか、それともやや下降気味の自身の成績と人気の再上昇にあったのか、明らかではない。

出水川は安永二年閏三月場六勝一敗、同十月場所三勝一敗三預り、三年四月場所五勝一敗と好成績が続く。安永三年八月の石灯籠建立が、そうした好成績を背景にした「願解《ほど》き」だったことは十分に有り得ると思う。

相撲史にいささか深入りしてしまったが、「説話」の事実性を一応検証できたと思う。「説話」の核となる出水川と伊達ヶ関（達ヶ関）の対戦、そして出水川の勝利は歴史事実である。しかし、それを取り巻く状況は、「説話」と現実とはかなり異なっていることもわかった。

結論的に言えば、安永二年閏三月の達ヶ関戦の勝利を石灯籠の建立に直結させることには無理があり、谷風（達ヶ関）の大横綱としての名声が確立した後、そして安永二年春場所の勝利が出水川にとっての対谷風戦唯一の勝利であることが確定した後、さらに言えば、寛政六年（一七九四）に出水川が、翌七年に谷風がこの世を去った後に、地元の出水川贔屓の人によって「説話」は作られ、語り継がれてきたのだと思う。とすると、「説話」の成立時期は一九世紀と押えていいと思う。

3　「説話」に見る双性原理

この「説話」は、神仏に熱心に祈願してその教えを受け、それによって所願を成就するという点ではありふれた話であるとも言える。ただ一点を除いて。

ただ一点というのは、神様が出水川に告げた伊達ヶ関が女であるという秘密である。もちろん歴史上の人物である伊達ヶ関（達ヶ関・谷風）が女性だったということはまず有り得ない。谷風は「看板大関」でデビューしたことからもわかるように色白・切れ長の目、やや女性的な柔和な顔貌の美男力士ではあったが、妻ひでは医官として知られた太田資広の三女で、子孫も残しているので性別の疑惑は起こりようがない。ということで、ここでは歴史事実から離れて「説話」世界の伊達ヶ関が女であることについて考えてみたい。

泉川という力技を得意とする怪力の出水川ですら歯がたたないほどの体格と力を持っていた強豪力士伊達ヶ関が女性であるという「説話」の設定は、なんとも意表を衝かれる。

たとえば、とても立派な体格で力が抜群に強い女子レスラーがいたとする。それを観る現代の人たちの間に「あれだけ強いのは、もしかして男なのではないか?」という疑いが生じるのは、しばしば有ることだと思う。しかし体格・力量抜群の男子レスラーを観て「あれほど強いのは、実は女なのではないか?」と疑う現代人は誰もいないだろう。

それは、女性より男性の方が(あくまで平均的にだが)体格(骨量・筋肉量)が大きく、そこから生み出されるパワーが強いことが科学的な知識としてあり、身体が大きく力の強い男性、身体が小さく力の弱い女性という性差が、ジェンダー(社会的な性の有り様)として現代人の意識にしっかり擦り込まれているからだ。

もちろん、「説話」を作った江戸時代人も、常識として、男は身体が大きく力が強く、女はそれに比べて小柄で力が弱いということは知っていたはずだ。しかし、同時にそうした常識とはまったく別の認識、すなわち、伊達ヶ関があれほど体格・力量抜群なのは男装した女だからだという発想を生む認識が存在したのだと思う。

少し砕いて言えば、神様から「伊達ヶ関は実は女だ」と告げられた時、現代人だったら「え〜?

神様、いくらなんでも、そりゃあないでしょう。あれだけ強い力士が女なんて」と神の言葉を疑ってしまうだろう。ところが、出水川は、そして「説話」を聞く薩摩の人たちも「ああ、そうだったのか、男装した女だからあんなに強いのか」と納得してしまう。これは単に神様の言葉を素直に信じるかどうかという信心の問題ではなく、現代の私たちとはなにか異なる論理が背後にあるように思うのだ。

ところで、出水市出身の女子学生がこの「説話」を私に教えてくれた「トランスジェンダーと社会」の講義では、まず世界各地のサード・ジェンダーの存在を紹介し、次に日本の過去から現在までの性別越境者を職能という視点で解説し、最後にまとめとして「双性原理」について説明している。「双性原理」とは、拙著『女装と日本人』の中で私が提唱した考え方で、性別越境者がジェンダー的に男でもあり女でもあること、すなわち双性（Double - Gender）的特性をもつことが、前近代の社会では通常の人間とは異なる特異な能力をもつ原泉と理解され、通常の人間ではないことから神により近い人として「神性」を帯び聖視される、という考え方である。日本をはじめ前近代の世界各地に見られる性別越境者の宗教的職能、具体的には神と人との仲介者である巫人、シャーマンという社会的役割は、そうした「双性原理」によって説明できる。また、性別越境者の他の職能、芸能的職能、飲食接客的職能、性サービス的職能、男女の仲介者的職能も、「双性原理」に基づく宗教的職能の展開として理解できる。

「双性原理」に基づけば、人は女装・男装して双性的な存在になることによって、通常の人とは異なる存在「異人」になり、通常の人が持たない力「異能」さらには「神性」を身に帯びることができると考えられる。つまり、女装・男装することは、双性性を帯びることで「異能」を獲得する手段だったのだ。

こうした「双性原理」を基盤にしていると思われる説話・物語は少なくない。たとえば『古事記』や『日本書紀』で語られるヤマトタケルの「熊曾征伐」の物語。景行天皇の皇子である小碓命《おうすのみこと》は、父に九州の豪族、熊曾建《くまそたける》兄弟の「討伐」を命じられ西国に下る。熊曾建兄弟の館の近くで結っていた髪《みずら》（男性の髪形）を解いて梳り《くしけず》女性の髪形である垂れ髪にし、叔母の倭比売命《やまとひめのみこと》の衣装を身につけて少女の姿になり館に入り込む。宴会の席でその美貌を兄弟に気に入られ、誘われたベッドルームでまず兄を一刺しにし、そして宴席に戻って逃げようとする弟を尻から一突きにする。こうして少女に見紛う一六歳の女装の少年は、あっという間に九州第一の勇猛な兄弟を滅ぼしてしまう。

もうひとつは「説話」の成立時期に近い江戸時代後期の大ベストセラー滝沢馬琴の読本（長編小説）『南総里見八犬伝』（一八一四〜四一年）の女装の犬（剣）士犬坂毛野の話。毛野は敵の目を欺くため女役者の一座で女児として育てられ、物語では「旦開野《あさけの》」と名乗る女田楽の美少女スターとして登場する。そして、対牛楼の戦で父の仇である馬加大記《まくわりだいき》一味を、単身で殺戮しまくり復讐を遂げるなど、八犬士の中で最も華麗な活躍をする。

小碓命も犬坂毛野も、可憐な女装少年とは思えない超絶的なパワーを発揮する。その根源は双性であることに基づく異能と考えられる。これら二つの例は女装だが、女性が男装することも性を重ねて双性的存在になるという点では同じだったと思われる。

男装の例としては、『日本書紀』が記す男装して朝鮮半島に出陣して三韓を「征伐」した神功皇后の伝承が、その史実性はともかく、女性が男装することによる双性性を帯び、異能を発揮した事例と考えられる。また、古代衣服制研究の第一人者である武田佐知子氏は、邪馬台国の女王卑弥呼や奈良時代の女帝孝謙天皇が男装した可能性が高いことを指摘している（武田、一九九八）。こうした女性権威者の男装も、双性化することで超絶的なパワーや「神性」が発揮されることを期待したものだろう。

物語ではなく実際の事例としては、大隅半島の南に浮かぶ種子島の広田遺跡（鹿児島県南種子町）から出土した弥生時代末期（一六〇〇～一七〇〇年前頃）の「双性の巫人」が知られる。この遺跡からは饕餮《とうてつ》文貝札や竜形の貝製ペンダントなどの装身具を大量に身につけた人骨が見つかり、そのほとんどは女性人骨で祭祀的な行為に携わった女性シャーマン（女巫）と推定されている。ところが、その中で最も豊富な装身具をまとった人骨はやや華奢ではあるものの明らかに男性の骨格だった。環東シナ海考古学の権威だった国分直一氏は、この人物を身体的には男性でありながら女性巫人をしのぐ強力な霊的パワーをもつ、権威ある女装のシャーマン「双性の巫人」であると推測した（国分、一九七〇、一九七六）。

「双性の巫人」は遠い古代ではなく現代にもいた。薩摩半島の南に浮かぶトカラ列島の悪石島《あくせきじま》（鹿児島県十島村）には、一九六〇年代まで「おとこおんな」と呼ばれる女装の巫人（ユタ）がいたことが報告されている。女装の巫人は女性の巫女（ネーシ）よりも霊力が高いと島の人々に怖れられていた（安田宗生、一九七四）。つまり、双性性を帯びている人の方が、シャーマンとしての能力（異能）が高いことの証言と考えられる。

毎年七月一四日に神奈川県横浜市戸塚区の八坂神社で「お札撒き」という行事が行われ、女装した男性が撒くお札を人々が争うように拾う。なぜ、女装の人が配るお札を人々はありがたがるのだろうか。それは普通のお札より効力があると信じているからだ。あるいは、山梨県甲斐市竜王で毎年四月一五日に行われる「おみゆきさん」（甲斐一宮浅間神社「大神幸祭」）では、女装した男性たちが神輿を担ぎ釜無川の堤防（信玄堤）を踏み固める所作を行う。なぜ女装の人々なのだろうか。その方が神（木花開耶姫命）が喜び、水害防止の効果が高いと考えるからだろう。このように双性的な存在に異能や神性をみる「双性原理」は、現代でも各地の祭礼などに窺うことができる。

「トランスジェンダーと社会」の講義では、こうした「双性原理」の事例を画像を使って紹介していく。そして、学生さんの地元に女装・男装を伴う祭礼や伝承はないかを尋ねている。この「説話」を教えてくれた女子学生も、講義を聞いて故郷に伝わる「説話」を思い出したのだと思う。

そろそろ結論を述べよう。私は、力自慢の出水川ですら歯が立たない強豪力士伊達ヶ関が男装した女性であるという「説話」の背景には、男性と女性を重ねた双性的存在に超絶的なパワーなどの異能を見る日本古代からの「双性原理」の伝統が存在すると思う。しかも、男性の女装に比べれば数少ない女性の男装による貴重な事例である。

ところで、この「説話」が伝えられた出水はいわゆる「出水《いずみ》兵児《へこ》」の里である。薩摩藩には、江戸時代「兵児二才《へこにせ》」制と呼ばれる一四歳から二〇歳までの男性で組織される青年教育訓練システムがあった。「兵児二才」制は、セクシュアリティ研究的には、年長の少年が年少の少年を犯す（そして犯された少年が年長になると犯す側にまわる）年齢階梯制をともなう男色文化の典型として知られているが、ジェンダー的にも興味深い習俗がある。兵児二才の組は一人の「稚児様」を頂く。「稚児様」になるのは名門の長男の十歳前後の美少年で、薄化粧をして美麗な衣装をまとった。兵児二才たちはひたすらこの「稚児様」を守護し忠誠を尽くす。これもまた性を重ねた双性的存在にある種の「聖性」を見る「双性原理」に基づくものだと思う。

鹿児島県南さつま市加世田の天御中主神社に毎年一〇月二七日に奉納される「津貫《つぬき》の太鼓踊り」（鹿児島県指定無形民俗文化財）の小太鼓・鐘の打ち手は、華麗な衣装をまとった少年で、薩摩の「稚児様」の面影を見ることができる。

強豪力士伊達ヶ関が男装した女性であるという「説話」が語り伝えられた地域は、そうした「双性原理」が根強く残る地域だったのだ。

おわりに

女子学生がこの話を教えてくれたとき、私は「トランスジェンダーの要素だけでなく、いろいろな意味で興味深い説話ですね」と答えた。「いろいろな意味で」のひとつとして、伊達ヶ関が女性であると考えた場合、まず、女人禁制問題との関わりが出てくる。

現在、日本相撲協会が土俵上を厳重に女人禁制にしていることはよく知られている。二〇〇一年、当時の太田房江大阪府知事が春場所（大阪府立体育館）千秋楽の表彰式で、府知事杯を土俵に上がって優勝力士に手渡すことを望んだ際、相撲協会は土俵上には男性しか上がれないという「伝統」を盾に拒絶した。つまり、土俵の女人禁制は、礼を重んじるはずの相撲協会が会場を貸し優勝杯と賞金を提供してくれるスポンサーに明らかな非礼を働いてまで守らなければならないほどの重要な「伝統」ということだ。

相撲協会が土俵を女人禁制とする理由は、明言こそしていないが、女性を穢れた存在として神事から排除する「伝統」によるものと思われる。女性特有の穢は「血穢」（赤不浄）と「産穢」（白不浄）であるが、本来はいずれも時期を限定した「穢」であって、禊や祓を行えば「浄」に転じるもので、女性そのものが穢れた存在だったわけではない。その点、相撲協会が依拠する「伝統」は日本古来のものではない。(3) それはともかく、ここで言えることは、強豪力士伊達ヶ関が女であると語る「説話」の語り手や聞き手は、土俵が絶対的な女人禁制の場だとは思っていなかったということだ。もし、女性が土俵に上がることが絶対的なタブーだったら、伊達ヶ関は出水川と対戦する前に神罰が当って破滅していたはずだから。

次に、伊達ヶ関の話をいわゆる「大力女」の系譜でとらえることも可能だと思った。(4) 日本の古代・

中世の説話には、男勝りの、いや男性とは比べものにならない超絶的な力をもつ女性が何人も登場する。

たとえば、聖武天皇の頃の尾張国中島郡大領久坂利の妻の話。妻が夫のために織った麻の着物を国守《くにのかみ》が気にいって取り上げてしまった。女はそれを取り返しに行ったが、国守は従者に追い払えと命じる。しかし女は動かない。逆に女は二つの指で国守が坐る床の端を取ると門外に引っ張っていき、衣を返すよう要求した。国守は恐れおののき衣を返した。この女は、鐘楼の鬼と力比べをして勝ったと伝えられる飛鳥寺の道場法師の孫娘だった（『日本霊異記』中巻二七話）。

また甲斐国の力士大井光遠の妹は、人に追われた男に人質に取られたが、妹が太い矢の幹の節を指先で朽木のように砕いているのに驚いた悪人は妹を解放した。妹は力士である兄の二人分の大力で、大きな鹿の角を膝に当て、腕で枯れ木を折るように打ち砕いたという（『今昔物語集』二三巻二四話）。

平安時代末期、源平争乱期の武将源義仲に従った女武者巴御前は、大力・強弓で知られ、やはり大力で知られた恩田師重という武者に馬を寄せ、組みついて引き落とし、自分の馬に押しつけ、その頸をねじ切って捨てたと伝えられている（『平家物語（覚一本）』「木曾最期」）。

江戸時代中期の安永五年（一七七六）には、柳川ともよという女性が、大八車に五斗俵五つを載せたものを頭上に持ち上げたり、碁盤を振って百目蝋燭の火を消したりする大力芸で評判になった。

こうした女性が示す超越的な力の事例に「説話」の伊達ヶ関を加えていいように思うが、これらの「大力女」たちはジェンダー的には女性である。それに対して伊達ヶ関は男装し、ジェンダー的には男性として力を発揮していたという点で、系譜が異なると考えた。

「大力女」の民話を数多く採集した柳田國男は「妹の力」という概念を提唱した。[5] しかし、柳田の「妹の力」は女性が持つ精神的な力、ある種の霊的な力を重視しながら、女性が時に示す物理的な力を軽視した感がある。そうした方向性は、柳田だけでなく近代以降の日本社会の一貫した流れであり、女性が持つ力はせいぜい男性への精神的な助力に限られ、女性は力弱き者、か弱き者というイメージが強調され、そうあることを求められていった。

江戸時代後期以降、現実に存在した「大力女」たちが活躍の場としたのが、女相撲の世界だった。女相撲は長らくエロ・グロの視点でしか論じられなかったが、近年、研究が進み、その文化性、さらにはジェンダー越境との関係が指摘されている。[6] そこに男装して力士として活躍した「説話」の伊達ヶ関との接点がまた見えて来るのだが、与えられた紙幅も尽きた。いずれまた機会を得て考えてみたいと思う。

〔注〕

（1）この「説話」は、出水市教育委員会編『出水の昔ばなし』（出水市教員委員会、一九八九年）、同『出水の文化財』（出水市教員委員会、一九九四年）などにも載っているが、いずれも、出水郷土誌編集委員会編『出水の歴史と物語』（出水市役所、一九六七年）に拠っていると思われる。

（2）江戸相撲の「星取り」（勝負記録）については、gans 氏作成の「大相撲星取表」を参照した。

http://gans01.fc2web.com/index.html

（3）この点については、吉崎祥司・稲野一彦「相撲における『女人禁制の伝統』について」（『北海道教育大学紀要（人文・社会科学編）』五九－一、二〇〇八年）を参照。

（4）宮田登『ヒメの民俗学』（青土社、一九八七年）第一章「ヒメの力」

（5）柳田國男『妹の力』（創元社、一九四〇年。『定本柳田國男集』第九巻所収）

（6）大力と女相撲の関連については、亀井好恵「民俗文化における女の力について――女の大力・興行女相撲を中心に――」（『史潮』四九、二〇〇一年）、同「越境性の受容――女相撲の観客反応から――」（『現代思想』三八－一三、二〇一〇年）を参照。

【参考文献】

国分直一「双性の巫人」（『えとのす』三、一九七五年）、「双性の巫人――特に南西諸島の事例について」（『環シナ海民族文化考』所収、慶友社、一九七六年）

武田佐知子『衣服で読み直す日本史――男装と王権――』（朝日新聞社、一九九八年）

三橋順子『女装と日本人』（講談社現代新書、二〇〇八年）

安田宗生「鹿児島県十島村の男巫女」（『西郊民俗』六六、一九七四年）

（謝辞）この興味深いテーマを提供してくださった岩桀恵理沙さんに、心から感謝申し上げる。

第二部　文学・芸術とジェンダー

第五章　錯綜する物語
——薫くみこ『十二歳の合い言葉』の魅力

藤本　恵

はじめに

薫くみこ『十二歳の合い言葉』は、一九八三年、ポプラ社から刊行された。これに「第一二回児童文芸新人賞」[1]を与えた雑誌『児童文芸』（一九八三年七月）の選評をはじめ、刊行当初は、「思春期前期の心理・生活」を、「軽いタッチ」[2]の「新文体」[3]で描いた「今日的作品」[4]として評価されている。「結果的には風俗小説的になっている」[5]という言もあるように、良くも悪くも当世風の新しさが評者の目を引いた。

一九八〇年代後半には、薫くみこが、当時話題となった新ジャンル「エンターテインメント児童文学」の波に乗って書き続けたためか、薫くみこ共々『十二歳の合い言葉』も「大衆性」[6]という語でくられるようになる。こうしたテクストに向ける児童文学者たちの目は厳しくなりがちだった。そのことは、「エンターテインメントの現在」を特集した雑誌『日本児童文学』（一九八六年八月）における、「現況を商業主義の弊害、あるいは作家主体の喪失といった観点から批判することはたやすい」（砂田弘「編集後記」）という言から端的に読み取れるだろう。

一九九〇年代に入り、フェミニズムを特集した『日本児童文学』（一九九五年一一月）には、『十二歳の合い言葉』に以下のような分類を与える論考がある。

> ギャングエイジグループでは、「男の子どうし」の物語は男の子どうしでなにかを「する」話となることが多い（例えば那須正幹「ずっこけ三人組シリーズ」では何か事件が起き冒険にでかける）。「女の子どうし」では「なる」話となる（例えば薫くみこ『十二歳の合言葉《ママ》』では病気や進学などいろいろな不安が降りかかって大人になる）。
>
> （林美千代「〈女の子〉への戦略・同化と異化——北原樹『聖魔女たち』、ときありえ『クラスメイト』を中心に」　五七頁）

ここで『十二歳の合い言葉』は、エンターテインメント児童文学を代表する「ずっこけ三人組シリーズ」と対になり、完全な〈女の子〉物語とされている。[7]本稿では、この論考が示す〈する〉物語＝〈男の子〉物語／〈なる〉物語＝〈女の子〉物語という図式を利用し、『十二歳の合い言葉』において、〈男の子〉物語と〈女の子〉物語が錯綜する様相を捉えてみたい。一直線に〈なる〉方へ向かわない、その錯綜にこそ、多くの読者を獲得した物語の豊かさを見出せるはずである。

1　読者を引きこむ語り

まず、全一〇章から成る『十二歳の合い言葉』の物語内容を確認しておこう。

一、二章では、主人公三人（川辺菜々、汐沢かおり、本居梢）と彼女らの学校生活が紹介される。ここでは、「背が高く、色白美人の秀才」かおりに接近してくる同級生・大門宏と担任・西田先生を、三人が結束して撃退した事件が示される。続く三、四章では、小運動会のリレーを利用し、菜々に恥をかかせようとした西田先生に三人が替え玉トリックをしかけ、対抗していく。

五章になると、リレーで活躍した「スポーツウーマン」梢が心臓弁膜症を発症して入院、その間に菜々とかおりは淡い恋を経験する。六章で、かおりの私立中学受験が発覚。秘密を持たれた菜々と梢が、かおりに対する不信感を強め三人は分裂する。

七章では、得意な運動ができなくなり、アイデンティティを見失った梢、「みんなからうっとうしがられている」クラスメート・よし子に菜々が絡んでカンニング事件を起こす。よし子の讒言で苦しい立場に追い込まれた梢と菜々は、夏休みに家出を企て実行する（八、九章）が、機転をきかせたかおりの活躍で行き先がわかり、両親とともに帰宅。一〇章で、三人は再び友情を確かめ合い、ハッピーエンドを迎える。

以上のように『十二歳の合い言葉』では、主人公三人の結束と分裂、再結束という関係性の変化が物語全体の流れをつくり出している。これを物語世界外の語り手が、場面の変化に即して各登場人物の言動や心情に焦点化しながら語っていくのだが（三人称小説）、実際にはほとんど主人公三人にのみ焦点化される。こうした焦点化の方法は、他の登場人物から読者の目をそらし、三人に注目、共感させる効果を持つだろう。

そのことが典型的に表れるのは、カンニング事件のよし子に対してである。よし子は梢を誘惑してテストの答えを写させ、後に梢と菜々を裏切る。事件の中心人物でありながら、よし子の心情が語られるのは、次の部分のみである。

よし子の頭のなかに、きのうの西田先生の言葉がひびいてきた。

「飯島、泣かんでいい。ほんとうのことをいえ、おまえがそんなことをする生徒でないことは、おれはちゃんとわかってる。川辺と本居がおまえを引きずりこんだんだろ？　え？　（……）」

よし子は、そこまで西田先生がいったとき、コクンとうなずいてしまったのだ。なんとなくそういわれているうちに、そんな気がしてきてしまい、自分の罪がなくなるというふしぎなこの状態を、無理にひっくりかえす気はおこらなかった。

（一六九―一七〇頁）

これより前、よし子は「万引きをしたといううわさまである」「人の気持ちをうかがうようにする態度」「なにをやっても一人前のことができない」と、梢に焦点化しつつ紹介され、既に負のイメージができあがっている。右にあげた部分で、よし子の裏切りは釈明されているものの、決して積極的に評価できるという印象を与えはしない。

また、菜々は「テストのための綿密な計画」をよし子には伝えなかった。語りはこれを単に「あさはか」と評すが、よし子の側から見れば裏切りとも取れる。「よし子から、梢をもぎと」る菜々や梢の態度も、よし子の裏切りの原因になり得たはずだが、それには触れず、仇敵・西田先生の言動のみが原因として提示される。さらに梢と菜々は家出決行の前日、よし子を闇討ちする。このこともよし子に大きなショックを与えたはずだが、それは閑却されたまま、「おなかのよじれるほどわらう二人が前景化される。

カンニング事件は、よし子を悪役として描き出し、最後に仕返しするという点で、一、二章で展開された勧善懲悪的なできごとと同じに見えるように仕上がっている。先に、大門や西田先生と格闘する三人を見てきた読者には既になじみのパターンであり、カンニング事件が持つ不公平さに目をつぶり、よし子に仕返しした梢と菜々、二人の爽快さを共有することができる。物語内容の進行と、三人にのみ焦点化するという語りの特徴があいまって、読む者の関心は三人の結束に向かい、その内部へと引きこまれていく。

こうした語りの特徴が、「いちばんすぐれているところは、三人の友情の描き方」(8)といった評価を導いていると言えるだろう。

2 〈男の子〉物語と〈女の子〉物語の交錯

(1)〈男の子〉物語の獲得

さて、「1」のようにして読者が引き込まれていく物語世界は、〈男の子〉物語と〈女の子〉物語が交錯しつつ成り立っている。まず〈男の子〉物語を獲得する過程を捉えよう。一、二章で三人の学校生活を紹介するいくつかの事件には、共通するプロット、すなわち〈男〉性の排除が見て取れる。次に、やや詳しく紹介しておきたい。

一件目の「騒ぎ」。六年一組の大門宏がすれ違いざま、「成長のめざましいかおりにちらっと目をやり、「胸をさわった」。かおりが反射的に平手打ちを返し、大門は給食袋で応戦。袋のゴムひもが当たってかおりの「首すじが、ミミズ腫れになっ」たのを、梢が目撃するやいなや、大門と梢の流血の格闘が繰り広げられる。

二件目。かおりが一人残っていた教室に西田先生が入ってくる。「ちょっといやな気分がしてかおりがふりむくと」、彼は「じっとかおりのうしろ姿を見ていた」。「なれなれしく」近づき、かおりに洗わせようと差し出されたくつ下を、かおりは先生の顔面めがけて投げつける。先生に従って洗濯をするクラスメートには、菜々と梢の力を借り、洗い場の水を浴びせかけた。

またテクストには、語り手が一二歳の少女たちの「まっすぐで平坦なからだ」に対して、「今年でお別れかもしれない」と予測する一節がある。ここでは彼女たちからやや距離を保った語りが、彼女らの「からだ」が性をもちはじめる兆候を捉えている。これらのことが示すように、子どもと大人の境界にいる〈女の子〉たちに自分が大人に〈なった〉こと、すなわち性をもつ〈女〉だということを認識させるのは、まず外からの視線なのではないか。

「ひげまではえ」「汗くさいようなへんな臭い」のする「怪物」大門と、「三十歳で独身」、「煮しめたようなハンカチで首のあたりをぬぐ」う西田先生。〈女〉としての特徴をそなえはじめたかおりに、身体性を顕わにした〈男〉たちは「目をや」り「じっと」見たあげく、痴漢的な行為に及ぶ。二人の悪役を撃退するのは、先々の恋の相手にふさわしいであろうクラスメートではなく、梢であり菜々であり、かおり自身である。

『十二歳の合い言葉』では、美女の危機を強い王子が救うという型どおりのおとぎばなしは展開しない。三人の「女の子」は結束し、無遠慮な視線で彼女らを〈女〉ならしめる〈男〉（＝悪役）を自ら撃退するだけの力を備えている。

物語冒頭でこのような事件が報告された理由は、タイトルにも採用されたキーワード「合い言葉」を手がかりに探ることができる。キーワードは、「『合い言葉エーミール』といって、少年たちが事件を解決する」「かおりのえらく気にいっている本」から取られているが、この「本」は実在するエーリヒ・ケストナー『エーミールと探偵たち』（一九二九）である。『エーミールと探偵たち』と『十二歳の合い言葉』に共通する場面や構成を参照して、二作のつながりを確認したい。

まず、両者からよく似た場面を取り出してみよう。

「秩序をまもれ！」と教授くんがさけびました。「なぐりあいは明日にしろ！　どうしたということだ？　きみたちの態度はまったく、まるで……まるで子どもじゃないか！」

「だって、ぼくたちは子どもだもの」とちびの火曜日くんがいったので、みんな笑わずにはいられませんでした。

（『エーミールと探偵たち』一一四頁）(9)

かおりが運動着を着て走ってきて、ふたりのあいだにわってはいった。

「まったく、すぐそれなんだから！　まるであなたたち、子どもみたい！」

かおりの言葉に菜々と信也は顔を見あわせた。

「だって、おれたち子どもじゃねえの？」
信也がそういうと、三人はちょっと考え、同時にふきだした。

（『十二歳の合い言葉』八〇頁）

会話が主体の場面で、登場人物の中で賢いとされる少年「教授くん」と「秀才」かおりの役割が一致している。二人ともけんかを仲裁しようとするが、言葉の矛盾をつかれて笑いを誘うという展開も同じである。

『エーミールと探偵たち』と『十二歳の合い言葉』は、右にあげたような細部だけでなく、大きな枠組――子どもたちを信頼する大人（特に親）が、外に出て行った彼らを迎えてハッピーエンドに至る――も共有している。大人に〈なる〉ことの指標は様々あろうが、大人に保護されずにすむようになることも、おそらくその一つである。逆に言えば、子どもが大人に〈なら〉ずに、子どものまま何か〈する〉ことを続けるためには、大人に守られているという条件が必要なのかもしれない。

『エーミールと探偵たち』は、エーミールと母の生活の紹介に始まり、ベルリンで仲間とともに手柄を立てたエーミールを母が迎えに行ったところで終わる。いわば母という枠で縁取られた物語である。母との関係について、「きみたちはとても仲よしなんだね？」と尋ねられたエーミールは、「とっても」と答える。一方母は、ベルリンへ向かう旅中「欠点なんてものは、ほんとはありません、うちのエーミールには」と話して涙ぐむ。

『十二歳の合い言葉』でも、随所に子どものための大人が配置される。たとえば物語の終盤、家出した菜々を迎えに行った父は、「他人がなんといおうと、そんなことはしんじない。――私はしんじるよ、菜々を。菜々のほんとうの気持ちがきれいなことをしんじるよ」と言って、エーミールの母と同じく、子どもに全幅の信頼を寄せてみせる。

このように、『エーミールと探偵たち』と『十二歳の合い言葉』は両者とも、子どもが親の保護の外へ出て自立していく物語ではなく、外へ出て、内へ戻ってくる物語である。しかし一見してわかるように、『十二歳の合い言葉』が「女の子」を主人公とするのに対し、『エーミールと探偵たち』は少年たちが何かを〈する〉物語である。たった一人の「女の子」ポニーは、「自転車」という持ち物によって特異性を付された上で、少年たちの冒険に参加している。続編『エーミールと三人のふたご』(一九三四)の語り手は、前編(二年前)の彼女を「なかば男の子でした」と振り返る。続編でも彼女は登場するものの、すでに「若い人」にダンスを申し込まれる「ご婦人」と〈なり〉、男の子たちの〈する〉冒険には参加しない。

圧倒的に「男の子」たちに領有された〈する〉物語を「女の子」側に取り込もうとするとき、彼女らはポニーのように一人であってはならない。簡単に大人になってはならない。まずエーミールたちがしたように結束し、自分たちを〈女〉にしてしまう〈男〉たちを排除しておく必要があったのである。

（2）〈女の子〉物語の獲得

こうして〈男の子〉物語を獲得した一方で、〈女の子〉物語は菜々とかおりに訪れる恋という形で導入される。ここではかおりの恋を検証しておきたい。

相手は、汗くさい大門や西田先生と対照的に「なつかしいようなふしぎなにおい」をまとって登場する大学生の家庭教師・小野さんである。彼女の恋を演出するのは、「小さい教会のような感じがする」進学塾の教室、北原白秋の詩「断章」、そして「ドップラーのハンガリア田園幻想曲」。

加藤純子は『十二歳の合い言葉』を吉屋信子の『花物語』と比較している。[10] 加藤は主に「主人公たちが大まじめに「人間いかに生くべきか」を悩んでいる」という点に類似を指摘するのだが、白秋の詩や教会、異国の音楽といった道具立てを少女小説と結ぶこともできる。[11]〈女の子〉的な要素を備えたかおりの恋は、できごとをテンポよく連ねて〈男の子〉物語を展開していた四章までとは様相を変える。かおりに焦点化された語りはスピードを緩め、言葉を尽して、淡い情緒の纏綿する場面を作り出している。

かおりは横目で、フルートをつかんでいる小野さんの指を見た。いつか見たフランス映画に出てきた男のひとの細い指が目にうかび、小野さんのそれとかさなった。（……）かおりがいくら背のびをしても、その手は十二歳の手でしかなかった。小さなまるい爪や、鉄棒でつくった豆のあるてのひらは、かおりに十二歳の子どもでしかない自分を見せつけていた。小野さんの細い指が、銀色のフルートの川をさかいに、手のとどかない向こう岸にあることをいたいほどかおりは感じてしまったのだ。

（一二三―一二四頁）

先に大門や西田先生に見られたときと違い、小野さんを見たかおりが感じるのは、自分の幼さである。引用部分の前、小野さんはかおりに、自分のやっている楽器が何か当てさせようとする。それより先に、「小笛の音」が折り込まれた白秋の詩「断章」、フルート用の楽曲として知られる「ハンガリア田園幻想曲」が示されているから、どちらかになじみのある者ならば察しをつけるのは難しくない。しかし、「断章」を読んだかおりは、自分に関わりのありそうな「芥子の花」にのみこだわり、「小笛の音」に気づいていないし、ドップラーについては「ややこしい曲名」を聞き直さねばならない。「ギター」「バイオリン」「トランペット」「クラリネット」を迂回して謎を解くかおりと小野さんの距離は遠い。

片思いに終わるかおり、そして、相手の思いを確かめながら現実的な発展に至らない菜々。二人は、自らの恋の場面をともに「映画」と重ね合わせている。恋は日常と次元を異にするフレームの中で展開されるのであり、日常に流れこんでそれを変えるものにはならない。

物語にとっても、恋によって大人に〈なる〉という全体の決定的なプロットを形成するものではない。西田先生と男子生徒を笑い飛ばす一、二章が三人の初めの結束を示すためのできごとだったとするなら、恋の場面は、結束から分裂へ向かう間、物語をいったん休止させた地点に挟み込まれた挿話、すなわち恋を〈する〉というできごとだとも言える。三人の結束をいったん徹底的に壊し、物語を展開させるのは、かおりの中学受験である。小野さんは、中学受験のために雇われた家庭教師だった。小野さんと彼への恋は、物語を動かす中学受験のもたらす豊かな副産物だったと言えるだろう。この異質な挿話によって、読者は〈男の子〉的な物語世界と〈女の子〉的な物語世界の双方を生きられるのである。

(3)〈する〉物語と〈なる〉物語の葛藤

さて、『十二歳の合い言葉』にも大人に〈なる〉様子、すなわち〈成長〉を描こうとする意志は存在する。ところが、1で見たような三人の結束の内側へ読者を巻きこむ語りに逆らうように、〈成長〉の証は、彼女らが自分以外の人間の存在に気づくという変化に求められる。

例えば、病気を抱え込んでやけになった梢は、「神社の森」へ行き、「死んでしまいたい」と、「カシの木に自分のからだを打ちつけ」る。そこへ母がやって来る。

苦しんでいたのは、梢だけでないことはわかっていたつもりだったが、梢は自分のことしか考えられず、ひとりで不幸をしょいこんだ気になっていたのだ。母の涙が梢のほおにつたわって流れたとき、そのあたたかさが梢のなかのなにかを溶かした。梢は自分のなかで音をたてて、もうひとつのなにかがうごきだすのを感じていた。

（一五三頁）

菜々と梢の家出先を知ろうと懸命になるかおりも「神社の森」へ行き、「ほんのすこしの時間に急に歳をとったような」気持ちになりながら、自分には「なんのことはない試験や点数」が「重く気持ちにのしかかってしまうひと」に思いをめぐらせる。

ここで、右にあげた〈成長〉の契機を与えられる場面が、両者とも「神社の森」で展開することに注目しておきたい。2-（1）で述べたように、『十二歳の合い言葉』は子どもを信頼する大人たちに守られて成立している。この大人たちとパラレルに存在するのが、三人の住む町――「都心のわりには緑のおおい静かな住宅地」――を取り囲む「緑」である。菜々と梢は家出して町の外へ出たとき、「見なれた緑の並木」とは違う「灰色の煙突の林」を見て、「いい知れぬ不安」を感じている。ここでの「緑」は、二人を見守るもののシンボルとして扱われていると言える。「緑」の中でも特に、「神社の森」は三人の通う「学校の裏」にある。それは文字通り、「森の下小学校」で繰り広げられる子どもたちの生活の後ろ盾、守り神であったろう。「神社の森」での〈成長〉は、三人を取り巻き守る緑の中心、つまり彼女たちを最も安全に子どもでいさせる場所での保護された〈成長〉なのである。梢が思いやるのは母の気持ちであり、かおりが気づくのは梢の気持ちである。母も梢も、二人にとって結局は西田先生やよし子のような他者ではない(12)。

家出から戻った後、学校の屋上で待ち合わせた三人は、持参した「採点済みのテスト」を破って空に捨てる。これは、彼女らを引き裂いた成績の差を象徴するものを外部へ排除し、絆を取り戻そうとする行為のように見える。ここで梢は「このままずっと三人でいたいね……」と結束を確かめる言葉を口にし、菜々は「西田先生となにか話をしてみよう」と、仇敵とコミュニケーションをとることを考えている。このラストシーンには、三人のつながりを強めて何かを〈する〉状態と、他者に自らを開いて大人に〈なる〉ことへの展望が交錯している。そして実はここにも、「ひぐらしが鳴きはじめた」「神社の森」の描写が添えられ、三人を見守っている。結局、「緑」の象徴する保護を離れて完全に大人に〈なる〉ことは、留保されているのである。

おわりに

以上見てきたように、『十二歳の合い言葉』は大人に〈なる〉〈女の子〉物語ではなく、結束して何かを〈する〉〈男の子〉物語を導入しながら〈なる〉ことを遅延させている物語である。三人の結束に読者を巻きこみ、異質な物語を交互に展開して内部を豊かにしていく語りは、いつまでもとどまっていたい魅力的な空間を読者に提供したと言える。「十二歳シリーズ」は、作者の予定では第三作『十二歳はいちどだけ』で終わるはずのところを「読者の要望で、シリーズを再開(13)」し、第五作まで書き継がれたのである。

冒頭で紹介したように、エンターテインメントにジャンル分けされたテクストは、読者より作者を重く見る伝統から批判されがちだった。たしかに「エンターテインメント児童文学を書くぞ！子どもの活字離れ現象に挑戦！　そんな風には一度として考えもしなかった」[14]という薫くみこには、書いたものを自分のほうへ引き寄せる意識は薄いようである。しかし、読者なしにテクストが成立しないことは自明である。作者の意識ではなく、読者によって支えられたエンターテインメントの力を見直す作業があってもよいのではないか。

かつて、本田和子が「リボンとフリル」の「ひらひら」で徴づけた少女小説・少女漫画[15]を、横川寿美子が「ズボンとブーツ」の「ヅカヅカ」で捉え返したように[16]、多くの読者が選び取ってきた物語には、いわゆる〈女の子〉性と〈男の子〉性が同居していることがあるらしい。ひこ・田中も「若草物語」について、「社会にとって安全な物語のフリをしつつ、そこにジョーという、ジェンダーを逸脱してしまう女の子を登場させ、逸脱することとの解放感、快感を読者の女の子たちに示し[17]」たと述べる。

〈女の子〉に向けられ、受け入れられた『十二歳の合い言葉』の中で〈男の子〉物語の要素が躍動していることを捉え、評価しておきたい。そして、このことは、〈男の子〉物語と〈女の子〉物語の錯綜する『十二歳の合い言葉』を支えた〈女の子〉たちが内包する多様性をも示唆するのではないだろうか。

〔注〕

(1)『児童文芸』第二九巻七号、七五頁

(2) 東京子ども図書館編『日本の児童図書賞一九八二年―一九八六年』三〇頁、財団法人東京子ども図書館、一九八八年

(3) 神宮輝夫・前川康男・宮川健郎・浜野卓也「《座談会》新しい波は生まれつつあるのか――一九八三年の児童文学をふりかえって」『日本児童文学』第三〇巻五号、七頁、一九八四年

(4) 注1に同じ

(5) 注3と同雑誌。一一頁

(6) 加藤純子「子どもたちは作品の中に何を求めているのか――薫くみこと吉屋信子の比較の中で――」『日本児童文学』第三三巻四号、八一頁、一九八七年

(7) 本稿では、〈女の子〉あるいは〈女〉/〈男の子〉あるいは〈男〉を、社会制度の中でつくられてきたジェンダーに忠実な性質を持つモデルとして使用する。例えば、強さに対する弱さ、動に対する静が、〈女の子〉の性質としてあてはめられるだろう。『十二歳の合い言葉』という物語および現実の人間は、分析を拒むほど多様なあり方をしているように思われる。その多様性を多少とも理解するために、対になる性質を付したモデルを用意し、それらが一つの物語の中で組み合わされていることを示してみたい。〈女の子〉/〈男の子〉は、あくまでも考察を進めるためのモデルであって、実体としての人間ではない。また、〈女の子〉/〈男の子〉を実体化することができないように、〈する〉物語/〈なる〉物語という分類を絶対化することは危険である。子どもが何かを〈する〉ことで大人に〈なる〉合併型の物語は、いくつも指摘できるだろう。本稿で

は林美千代の論考を手がかりに、〈なる〉物語を、何らかの試練を経て大人になること、すなわち〈成長〉〈特に内面的な深化〉を指向する立体的な物語のモデルとする。また、〈する〉物語を、内面の成長に対する指向のないまま、できごとを並置・展開する平面的な物語のモデルと考える。生成された物語の多様なありかたを示すための一要素としてモデル化する点で、〈女の子〉／〈男の子〉概念と重なる。

（8）西本鶏介「解説」（薫くみこ『十二歳の合い言葉』ポプラ社文庫）二八五頁、一九八五年

（9）『エーミールと探偵たち』の引用は、高橋健二訳『ケストナー少年文学全集1』（岩波書店、一九六二年）から、続編『エーミールと三人のふたご』は、同全集2から行った。

（10）注6に同じ。

（11）本田和子は『異文化としての子ども』（紀伊國屋書店、一九八二年）の中で、少女小説と北原白秋らの抒情詩を関連づけている。キリスト教や西欧文化との関係は、田辺聖子「吉屋信子解説」（『日本児童文学大系　第六巻』ほるぷ出版、一九七八年）に指摘がある。

（12）西田先生との関係はシリーズ第二作『あした天気に十二歳』で、「卒業するまでこの先生と理解しあうことはなかった」と振り返られる。よし子との和解は、シリーズ最終作『十二歳はいちどだけ』ではじめておとずれる。三人が成長して物語が終結するために、よし子との関係は重要な要素だった。

（13）那須正幹「解説」（薫くみこ『きらめきの十二歳』ポプラ社文庫、一九八八年）二三六頁

（14）薫くみこ「私の作品について――私の書き方」『日本児童文学』第三二巻八号、四七頁、一九八六年

（15）本田和子『異文化としての子ども』（注一一に同じ）

（16）横川寿美子『初潮という切札　〈少女〉批評・序説』ＪＩＣＣ出版局、一九九一年

（17）ひこ・田中「自覚する物語たち」『日本児童文学』第四一巻一一号、二九頁、一九九五年

＊『十二歳の合い言葉』本文の引用は、ポプラ社文庫版（一九八五年）から行った。ふり仮名は省略している。
＊二〇〇三年に第一回日本児童文学者協会評論新人賞佳作を受賞した同名の論考を若干修正し、論文とした。活字化するのは今回が最初である。

第六章　シータ像の変容
――インド英語文学における寡婦

大平　栄子

1　インドの女性作家たちとシータ像

インドの独立（一九四七年）後登場したカマラ・マーカンダーヤなどの注目すべき女性作家に続き、六〇年代以降アティア・ホセインやアニタ・デサイなどの登場・活躍により、女性作家たちは七〇年代にはアカデミズムの注目を集めるようになる。長い間男性作家が主流であったインド英語文学の発展に女性作家たちが大いに寄与していることは、今や多くの研究者が認めている。女性作家の活躍はインド内外ともに注目され続け、アルンダティ・ロイやキラン・デサイのブッカー賞受賞により、女性作家への関心と評価は今や不動のものとなった感がある。

インドの家父長制度下の結婚生活における女性の隷属状況を描いた先駆者は、インド英語文学の父と称される男性作家のR・K・ナラヤンである。だが、女児遺棄・殺害、幼児婚、ダウリ（女性の持参金）に関わる虐待や寡婦差別といった女性への多様な暴力の実態が描かれるようになったのは、多彩な女性作家たちの活躍に負うところが大きい。また、従来掘り下げられなかったテーマである、女性の権利・自由の主張と伝統・慣習との軋轢、モダニティと伝統の狭間でアイデンティティ獲得・自己形成に苦闘する女性とその生き方がジェンダーの視点から追究されるようになった。さらに、月経、不妊など女性自身の身体の管理をめぐる問題や、女性同士の恋愛を含むセクシュアリティも重要なテーマとして扱われるようになり、新しい女性の身体の表象も見られるようになる。また、時に激烈な葛藤を伴い、時に欧米のテクストとは異なる独特な親密さを伴う母と娘の物語や女性同士の連帯を描く物語も少なくない。

インド社会、特に都市の生活は近年急速に変化し、欧米的生活スタイルもここ数年のうちに広がり始めている。だが、忍従の賢婦シータ（インドの古典的叙事詩『ラーマーヤナ』のヒーロー、ラーマ王の妻）という女性モデルに従うように女性が教育されるという現実は変わっていない。女性の自立を疎外する、教育の不足、経済的依存状態といった要因も依然としてあり、家庭に幽閉される状況は続いており、たとえ高学歴で、キャリア形成した女性ですら、伝統的女性役割を内面化させられており、家庭の義務に縛られる女性の状況は続いている。結婚制度の犠牲となる女性たちを描く、結婚の呪縛のテーマは依然として女性にとって最も重要な問題提起をするものとなっている。

マンジュ・カプールの『既婚女性』（二〇〇二年）にも、他のテクスト同様、娘を嫁がせる親の義務が履行されなければ呪われるというインド社会の慣習的考え方への言及がみられるが、伝統的結婚制度を維持する装置が幾重にも設定されている社会において、それに抵抗することの困難さについて反復して描かれることは不思議ではない。インドにおけるこのような女性差別的結婚制度の下で、暴力の犠牲となる女性は少なくないが、その最たる被害者は寡婦である。

2　多彩な寡婦の物語

寡婦差別にはインドにおける女性差別が集約されている。寡婦をテーマにした物語選集である『影のような存在』（五〇〇 - 二〇〇BCのヒンドゥー教経典『ダルマスートラ』から二〇世紀の小説にいたるまでの寡婦についての公文書、エッセイ、物語のアンソロジー）の編者U・チャクラヴァルティとG・プリートによると、寡婦の現実とは、あらゆる楽しみを奪われ、人間性を否定する呼称である、「石」「あれ」「それ」などと呼び捨てられ、親族や家族からも虐待の対象にされ、「社会的追放」（一〇頁）者になることであるという。[1]

寡婦は、夫を早死にさせた不吉な女とみる社会的偏見、性的誘惑者として脅威を与える存在として忌避され差別されてきた。貞節を守り、夫の菩提を弔う日々を送るべき存在と位置づけられ、あらゆる楽しみを禁じられる。灰色か白の麻の服を纏わされ、剃髪を強制され、一日一食の粗末な食事をし、床で眠る。吉なる印としての既婚女性に許された額の朱の有無でも、寡婦は識別される。家族の厄介者として残りの生涯を人目につかない場所で生き、使用人のすべき仕事をすべて任される。あるいは、ヴァラーナシーやヴリンダーヴァンといった聖なる町への巡礼に出かけた時に、そこで家族に遺棄され、売春婦としてサヴァイヴァルするか、寡婦の収容所で、制限された生活をおくる。

ヴァラナシーを舞台とする映画で、幼女の寡婦がアシュラムに連れてこられる場面から始まる、ディーパ・メータ（南アジア系カナダ人）監督の『水』（二〇〇五年）は、そこでの様々な背景をもつ寡婦たちの過酷な生活と、若い寡婦の悲劇的結末に至る恋愛を描いた貴重な映画である。[2]だが、インド社会に大きな反響を呼び、上映禁止になった。その理由について、U・チャクラバルティとG・プリートは、どこの家族にもいる寡婦の存在に対する罪悪感が、現代の知的階層の男性の中に巣くっているためであると説明している（五頁）。

見てきたように、寡婦は社会生活において影のような存在として軽視されてきたが、文学テクストにおいても寡婦が中心的テーマになることはなかった。だが、イギリス統治下において、寡婦は女性問題として焦点があてられるようになり、独立後においては女性解放運動の展開に呼応して活発化する。今では寡婦差別への言及は女性作家に限らずインドの多くのテクストに見られる。たとえば、サルマン・ラシュディの『真夜中の子どもたち』（一九八一年）にも、聖地ヴラーナシーの収容施設で暮らす寡婦たちの悲惨な生活への言及が見られる。だが、寡婦を中心に描くテクストは英語文学においては極めて少ない。ヒンドゥー文学では、スニル・ガンゴパディヤェの『有りし日々』という幼い寡婦を主人公とした優れたテクストがある。この英訳によってインド文学アカデミー賞を受賞したアルーナ・チャクラバルティの第一作は、寡婦を中心テーマにした『相続者たち』（二〇〇四年）である。『相続者たち』は厳格なブラーフマン（インドの最高位カースト）の家系の中の多様な寡婦たちの過酷な生活の細部がみごとな文体で描かれる、寡婦の生活を中心に描く小説である。寡婦に対する虐待については女性作家たちのテクストに頻出する。だが、このようにある家系の多様な寡婦の生活に焦点化したものはほとんどない。

バラーティ・ムケルジーの『ジャスミン』（一九八九年）は、寡婦のたどるべき運命を変えるために行動する女性が描かれるという点で注目されるテクストである。『ジャスミン』は一七歳で寡婦になった主人公ジョーティが、自分の運命を変えるためにアメリカに渡るという物語であり、結婚生活における女性の隷属状況を描いたナラヤンの『暗い部屋』の主人公サヴィトリとは決定的に異なる、行動するインド女性である。だが、これがいかに稀なケースであるかということが、このテクストにも示唆されている。ジョーティの母も寡婦であり、二人はアシュラム（不吉な存在が人の目に触れることなく暮らすべき、寡婦のための社会から孤立した収容施設）に住むことになる。このテクストでは社会から完全にその存在を無視され、あるいは徹底的に疎まれる寡婦の現実がきわめてそっけない語り口で伝えられている。寡婦の運命は生き地獄ばかりではないことは、ジョーティと同じ村のヴィムラの場合を通して示唆されている。彼女は粗末な家に住むジョーティと違って、裕福な家の娘であり、ダウリ（婚資）の不足を理由に婚家から虐待される心配をする必要はなく、日本製マルテイの車や冷蔵庫をダウリとして贈ることができた。だが、寡婦の運命はすべての幸運を奪い去る。二一歳の時に彼女の夫はチフスで亡くなり、その後、彼女は焼身自殺へと追い詰められてしまうのである。

3　寡婦の反逆の物語

女性の行動の自由を阻む慣習や女性への虐待をシータのように耐える、抑圧的規範を内面化している女性たちを描きながら、そういった女性たちの中に芽生えた内なる反逆の多様な「声」をインドの英語作家たちは描き分け続けている。その中でも、最も注目すべき寡婦像を描き出し、虐待されるシータ像ではなく、反逆し、あるいは歓喜するシータ像を提示しているテクストとして、ギータ・ハリハランの短編小説「夜毎の饗宴の名残」（一九九三年）を検討していきたい。このテクストは主人公で語り手のデヴィと曾祖母との間の愛着と分離の物語、いわばメタフォリカルな母と娘の物語であり、そこに寡婦である曾祖母の壮絶な反逆の物語が交差する複雑な物語構成になっている。

「部屋にはまだ彼女の匂いが残っている。彼女が瀕死の床にあったとき、彼女の身体が触れたものすべて、シーツやサリーや手にこびりついたすえた臭いとは違うけれど」(九頁)――語り手である「わたし」はこう語り始める。

故人である「あのひと」と「わたし」がどういう関係なのかここでは明らかにされない。十数行先で「あのひと」とは「わたし」の曾祖母であり、一般的な近親者以上の関係であることがわかる。二人は「ルームメートではないけれど」「二つの部屋を共有」(九頁)する関係であった。「わたし」にとってはこれまでの人生における二〇年間すべての時間を分かち合い、ふたつの空間に分かれてはいるが、ひとつの「先祖伝来の家」を共有する、いわば二卵性双生児のような関係ともいえる。

瀕死の重病人であったときの曾祖母の身体から流出したものが、彼女が触れたすべてに染み付いて離れようとしない。その「すえた匂い」は、ジュリア・クリスティヴァの概念に従えば、「母なる身体」からでた「アブジェクト」(いとおしく、かつおぞましいもの)を表象している。その執拗な匂いは、病床の「シーツ」や故人がまとっていた「サリー」だけではなく、看取り、彼女の手を握った複数の「手」にも染みついている。

「まだ」「匂う」その執拗な「匂い」は、次のパラグラフの冒頭では、「その部屋は押し花にされ色あせたバラの香りがする。乾いた今にも消え入りそうな匂い」(九頁)とあるように、頼りなげな、はかない匂いに変化する。

小説の冒頭部分において、このように部屋に残った名残の「におい」の表象や子宮のような部屋や、死者の見えざる身体性を表す「押し花」の表象によって、母なるものへの愛着と分離がみごとに描き分けられている。だが、猥雑感の限りを尽して、彼女が描こうとする女の「身体」は単に愛着と分離の対象にされる「母の身体」だけではない。それは「欲望する身体」、「反逆する身体」である。死の運命を楯に決起する主体としての「身体」である。それは九〇歳のブラーフマン階層（最上位のカースト）の老婆ルクマニの人生最後の時の「身体」によって表象される。

彼女は、息子やその嫁やそのまた息子や嫁とその娘（＝医学部生の「わたし」）と違って、自署すらできない「無知な村育ちの女」（九頁）であるが、一〇年前に亡くなった息子と嫁よりも「生き延びた」（九頁）強健な身体の持ち主であった。だが、彼女の身体に異変が生じる。首にあったこぶのような塊が癌化する。その時、ブラーフマン（の妻）としてタブーを守り、不浄とされる食物を一切断ってきた、彼女のその禁欲的生活は一転する。「わたしたちの部屋」は、突然不可食のものばかりを選んで貪る曾祖母と共謀者である「わたし」との、夜な夜な繰り広げられる「饗宴」という非日常の世界に変貌する。

インドは、不浄をもっとも危険視する文化をもつ社会の筆頭にあげられる。ヒンドゥー教の伝統を基礎付けている法典のひとつ、マヌ法典には「可食・不可食」の厳格な規制が記されている（五章四節―五六節）。ブラーフマンの文化では特定の食物だけでなく、食物一般を不浄なものとみなす。クリスティヴァによると、食物は人間と「他者」＝「母」との始源的関係を築く「口から取り込まれるもの」（＝アブジェクト）であるが、自己の身体に侵入する他者（自然）であり、口腔という境界を貫通し「主体の清潔で好ましい身体」を侵犯するものである（*Powers*, 75）。口から取り込まれるもの、さらには口腔や身体から流出するものは自他の区別で成立している文化、および「主体」の境界を不分明にし、脅かすものであるという。摂食は境界侵犯による穢れを生むものであり、不可食のものの摂取は近親相姦のタブーを侵犯することへの不安を掻き立てるもの、近親相姦の禁止の上に構築される文化（象徴界・言語文化世界）への「反逆」行為となる。母なるものは「境界を侵犯する不純なもの」（*Revolt*, 21）という視点から不純なものとなる。

ハリハランの「夜毎の饗宴の名残」はこういった身体から流出するもので溢れており、また、亡骸への拘泥もみられる。さらに「おなら」（一〇頁）、「げっぷ」（一三頁）、鼻から漏れるコーラのどろどろした茶色の液体（一四頁）、亡骸にこびりついた体液の乾いたにおい（一五頁）、などなど枚挙に暇がない。

この短編においては曾祖母の身体から流出したもの、と同時に、執拗に表象されるのは彼女の残した「におい」である。亡骸に付着した「執拗に留まろうとする」（一五頁）匂いは、弔いのプロセスにおいて耳や鼻に詰められた綿によって封じ込められ、やがて死者の残した匂いはかすかな香りを残す無害なドライフラワーとなり、今にも消え入りそうな、留めることの不可能なものとなる。

この「におい」が母なる身体への愛着、欲望を表すなら、一方、母親と一緒に曾祖母の亡骸、身体を拭き、綿をつめる行為は愛着を断ち切る第一歩となる。やがてそれは次の行為で完結する。語り手のラトナは祖母の部屋のすべての窓と戸棚を開け放ち、空気を入れ替え、彼女の汚れたサリーをズタズタに引き裂き、空っぽになったその戸棚を買ったばかりの医学書ですきまなく埋めるという行為にでる。これがテクストの結末である。「武装した兵士」のような書物は、ほんの小さな隙間にも止まろうとする「匂い」を封じ、自己の境界を守るための兵士である。

だが、その前に「わたし」は曾祖母の共謀者として、彼女の「復讐」を実行にうつし、もっとも不潔な店を選び次々と回り、曾祖母が食べたがった菓子を食べまくり、一週間「下痢」になることを自らに課す。それが、女の物語をディスコースとして語らずに、身体で語った曾祖母のための「復讐」の仕上げであり、女二人の反逆の物語の結末である。

T・ダブレは『トゥカラムの神体験』（一九八七年）において、食物は信者（子）と神（親）の関係を表象するものであり、親の愛と養育（＝神の恩寵）の現れであり、帰依者たちは神の愛を一緒に食することによって相互の絆を強めるとの見解を示している（Intro., xvi）。ブラーフマンにとって不可食とされる食物をせがむルクマニと、それを密かに運び込むひ孫である語り手の「わたし」。この女二人が共謀して作りあげる夜毎の「饗宴」がブラーフマンの神との融合を表すものではなく、神への、あるいは信仰を支える体制・伝統に反逆する行為であることは明らかである。

父権的ブラーフマンの伝統における女性支配は、彼らに都合のよい相続システムとカーストのヒエラルキー維持のために不可欠であった（Joanna Liddle, 57）。ルクマニの反逆とは、ブラーフマン・カーストとその父権制維持のための道具になることによってはじめて女に保証される魂の救済の道を放棄し、自らの欲望によって生き直すことである。彼女は欲望の権化となって、ブラーフマンにとっての食のタブーにことごとく違反し、身体を汚し（ブラーフマンの視点）尽くし、反逆の炎となって自らの身体を焼きつくそうとの気迫をもって最後の時を生きる。彼女は死を目前にして謀反をおこし、欲望によってジュイサンス（享楽）をおぼえる。ルクマニの歓喜に燃えるその身体は、不浄とされるもの（口腔からもれる液体など）によって猥雑感によって包まれたまま、反逆する身体、欲望する主体として死に向かう。

怒りに満ちた反逆する身体は、彼女の「首のこぶ」によって表象されている。それは「わたし」が子供の頃から、たたいたり、からかって引っ張ったりして親しんできた「ふくらみ」である。メラニー・クラインの「良い乳房」に相当する、養育し、慈しむ母のメトニミーである。だが、「わたし」が二〇歳になるまで二つの部屋を分け合い、その共有空間に棲みついた女二人の親密さを表象する親しみ深いその「ふくらみ」は突如他者化する。癌化した「こぶ」（甲状腺腫）（七九頁）は「炎の舌」となって、老いた身体を舐め尽くし、その舌がふれたものすべてを浄化するという。見慣れたふくらみが境界を越えて増殖し、「炎」のようにめらめら燃えながら、行く手にあるものすべてを浄化する。境界侵犯のイメージ（不浄）と浄化とが結合されるという異様な表象によって、価値が転覆される。

ルクマニの「こぶ」は反逆する身体、欲望する主体となった身体、あるいは欲望そのものを表す。彼女の背中の「みみずばれ」は、「怒りの赤々としたみみずばれのよう」（九頁）と形容されている。ハリハランのテクストの「赤」は欲望とそれを抑圧され続けた者の怒りの色、復讐、反逆の色である。「よき乳房」としての「ふくらみ」は、このようにして「悪しき乳房」となる。

ルクマニは少しも動揺をみせることなく、これまで九〇年もの間従ってきた不可食のタブーを、死を目前にして、あっさり破る。それは救済の約束をふいにすることでもある。そして、欲望の権化、餓鬼となって、自らの身体を汚し尽くして、果てようとする。ルクマニの摂食のタブーへの反逆と歓喜は次のようにして始まった。

九〇歳の誕生日の数週間前に寝込んだ彼女は、家族の説得を二か月間無視しつづけた後、医師の診察を受けることに同意する。医師の帰宅後、病名を問いただされるのを恐れながら、「私たちの部屋」に戻った「わたし」を捕まえ、ルクマニは「狡猾」な表情を浮かべ「わたし」の手をにぎり、一本一本の指に口づけしながら、半ば閉じた目にはいちゃつくような様子すら浮かべてこう切り込む。「ラトナや、おしえてほしいんだけど……」。甘いことばで包まれた尋問に慌てて「わたし」は「何も知らない」と応える。曾祖母は「いや知っているはずだ」と当惑げな表情を浮かべて次のような質問をする。「あの日クリスチャンの店から買ってきたあの小ぶりのケーキのことだけど、中に卵は入っているのかい?」（一二頁）とのの予想外のことばに続けて、彼女は狡猾そうに目を細め「一つ私にも買ってきてくれないかい?」と畳み掛ける。

それからラトナは非ブラーフマンの手になるケーキやアイスクリーム、ビスケット、サモサなどを「密輸」（一二頁）し、菜食主義者の病人の部屋に持ち込む運び屋となる。「一世紀近く」もの間「汚れていない自宅で調理した食物」（一二頁）しか口にしたことのないブラーフマンの寡婦にとって、不可食のものを体内に取り込むことは、まさしく麻薬に手を染めることに匹敵する逸脱行為である。

そこに大いなる快楽がうまれる。家の者が寝静まった夜中、ルクマニはひ孫の手からパイを掴みとり、「卵」が使われているか、非ブラーミンの手になるものかを確認するまで食べようとしない。少々「夜毎の饗宴」に食傷気味のラトナはさっさと儀式をすませようと、曾祖母の望む「パスワード」を次のように与える。

「山ほどのたくさんの卵よ」「それにベーカリーのオーナーはクリスチャンだし。ムスリムのコックも雇っていると思うわ」（一二一—一二三頁）。すると、ルクマニは歓喜とも苦悶ともつかないうめき声を「うーうーうーうーうーおー」とあげる。パイを堪能する彼女の快楽に耽る様は、次のように描写される。小さなピンク色の舌を突き出し砂糖衣を舐める。歯のない口は「もぐもぐ」「ぴしゃぴしゃ」と吸うような歓喜の音を奏でる。

ルクマニの変貌が家族に知られた後も、彼女はさらなる冒険に乗りだそうとする。病人向きの飲み物を用意しようとするラトナの母、「忠実な義理の孫」（一二三頁）は、コーラがほしいと言い張る聞き分けのない祖母の要求に従いコーラの入ったグラスを手渡す。「彼女が呑み込むとき、彼女の首にできたこぶがごぼごぼという小さな音をだして動いた。それから彼女は満足げな大きなげっぷをした……」（一二三頁）。さらなる冒険の結果、彼女は「レモンタルト、ガーリック、三種類の炭酸ドリンク、ブランデーがふりかけられたフルーツケーキ、ハエがはびこる市場から買ったベルプーリー（揚げせんべい）」（一二三頁）と、次々にタブーの食物を制覇する。

やがて、彼女は飲み込むことすらできなくなる。口に流し込まれたコークの半分は鼻腔から流れ出る。「どろどろした茶色の吐き気を催させるような」液体。ルクマニは「ひりひりする」（一四頁）と叫びながらも、病人食をかたくなに拒み、うわごとのように「市場から何か買ってきて。生のたまねぎ。揚げパン。チキンと山羊」（一四頁）と要求しつづける。

ルクマニは病院で亡くなる。その当日の様子の描写は凄絶である。両腕をチューブや針でがんじがらめにされた彼女は、目で部屋の中を探し求め、最後の力をふりしぼり奇跡的に声を発する。臨終の祝福のことばを懇願するラトナの母の思いを裏切り、曾祖母からは猛烈な怒りのことばが発せられる。曾祖母の顔は細かな汗の粒で覆われ、顔の筋肉は逆上するかのように引きつる。それから、突然思わぬ力が狂ったように噴出し、彼女は点滴のチューブを腕からはずしてしまう。床にたたきつけられる点滴用のＩＶポール。

人生の終焉の時、彼女は次のような要求をつきつける。「赤色のサリーを持ってきて」、「金色の幅広の大きなボーダーがついている赤いやつだよ」、「角の店からチリパウダーがふりかけられたピーナッツがほしいよ。たまねぎとたっぷりの油で揚げたグリーンチリボンダスも」（一五頁）。だが、彼女の声はごぼごぼと音をたて、顔と首は嵐の海の遭難した船のように揺れる。「彼女は吐き気を催し、その嘔吐物が彼女の口と鼻から飛び出した……」（一五頁）。嘔吐物、鼻腔から流出するミルクシェイクのようなどろどろの液体やコーラのような茶色の液体といった、執拗に反復される口腔から流出するものが、この臨終の場でも描出される。

4　母と娘の物語としての「饗宴の名残」

家に運び込まれた「亡骸」にたいする「わたし」の凝視の描写には医学生としての視線――「遺体」(一五頁)という呼び方に現れている解剖学的、分析的視線――がみられ、一方、双生児のような関係にあったひ孫として情緒的に反応する「わたし」の身体があり、両者の葛藤が展開する。ところで、「死体」というのは当然ながら最も強烈な「死」の日常への侵入の感覚、境界侵犯の感覚を感じさせるもので、穢れという感覚を呼び覚ますものであろう。インドにおいては時として、瀕死の路上生活者に触れることを恐れ、放置するといったことが起こる。

インド滞在歴の長い五〇代のオーストラリア人の女性がそのひとつの事例に聖なる地ハリドワールで遭遇した。行き倒れの病人を病院へ搬送しようとして、周囲の人の助けを借りようとしたが、誰も応じてくれず、逆に彼女は狂人扱いされたことに憤りを感じたという。それに対して、六〇代の実験医学の教授は「穢れ」を恐れるためであろうと応えていた(二〇〇一年三月バラナシイからチェンナイへ向かう車中の聞き取り)。クリスティヴァによると、「遺体は……最大のアブジェクションである」「アブジェクションは汚れと穢れの場に現われ」(*Powers* 4, 17)、「死体」は「アブジェクション」

の最たるものである。
ルクマニの「亡骸」「死体」をめぐるラトナと母の対立、葛藤にこの境界体験の反応の違い、すなわち、「母と娘」のおなじみのテーマ——癒着と分離——言い換えると、境界侵犯への欲望と抵抗のそれがみられる。母とラトナは家に迎えられた「亡骸」を清める。湿った柔らかな布で身体を拭き、病院のベッドの「におい」、「瀕死の老女の身体から出る液体の匂い」（一五頁）を拭き取る。この過程で、ルクマニの「身体」はくまなく医学生の凝視にさらされることになる。

それはまず、「ザ・ボディ」と呼ぶことから始まる。そして、その身体の皮膚は「乾いて紙のようだ」（一五頁）と形容される。しかし、その支配的凝視は次の瞬間には揺らぎが見え始める。「頭部の不精ひげ——かつて病気になったとき頭部を剃髪するのを嫌がった——は伸び、ブラシの毛のように白くやわらかい（一五頁）。

頭部の毛髪についての描写はすでに医学部生のものではない。「剃るのを嫌がった」という感情移入を思わせる表現にそれは始まり、「ブラシの毛のように白く柔らかな」という形容に決定的に現れている。次に腹部の皮膚へと視線は移る。それは「しわくちゃでぼろぼろになったヴェルヴェットのよう、大きなしわは銀色の小川のようにあちこちくまなく流れている」（一五頁）という。ここにいたると、ラトナの科学者の凝視は一転して、双生児的ひ孫の目線となり、逆にネクロフィリア的執着心が貼り付いたものに変わる。

注目すべきは、初めて「見た」曾祖母の「裸の身体」への言及である。「こわばり冷たくなった亡骸、私には生まれてはじめてみた裸の肉体」(一五頁)。彼女はもの言わぬ「亡骸」にすぎず、鼻と耳に綿を詰められた亡骸からは残り香も排除され、もの言わぬ「亡骸」はラトナを遠ざける。だが、ラトナは曾祖母のとんでもない要求の続きをわめいている「声」を聞いたような気がする。次の瞬間にラトナがとった行動に母は唖然とし、娘の正気を疑う。ラトナは戸棚へ走り、新調した「わたしのはじめてのシルク」のサリーを持ってくる。それは鮮やかな真っ赤なサリーであった。それを広げ彼女は「裸の身体」をさも「いとおしげに」被おうとする。「その赤いシルクは彼女の子どもらしい笑い声のように輝いた」(一六頁)。ルクマニのいつもの「子供じみた天真爛漫な笑い声」のように輝く真っ赤なシルクのサリー。あたかも死者の勝利の声のようである。

だが、ラトナに及ぶ境界の外の力はここまでで、その内側の力、母の怒りに満ちた次の行動はラトナを境界侵犯への欲望から引き離す。「彼女はサリーを巻き、放り投げた、まるでそれが穢れたものであるかのように」(一六頁)放り投げられる「穢れ」を帯びたサリー。「広げ」られたラトナの愛着はこうして「巻かれ」刈り込まれ、日常感覚の内側に囲い込まれ、境界体験は排除される。結局、ルクマニは寡婦の装束である「薄茶色のサリー」を着せられ茶毘にふされることになる。彼女の欲望の「赤」は拒否され、火葬の炎は寡婦として彼女を「焼いた」。このように、彼女の欲望と、反逆も焼き尽くされた。次にみられる首の「こぶ」の形容に注目したい。ラトナの愛着を象徴する「ふくらみ」は、ここでは「卑猥な」「汚れた」(一六頁)ものに変わっている。

次に展開するのはラトナの解剖学との関係である。駆け出しの解剖学者にすぎないラトナはルクマニの「死体」から「皮膚」の下へ、さらにその中身である「思い出のはらわた」へとメスをいれ、彼女との親密な生活の中でも語られなかった曾祖母の悲しみ、苦痛、怒りを解明しようとする。それは解剖学のメタフォーを用いたルクマニの知られざる「苦しみ」、「固まって癌になった、その苦しみ」（一六頁）の探求への意欲を表す。

彼女の残した唯一の「遺産」である残り香は日々薄れていく中で、ラトナは夜毎極めつけの不潔なベイカリーや露店を幽霊のようにさ迷い歩く。そして、腐りかけた菓子を次々とむさぼり、むっとするにおいのする油であげたチリーを口にする。なぜか。そこにルクマニを見つけるためであり、また「私は彼女のために復讐を図る、一週間の下痢を自らに課す」ためであった。このようにラトナは曾祖母の身体を生き直す。

タブー視される、欲望する「女の身体」を、価値転覆力をもつ反逆する身体としてここまで肯定的に、かついとおしさをこめて描出するテクストは少ない。そもそも、インドに限らず多くの文化において女性の飢餓感、貪欲、欲望は否定的イメージを伴う。したがって、自らの欲望に「恥じ」を感じるような装置ができあがっているが、主体的生き方を容認しつつある現代社会において、女性は抑圧の新たな戦略に巻き込まれていることを、スーザン・ボルドーは警告している。「女の肉体」を見る見方は文化によって指示されている（*Unbearable Weight*, 57）と彼女はいう。常に女の身体はメディアのかかげる「理想型」に届かない不完全なものとして評価され、生身の身体は矯正されるべきものとして存在させられる。こういう文化的状況のなかで、ハリハランは文化形成者の一人として、既成の文化による「女の身体」の見方（若さと美を賛美）を転覆する視点を、ひ孫の愛着を込めた視線によって、老い病んだ女の肉体あるいはその亡骸の細部を描くことによって、提示しているといえる。

5　母の語られざる物語

だが、落とし穴がないわけではない。抑圧的伝統的価値への反逆であるルクマニの食のタブー違反行為とその歓喜は、「母と娘の愛着と分離の物語」の枠の中では、その価値転覆的力を殺ぎ落とされてしまいかねない。家父長的ブラーフマン文化に反逆した「母の身体」は娘にとって排除すべきアブジェになってしまうからである。事実、最終パラグラフはラトナの「象徴界」（言語文化世界）への復帰を物語る行為で締めくくられる。

それまで、「母の身体」の欲望を反響する身体となっていたラトナは、部屋に残る匂いを消し、ルクマニの「汚い灰色のサリー」をずたずたにし、空っぽになった彼女の戸棚に一部のすきもないくらいびっしりと購入したばかりの分厚い本を並べる。武装した兵士のようなその書籍はほんの少しの隙間からでも侵入しようとする「匂い」（「母の肉体」）をシャット・アウトする護符のようである。

このようにして彼女は「安全で懐かしくかび臭い匂い」(一〇頁)のする胎内から脱出し、依存と共棲的関係を断ち切り、主体形成への一歩を踏み出す。

確かに、ラトナは「匂い」や口腔や身体から流出するものといった「母の肉体」の名残のしるしを通して、失われた「母の肉体」を取り戻そうとした。だが、「母の身体」への欲望と同時に、亡霊のような支配的「声」と化した「貪る母」からの分離への欲求も生まれる。クリスティヴァは「死体」へのオブセションは「貪る母」(*Powers*, 102)と合体した主体の再生ファンタジーであるという。「亡骸」に異様な執着を示したラトナだが、やがてそのオブセッションは見てきたように最終場面で解消される。ラトナは「母の肉体」に飲み込まれ、沈み込み、自我の消滅を体験後、浮上、再生し「象徴界」へと帰還する。

だが、問題は、二人が親密性と笑いと秘密を共有する共謀者たちのスペースである、「母の肉体」を表象する空間であった「部屋」が、母と娘が共に再生するための場ではなく、母の死と娘の再生がセットになった場であることである。最終場面にみられる「アブジェクション」——「汚いサリーをずたずたにする」——は、母からの分離に伴う娘の否定的感情の危険性をも暗示している。排除された「母の身体」は危険な「女の身体」としての文化的記号(自他の区別を超え、境界侵犯し、清浄な自己の身体を汚染し、呑み込む女の身体)となるからである。

S・ボルドーは心と身体の二重性という概念でみる文化においては、「女」を「身体」(=「自然」)とみなし、かつ、「身体」は否定性を帯びたものであるため、必然的に女が否定性を帯びることになるという（五頁）。母からの分離に際し、娘の否定的感情が伴う場合、この否定に娘が荷担する構図になる危険性がある。

だが、娘の自立のための母の身体の排除が、このテクストの最終メッセージではない。確かに、家父長的ブラーフマン文化に反逆するルクマニの身体は、伝統的価値を転覆する力をもつ一方、母と娘の物語の枠においては、娘にとって抑圧となる「貪る母」にもなりうる。だが、他の多くの母と娘の物語と異なるハリハランの独自性は、その円環構造にある。

曾祖母の「臭い」を排除した最終パラグラフは、冒頭の「その部屋にはまだ彼女のにおいが残っている」（九頁）へと続き、語り手として再生したラトナが「におい」の消えかかる空間を、語られることのなかった曾祖母の身体（＝物語）によって埋め始める。ルクマニの「死体」から「皮膚」の下へ、さらにその中身の「思い出のはらわた」へとメスをいれた新米解剖学者の視線は、語り手である「わたし」として、彼女との親密な生活の中でも語られなかった曾祖母の悲しみ、苦痛、怒りを語りだす。

このように、離反と融合の母と娘の物語が永遠に反復される構造の中で、曾祖母に注がれる情愛にみちたひ孫の視線、狂乱に近い曾祖母の歓喜に酔う身体の強烈な記憶の物語が、常に母の身体の排除の物語に交差する。

こうした複雑な物語構成の中で、反逆する寡婦と、共謀する女たちの身体が独特な猥雑感を伴う表現とユーモアで語られ、異彩を放つのが、ハリハランの描く空間である。

〔注〕

（1）『日陰の生活』には聖地に捨てられる寡婦についての指摘（一一頁）がみられるが、二〇〇三年八月三一日のムンバイ版『インド日曜タイムズ』には聖地への巡礼に連れてきた老いた両親を見捨てる事件が絶えないという記事が掲載されている。

（2）アパルナ・セン監督の『サティ』もタイトル（サティ＝寡婦殉死）が示すように、寡婦をテーマにした映画である。時代は英国統治下の一八二八年で、サティ禁止法施行（一八二九年）、および寡婦再婚法（一八五六年）施行以前の時期であり、冒頭にサティの場面が描かれる。孤児で障害があり、さらに寡婦の呪われた運命をもつという少女の悲劇の物語である。

【引証資料】

Buck, William. Trans. and Retold. *Ramayana.* Los Angeles: Univ. of California Press, 1976.

Bordo, Susan. *Unbearable Weight: Feminism, Western Culture, and the Body*. Berkley: Univ. of California Press, 1993.

Chakravarti, Aruna. *The Inheritors.* Delhi: Penguin, 2004.

Chakravarti, Uma & Preeti Gill. Eds. *Shadow Lives: Writings on Widowhood.* New Delhi:Kali for Women, 2001.

Dabre, Thomas. *The God-Experience of Tukaram: A Study in Religious Symbolism.* Pune: Jnana-Deepa Vidyapeeth, Institute of Philosophy and Religion, 1987.

Gangopadhyay, Sunil. *Those Days* (*Sei Samai*). Trans. Aruna Chakravarty. Delhi: Penguin, 1997.

Hariharan, Githa. "The Remains of the Feast." *The Art of Dying.* New Delhi: Penguin, 1993.

Kapur, Manju. *A Married Woman.* Delhi: Roli Books, 2002.

Klein, Melanie. *The Psycho-Analysis of Children.* 1932. London : Vintage, 1997.

Kristeva, Julia. *The Powers of Horror: An Essay on Abjection.* Trans. Leon S. Roudiez. New York: Columbia UP, 1982.

—.*The Sense and Nonsense of Revolt.* Trans. Jeanine Herman. NY: Columbia UP, 2000.

Liddle, Joanna & Rama Joshi. *Daughters of Independence: Gender, Caste and Class in India.* New Jersey: Rutgers UP, 1989.

Majumder, Abhijit. "At Kumbh, the Missing List Grows." *Sunday Times of India,* Mubbai Aug. 31, 2003: 5.

Mehta, Deepa. Dir. *Water.* Prod. David Hamilton. B. R. Films. India, 2005.

Mukherjee, Bharati. *Jasmine.* 1989. London:Virago, 1998.

Muller, F. Max. Ed. *Sacred Books of the East :The Law of Manu.* Delhi: Motilal Banarsidass Publishers, 2001.

Narayan, R. K. *Dark Room.* 1938. *Memories of Malgudi.* Ed. S. Krishnan. New Delhi: Penguin, 2000.

Rushidie, Salman. *Midnight Children.* 1981. London : Vintage, 1995.

Sen, Aparna. Dir. *Sati.* , Prod. National Film Development Corporation. India, 1989.

第七章　ネラ・ラーセンの作品における売春、あるいは人種混淆と性の禁忌

中地　幸

はじめに

二〇世紀初頭のニューヨークのハーレムを中心に起こった文芸運動は、ハーレム・ルネッサンスと呼ばれ、アフリカ系アメリカ人によるモダニズム文学の確立時期と見なされている。現在、ハーレムというと黒人貧民街が想起されるが、ジャズ・エイジとも呼ばれる一九二〇年代のハーレムは裕福な中産階級のアフリカ系アメリカ人たちが多く暮らす華やかな文化の中心地であった。一九二五年、アレイン・ロックは『新しい黒人』というアンソロジーにおいて、ハーレムを「黒人の首都」と呼び、「ハーレムにおいて、黒人の生活は集団としての表現と自ら決定できる権利を行使する最初のチャンスをつかもうとしている」と、ハーレムがアフリカ系アメリカ人文化の自主的で自律的な中心地になっていることを明らかにした。[1]

後にハーレム・ルネッサンスは、アフリカ系アメリカ人中産階級自身が内面化してしまっていた白人視点、すなわち黒人をエキゾチックで原始的な存在として特別視する見方に支配されていたことや、アメリカの白人中産階級的価値観に同化的であったことなどの面において、ジョージ・ハッチンソン、デイヴィッド・レヴァリング・ルイス、ヘンリー・ルイス・ゲイツ・ジュニアなどの批評家から問題があると批判を受けるが(2)、それでもハーレム・ルネッサンスが、革新的なアフリカ系アメリカ人の文学作家たちを多く輩出したことは否定できない事実であるといえるだろう。ジェームズ・ウェルドン・ジョンソン、ラングストン・ヒューズ、ゾラ・ニール・ハーストン、ジェシー・フォーセット、アンジェリーナ・グリムケ、クロード・マッケイ、カウンティ・カレン、ジーン・トゥーマー、ウォルター・ホワイト、ルドルフ・フィッシャー、ドロシー・ウェストなどがハーレム・ルネッサンス期を彩った。

このハーレムに彗星のように現れ、華やかな脚光を浴びた後、忽然と消えた女性作家がいる。ネラ・ラーセン（Nella Larsen, 1891-1964）である。一九二八年に出版されたラーセンの最初の小説『流砂』（*Quicksand*）は、ハーレム・ルネッサンスの精神的指導者であったW・E・B・デュボイスによって絶賛され、これにより彼女はハーモン基金の銅賞を受賞した(3)。翌年、一九二九年に出版した『パッシング』（*Passing*）も好評で、ラーセンは、アフリカ系アメリカ人女性として初めてグッゲンハイム奨学金を受賞した。彼女は、三八歳という若さで当時のアフリカ系アメリカ人女性作家が得られる最高の栄誉を獲得したのである。ミシガン大学の博士号を持つ黒人エリート男性の妻でもあった彼女は、ハーレムの黒人エリート社会の中でも幸福の頂点にいるかのように見えた。しかし、その栄光はすぐに陰りをみせる。

一九三〇年代前半、フィスク大学に教師のポジションを得た夫が同僚の女性と浮気していることが発覚し、一九三三年に夫婦は離婚にいたる。また彼女の文学的キャリアも短編小説「サンクチュアリ」(*"Sanctuary"*)が剽窃の疑いをかけられたことで傷ついた。グッゲンハイム奨学金によってヨーロッパで過ごす機会を得たものの、離婚の痛手と剽窃の疑いは、ラーセンの繊細な神経をひどく傷つけたという。また折しも大恐慌時代を迎えた一九三〇年代のアメリカは景気が低迷し、純文学の出版はほとんど不可能となった。このような背景の中、ラーセンは次第に文学サークルから距離を置くようになり、一九四〇年代には完全に執筆をやめてしまった。彼女は一九六四年にニューヨークのアパートで孤独死するが、一九七〇年代のブラック・フェミニズム運動の中で黒人女性作家の読み直しが行われるまで、完全に忘れられた存在となっていたのである。

ラーセン文学の再評価は、土着の黒人文化を掘り起しつつ、アフリカ系アメリカ人コミュニティ内部の男性中心主義を暴いたゾラ・ニール・ハーストンの再評価に比べると、一歩遅れをとった形となった。その原因の一つとして、公民権運動と連続性をもつ一九七〇年代の黒人美学運動のイデオロギーに肌の色の白い中産階級の黒人女性を主人公とするラーセンの作品が合わなかった、という点があげられるであろう。実際、一九七〇年代においてラーセンの作品は再版され、彼女はハーレム・ルネッサンスの作家として論じられるようになるが、決して高い評価は得ていない(4)。ラーセンが本格的に再評価されるのは、ジェンダー視点の重要性がより強く認識し始められた一九八〇年代になってからである。クローディア・テイトやメアリー・ヘレン・ワシントンやシェリル・A・ウォールなどのアフリカ系アメリカ人女性研究者により読み直しが行われ、さらにデボラ・マクダウエルやジュディス・バトラーによるクイア・リーディングによる新解釈により、ラーセンは注目を浴びることとなる。ラーセン文学の評価は、その後は安定を見せ、一九九四年にはサディアス・デイヴィスによる伝記が出版され、また二〇〇六年にはジョージ・ハッチンソンによる伝記も加わり、ラーセンについての調査もかなり進んだ。しかしながら、ラーセンの生い立ちなどに関しては未だ不明な点も多くあり、さらに調査・研究されるべき作家であるといえよう。

1　ラーセンの主要なテーマと売春問題

ラーセン文学を読み解く上で、最も重要な事項の一つは、混血児としてのラーセンの視点である。ラーセンはアフリカ系アメリカ人作家というカテゴリーに入れられているが、彼女はデンマーク移民の白人女性を母親に持ち、子供時代は完全に白人社会で暮らしており、実際、成人した彼女がどこまで「アフリカ系アメリカ人」としてのアイデンティティを確立することができたのかは疑問が持たれる。ラーセンの作品は、黒人にも白人にも所属できない混血児の葛藤を描いており、「パッシング」(肌の色が白い黒人が白人になりすますこと)や人種越境の問題を常に中心的に扱っている。「黒人の血が一滴でも混じれば黒人である」という「血の一滴の規則《ワン・ドロップ・ルール》」が支配的であったアメリカ社会で、人種の境界に身を置くことはかなり困難であったことが予測されるが、他人から自分の人種を決定されることへの強い抵抗感がラーセン文学の根底にあることは確かであるといえよう。

ラーセン文学の研究を歴史的にたどると、人種問題やジェンダー問題に焦点を置いた批評が多くを占めるが、批評家たちは、ラーセンが描く売春問題にはあまり焦点を当てて論じることはなかった。しかし、貧しく恵まれない状況に置かれた女性たちが、現状の生活を打破し、階級を上るための手段として用いる売春は、ラーセン作品の根幹にあるテーマの一つといっていいものである。

実際、ラーセンの初期の短編である「人違い」("The Wrong Man" 1926)は、後暗い過去を持つ裕福な女性の内面的葛藤を描いた作品である。この物語の主人公、ジュリー・ロムニーは夢見るような灰色の瞳に、輝くような赤い髪、そしてなめらかな肌を持った美しい女性である。ジュリーは、裕福でハンサムなジム・ロムニーと結婚し、ロードアイランドの高級住宅地で人も羨むような生活をしている。物語は、夫婦が華やかなカクテル・パーティーに参加することから展開する。パーティーの席で、ジュリーは、昔、自分を愛人として囲っていた男ラルフ・テイラーを発見する。ラルフに二人の過去の関係を暴露されたら、現在の幸福はすべて水の泡になることを恐れたジュリーは、自らラルフをひと気のない場所に呼び出し、口封じをしようとして、次のように語る。

私が夫に話すべきだと思っているんでしょうね。今からだって、私があなたの愛人だったって話すべきだと思っているんでしょう。あなたはジムって人を知らないのよ。彼は絶対に許さないわ。わかってもくれない。女の子が病気で、お腹をすかせて道をさまよっていたら、何でも起こりうるってことを。食べ物と宿を提供してくれたら、感謝して、どんなことでもしてしまうだろうってことを……。私は若くて、馬鹿で、飢えていた。でもジムは理解してくれっこないわ。(5)

「人違い」は、タイトルが示すように、ジュリーが告白した相手が人違いであった、という結末を持つもので、小説のクライマックスに置かれるジュリーの告白も陳腐なメロドラマを彷彿させるものであるが、ラーセンのその後の作品の傾向を考えるためには重要である。サディアス・デイヴィスはこの作品において、後のラーセンの作品に引き継がれる特徴として、パーティーという設定、会話のすれ違い、そして驚きに満ちた結末、野心的な女主人公の内面心理描写の四点をあげるが(6)、ここに展開される売春(現在の用語では援助交際)、性的堕落という問題がその後のラーセンの作品に繰り返し取り上げられることこそ注目すべきであろう。この問題は、人種問題と交錯する形で、ラーセンの『流砂』、『パッシング』において扱われている。これらの作品では、「人違い」のようにあからさまに書かれてはいないが、売春の問題は、ラーセンの作品のテーマの中核をなすものといえるだろう。

2　混血児ネラ・ラーセンの出生

作品について論じる前に、まずはネラ・ラーセンという作家の出生についての説明をしたい。というのも、ラーセン文学を理解するには、白人の母に生まれた黒人の子供としてのラーセン自身の特異な背景を理解することが必要であるからである。

ネラ・ラーセンは　一八九一年シカゴに生まれた。[7] 父親ピーター・ウォーカーは西インド諸島出身の黒人であり、母親メアリー・ハンセン（あるいはハンソン）[8] はデンマークからの移民であった。父親は料理人であったとも車の運転手であったとも言われている。母親は十代の頃に一人で移民してきたと考えられているが、当時の職業はつまびらかではない。メード、あるいは、針子であった可能性が高いといわれる。[9]

二〇〇六年に出版されたハッチンソンによるラーセンの伝記は、デイヴィスの調査において十分ではなかったラーセンの過去を明らかにした点において重要だが、とりわけ、ラーセンが生まれた場所、アーマー通り二一二四番地が、悪評高いシカゴの赤線地区から一ブロックの場所にあったということを突きとめたことは、ラーセン文学を理解するのに、新しい見地をもたらしたといえる。

ラーセンが生まれた場所のほんの一ブロック先には黒人男性を相手にする白人女性たちの売春宿があった。[10] 当時は、混血児を連れた労働者階級の白人女性は、実状がどうであれ、「売春婦」というレッテルを張られたという。[11] メアリーが売春に関わっていたかどうかは不明だが、その可能性はラーセンの出生時の住所からしても、否定できないだろう。スカンジナビアの労働者階級の女性たちの間には、メードや針子をする傍ら、副業的に売春に関わる者も多くあったという。[12]

ラーセンの両親は、一八九〇年七月に結婚したようである。しかしメアリーはその後、デンマーク系移民のピーター・ラーセンと再婚している。メアリーとピーター・ラーセンの結婚証明書はないが、ハッチンソンの調査では、メアリーとピーター・ラーセンの間に生まれたアンナの一八九二年付の出生証明書が発見されており、ハッチンソンは、二人はメアリーがアンナを妊娠した一八九一年から一緒に暮らし始めたのではないかと推測している。

ハッチンソンよりも一二年早くラーセンの伝記を出版したデイヴィスは、一九〇〇年の国勢調査時にアンナが一七歳であったことに基づいて、アンナを一八九三年生まれと考えているが、[13] もしハッチンソンが言うとおり、アンナの生まれが一八九二年で、ラーセンよりも一年年下であるだけであれば、メアリーとウォーカーの結婚生活は一年足らずで、メアリーはラーセンを産んですぐピーター・ラーセンと関係を持ったこととなる。ラーセンの父親はラーセンが二歳のときに死亡したというのが従来ラーセンの経歴の中で言われてきたことだったが、実際はラーセンの父親はもっと早い段階に失踪、あるいは死亡したのかもしれない。二人の結婚証明書の記録は一八九〇年の七月一日になっているが、[14]これはラーセンが生まれる九ヶ月と半月前であり、この期間は妊娠期間とほぼ同じであることを考えると、結婚証明書そのものが後から作成された可能性も否定できないだろう。自伝的小説『流砂』において、ヘルガ・クレーンは「私の父はギャンブラーで、白人移民の母を捨てたんです。二人が結婚していたかさえ確かではありません」と言って自分の出生を卑下するが、その後ヘルガはさらに母について次のように述べている。

人生を愛し、愛と情熱に焦がれた美しいスカンジナビアの少女は、夢を見て、やみくもにその全てをかけたのだ。何と残酷な犠牲であったことか。愛以外の全てを忘れ、世間には許されないことがあるということも忘れてしまった。あるいは知らなかったのかもしれない。しかしヘルガは知っていた。母が後にそれを思い出し、その後の人生における苦しみと切望の中で、それを学んだことを。ヘルガは母がほんの少しの間だけでも、誰よりも幸せであったのだったら、と思った。あの明るく優しいろくでなしの父が去る前の少しの間だけでも。でもどうだったのだろう。大切に育てられ、古く洗練された文明国から来たばかりの少女が、いきなり貧しく汚い放蕩の場に投げ込まれたのだ……悲劇的で残酷な年月は、母をどこか物悲しく、依怙地で近寄りがたい女にした。[15]（*Quicksand* 23 傍線筆者）

ここで「世間には許されないこと」というのは、黒人との婚姻あるいは黒人男性の子供を産むことといえるだろう。ヘルガは、母はアメリカに来て「いきなり貧しく汚い放蕩の場に投げ込まれた」と述べているが、「放蕩」や「不品行」を意味する"Dissipation"という単語は売春／買春を暗示しているとも考えられる。さらにヘルガが、母親の二度目の結婚すらも、貧困から逃れるための「手段」として捉えていることも重要であろう。

自分と同じ人種の、しかしまったく自分とは違った種類の男との二度目の結婚――それをたった六歳のヘルガは本能的に猛反対したのだが、今彼女はそれが必要なことであったのだと理解していた。どんなに軽蔑される馬鹿な女だって食べ物と服が必要なのだ。愛されない黒人の女の子も、何とか養わなければならないのだ。（*Quicksand* 23）

前述したように、メアリー・ハンセンの二度目の結婚は、ラーセンが赤ん坊の頃のことであり、ラーセンが『流砂』で描く母の姿は必ずしも真実を反映していない。(16) しかし、ここにラーセン自身の母親への気持ちが表されていると考えるならば、ラーセンは母メアリー・ハンセンを二度の結婚へと駆り立てたものは、生活苦であったと見なしていることである。「人違い」のジュリーが、のたれ死ぬことから逃れるために、ラルフ・タイラーに身をまかせ、そのことを恥じているように、ラーセンが、母親メアリーの中に見出したものは、性を生きる手段として使わざるを得ない、若く貧しい移民女性の姿であったと言ってもいいかもしれない。

ジュリー・ロムニーのロードアイランドでの生活には及ばないが、ラーセンの母、メアリー・ハンセンはピーター・ラーセンとの結婚により、安定を得た。混血児を連れた白人のシングルマザーでは、実体がどうであれ、世間から売春婦とさげすまれるしかなかったが、メアリーはピーター・ラーセンとの結婚により、堅気な白人社会に立ち戻ることができたのである。大人になるにつれ、ラーセンは自分が、再婚し白人家庭を形成する母親の荷物になっていることを自覚し、十代の後半からは家族と疎遠になっていく。こうして、母親メアリーと夫ラーセン、そして一人娘のアンナの家族は、「黒人」ネラ・ラーセンとは縁を切って暮らし続けた。ラーセンは唯一の肉親である母親の死にも立ち会えなかったという。[17]

一九六四年、ニューヨークのアパートでラーセンが亡くなったとき、その遺産を受け継いだ妹のアンナは「私に異父姉がいるなんて、知らなかったわ」と叫んだというが、[18]もちろんアンナは黒人の異父姉について知っていた。しかし、「黒人」ネラ・ラーセンの存在は、白人ラーセン家では完全に隠された存在となっていたのである。彼らは、単に「黒人」が家族内にいることを恥に思っただけでなく、「黒人」の家族がいることで、自分たちの「人種」が疑われること（彼らが、白人として「パッシング」しているかもしれないという疑いをかけられること）を恐れたとも言われており、[19]ラーセン家の実態はアメリカの人種社会の根深い問題を浮き彫りにしているといえる。

3　『流砂』と娼婦というテーマ

一九二八年に出版され、W・E・B・デュボイスに「チェスナットの絶頂期以来の黒人文学の傑作」と褒め称えられた『流砂』は、ラーセンの半自伝的な作品である。主人公のヘルガ・クレーンは、タスキーギ大学をモデルとしていると考えられるナクソスという架空の南部の町の学校で教師をしているが、彼女は南部の閉鎖的な黒人コミュニティに辟易している。彼女には結婚を約束した恋人ジェームズ・ヴェイルがいるが、保守的なジェームズにも違和感を感じている。ナクソスでのヘルガは同僚に対しても不満ばかりを持っており、南部の生活に嫌気がさしたヘルガはシカゴへ、ニューヨークへ、コペンハーゲンへと移動を繰り返し、終いには、南部の片田舎で牧師と結婚をして、度重なる出産で命を落とす、という悲劇的な最期を迎える。

教養があり、国内外を自由に移動するヘルガは、黒人の「新しい女」である。経済的にも困窮していない彼女には、「道を踏み外す」理由はない。しかしながら、作品において「娼婦」のイメージは常にヘルガに付きまとう。コペンハーゲンでは、ヘルガは求婚者アクセル・オルセンからさまざまな衣装をプレゼントされるが、それらは「紺、オレンジ、緑、朱色、黒が混ざったバティック（ろうけつ染め）のドレス、血のような赤、硫黄のような黄色、海のような緑といった悲鳴をあげたくなるような派手な色のベルベットとシフォンのドレス、黒と白が対称的になったもの」であり、「大きな赤い花や黄色い花の模様の黒いマニラ麻のショール、豹の皮のコート、光ったオペラ・ケープ」「メタリックな輝きのシルクのターバンのような帽子、毛皮や羽飾り、奇妙な宝石がついていたり、エナメルが塗られていたりする装身具、胸がむかむかするような東洋の香水、危険なほど高いヒールの靴」（*Quicksand* 74）である。明らかにオルセンはヘルガをエキゾチックな異国の女として捉えており、彼女にあたかも高級娼婦のような服装をさせようとするのである。実際、オルセンは求婚のときにヘルガを娼婦に喩える。

> わかっているでしょう、ヘルガ。あなたは矛盾そのものなのです……あなたにはアフリカの女の衝動的な性質があって、ああ、愛するあなた、はばからず言えば、あなたは娼婦の魂を持っているのですよ。あなたは最も高い値段をつける買手に自分を売ろうとしているのです。もちろん、僕はその買手が僕であることをうれしく思うべきでしょうね。実際、僕はうれしく思いますよ。（*Quicksand* 87）

これに対し、ヘルガは「でもね、オルセンさん、私は売り物ではございませんわ。あなたに対しても。そして他の白人男性に対しても。私は所有されたくありませんの。それがあなたであっても」（*Quickand*

88）とその申し出を断る。オルセンにとって、思うようになびかないヘルガは、自分を高値で売りつけようとする「娼婦」であり、ヘルガのような混血女性との結婚とは、女性を物のように所有することと同義である。二人の恋愛関係にこのような力関係が生じる理由の背景には、白人オルセンと黒人ヘルガの関係には常にヨーロッパによるアフリカの搾取という植民地主義的イデオロギーが書き込まれるという事情がある。

『流砂』には、白人男性と黒人女性の間の不均衡な性の力関係を示唆するシーンが他にもある。コペンハーゲンからニューヨークに戻ったヘルガは、ハーレムのパーティーで、偶然、元婚約者のジェームズ・ヴェイルに出会うが、パーティーの主催者である黒人女性ヘレン・テイブノーアが白人男性客をもてなしているのを見て、ジェームズは顔をしかめ、「僕はああいうのは好きじゃない。はっきり言えば嫌いだね」（*Quicksand* 102）と言う。「どうして？」と素直に聞くヘルガに対し、ジェームズはほとんど怒りながら言う。「君だって知っているだろう、ヘルガ。ああいう男たちはここに黒人の女目当てでやってくるんだ。妻を連れて来ようなんてやつはいないのさ」（*Quicksand* 103）。ヘルガはジェームズの意見に異義を唱えるが、人種混淆のパーティーに来る一部の男性客の目的が黒人女性と性関係を持つことであるのは明白であろう。黒人女性は、自分の意図とは関係なしに、性の対象としてのみ見なされ、娼婦のように扱われるのである。

実際、このパーティーでヘルガ自身もそのような経験をする。彼女の上司であり、彼女の親友と結婚したばかりでもあるアンダーソン博士が、廊下でヘルガを突然抱き寄せ、長い接吻をする。これをきっかけにヘルガの心は燃え立ち、彼女はアンダーソンが本気であると誤解するが、次に会ったとき、ヘルガの高鳴る恋心とは裏腹に、アンダーソンはヘルガに「テイブノーアのパーティーでは、あんなことをしてしまって、僕は自分を許せない。君が怒っていて僕とは口もききたくないとしても、仕方のないことだ」と謝罪し、「あのくそカクテルのせいだ」と自らの行動を酒に酔って理性を失ってしまったからだと理由づける。ヘルガは自らのプライドを保つために、「今時、友達同士のちょっとしたキスぐらいで、何だっていうの」（*Quicksand* 109）と言いかえすが、ここで彼女は初めて、生まれの卑しい自分に対し同情してくれていたように見えたアンダーソンですら、自分のことは単に性的な欲望の対象としてしか見ていないという事実に直面する。

さらに悪いことに、ここでヘルガは、それまで抑圧してきた性欲望を相手もいないまま、爆発させてしまう。強烈な肉欲は、彼女の心と身体を凶暴なまでに食い尽くし、ヘルガの自律神経を完全に狂わせていく。こうしたほとんど狂気の状態にあって、ヘルガが駆け込んだ場所は、人々が身体を揺らし、手を叩きながら、大きな声を張り上げて歌うゴスペル教会であった。「緋色の女よ、キリストのもとに来たれ。哀れな迷えるイゼベルよ」と歌うゴスペル教会の人々の狂気のような熱気に身をゆだねることにより、ヘルガは自分自身を取り戻していくように見えるが、それはまた別の狂気の世界に入っていくことを意味していた。ヘルガはここで、牧師プレザント・グリーン氏と出会い、衝動的に彼の妻になってしまうのである。

グリーン牧師との安易な結婚は、「淫婦イゼベル」であることを逃れようとしたヘルガを待ち受ける罠であったとも言える。ちょうど黒人の血を引く子供を一人で育てるシングルマザーであったヘルガの母が、経済的困窮と娼婦として見られる社会的偏見から逃れるために白人男性と再婚したように、ヘルガは性に翻弄される「堕落した女」になることから逃れる手段として南部の田舎牧師との安直な結婚を選ぶが、そこに待っていたのは、結婚という制度のもと、女性に無制限の妊娠と出産を強いる社会だった。『流砂』が出版された一九二八年は産児制限活動家マーガレット・サンガーが都市と田舎の労働者階級の母親たちの手記をまとめた『縛られた母性』（*Motherhood in Bondage*）を出版した年と重なるが、一九二〇年代のアメリカでは、貧困層の女性達の多くは避妊の知識もなく、度重なる出産に苦しんでいたという[20]。

小説は、「ほとんどベッドを離れることができないほど、衰弱し、痛みなしに歩行もできなくなった」ヘルガが、五人目の子供を産もうとしている描写で終わるが、このような状態に陥った彼女は「結婚、キリスト教者たちが聖なるものとしてあがめるこの神聖なものは、なんと不道徳なものとなりうることか」（*Quicksand* 134）と結婚制度そのものを呪う。同人種の男性との結婚という世間に認められる形においても、ヘルガは結局、性の流砂の中に飲み込まれていく。出産抑制《バース・コントロール》の不可能な社会における結婚は、結局女性を破滅に導くのである。

4　パッシングへの危険な道のり

『流砂』を出版した翌年の一九二九年、ラーセンは『パッシング』を出版した。すでに説明したように、パッシングとは肌の色の白い黒人が白人のふりをして生きることを意味するが、実際、一九二九年から一九三一年にかけて、白人にパッシングする黒人の数は年間に三千人とも一万人とも言われ、カラーラインの問題は国民的関心の一つとなっていた。[21]

アメリカ社会で「黒人」として生きることは、人種差別社会を生きることであり、その意味で外見的に白人にみえる黒人たちがパッシングした例は後を絶たなかったが、これらパッサーたちは、出生の秘密を隠す目的で黒人の家族やコミュニティとの断絶を強いられることにもなった。黒人社会は基本的には人種への裏切り行為としてのパッシングに否定的であったが、ジェシー・フォーセットが『プラム・バン』において「パッシングの何が悪いの?」(Fauset 73)と書いたように、「血の一滴の規則」を守り、二項対立的な人種システムを維持することに加担することを疑問視する声もあり、パッシングについて考察するパッシング小説は、この時代のアフリカ系アメリカ文学における一大ジャンルをなしたのである。

ラーセンの『パッシング』は、ニューヨークとシカゴを舞台に、黒人中産階級のアイリーン・レッドフィールドと、白人としてパッシングを遂げたクレア・ケンドリーという二人の肌の色の白い黒人混血女性を主人公とした人種物語である。物語は、黒人コミュニティへ戻ることを熱望する美しいクレア・ケンドリーと、黒人エリート医師の妻として何不自由ない生活をおくるアイリーン・レッドフィールドが、一二年ぶりに再会するところから始まる。

この作品においても興味深いのは売春あるいは援助交際のエピソードが所々に示唆されていることであるが、その中心となるのがクレア・ケンドリーである。アイリーンの思い出の中に残るクレアは、貧しく、美しく、勝気な青白い顔の少女である。酒飲みの父親が怒鳴りまくる劣悪な環境の中で、クレアは一人ボロボロのソファーに座り、ピクニックで着るための赤いドレスを縫い合わせているが、ここには、針子として家計を支えた母メアリーのイメージが重ねあわされているのかしれない。物語では、美しいクレアは、その肉体の魅力を武器にして成り上がり、白人の銀行員の妻という地位を手に入れるに至るのだが、クレアの「パッシング」の動機は、彼女の不遇な生活環境にあることは忘れてはならないだろう。

父子家庭に育ったクレアは、父親が亡くなった後、伯母の家に行くこととなるが、クレアの両親は母親が黒人で、父親が白人だったために、クレアの唯一の親族は白人の伯母たちだけになってしまう。伯母たちは「黒人」のクレアを精神的に虐待し、クレアは思い余って家を出るが、アイリーンは当時、クレアについての様々なうわさを友人たちから聞くことになる。それは、ドレスアップしたクレアが夕食時に高級ホテルで白人男性二人ともう一人の女性と一緒にいたとか、明らかにお金持ちとわかる白人男性とリムジンに乗って走っていたとかいうきらびやかなもので、明らかにここには、援助交際的な売春に手を染め始めたクレアの姿が描き出されているといえる。白人男性と付き合う機会を提供する売春は、パッシングへのステップの一つなのである。

白人男性と付き合うことにより、クレアは白人コミュニティにアクセスする手段を得、そのうちにジョン・ベリューという白人中産階級の男性と駆け落ち結婚し、完全に白人女性としてパッシングを果たすのである。パッシングとは、すなわち単なる人種越境ではなく、階級越境なのである。クレアは、こうして、夫に対し、二重の秘密を抱える女として登場する。すなわち、クレアは、黒人であるという出自を隠しているだけでなく、売春に手を染めたという過去の両方を隠しているのである。

しかも、クレアの性遍歴は結婚で終わりを告げてはいない。シカゴのドレイトン・ホテルのラウンジでクレアとアイリーンは再会するのだが、アイリーンはそこで男性に付き添われるクレアを目撃する。アイリーンは後にクレアの夫ベリューに会うが、ベリューに会った時、真っ先にアイリーンが思ったことは、「彼はドレイトン・ホテルでクレアが一緒にいた男ではなかった」(*Passing* 170)ということである。作品には、いったいなぜクレアが夫以外の男性と会っていたのかについての叙述はないが、ここに示唆されるのは、結婚後もなおかつ、家庭外で別の男性との付き合いを重ねるクレアの姿であろう。

ドレイトン・ホテルでは、アイリーンはさらに、ラウンジで一人になったクレアが、注文を取りに来るボーイに対し、あまりに誘惑的な態度を取り過ぎることも見逃してはいない。クレアは、後に、ハーレムのパーティーで女性たちに人気の肌の色の黒い男性と踊って注目を浴びたり、アイリーンがいないときに、アイリーンの夫ブライアンと二人で出かけたりするが、アイリーンの性的な頑なさとは対照的に、クレアは作品中で性を過剰に露出する人物として描写されている。

クレアの娼婦的な性質は、同性のアイリーンに対しても発揮される。小説の中でアイリーンは常にクレアを拒絶しようと思いながらも、拒絶できずにいる。その理由は、「黒人」クレアに対するアイリーンの「人種的忠誠心」による同情である部分も否定はできないが、アイリーン自身のレズビアン的欲望をクレアが喚起するからだと考えたほうが合理的であろう。そして、この二人の間に現れるレズビアン的欲望は、同一化の欲望ともいえる。実際、クレアが求めるものはアイリーンの生活そのものであり、一方アイリーンは、パッシングをし白人として生きることに抑えがたい魅力を感じている。明らかに二人は互いに融合することを望んでいるのである。そのような読みを可能とするのは、クレアがアイリーンの寝室にそっと忍び込み、化粧をするアイリーンに近づき、その髪に接吻をする場面であろう。アイリーンは化粧をしながら、クレアにもう自分たちのところを訪問するのは危険だから、やめてくれと言おうと考えているが、その場面にクレアは突然現れる。

アイリーンが何とクレアに話そうかとリハーサルするまでもなかった。というのは、クレアはノックもせず、部屋にこっそりと入ってきて、アイリーンが彼女を迎える前にアイリーンの黒いカールした髪に接吻をしたのだ。
目の前の女性を見て、アイリーン・レッドフィールドは突然、説明しがたいほどの愛情が湧き上がってくるのを感じた。アイリーンは、手を伸ばしてクレアの両手をとり、まるで畏怖を感じてでもいるような声で叫んだ。「ああ、神様。でも、なんてきれいなの、クレア！」(*Passing* 194)

クレアを拒絶するはずのアイリーンだったが、突然近づいてきたクレアに対し、アイリーンは彼女の理性とは全く反対の行動をとってしまう。彼女はクレアに手を差し伸べ、クレアを愛情とともに受け入れてしまうのである。ネル・サリヴァンは、この場面では、二人の間の境界が崩れ、一種の融合がおこっているとラカンの精神分析理論を用いながら論じているが、確かにこの場面で鏡の中に自分を見ていたはずのアイリーンは、自分の姿（「目の前の女性」）が突然クレアに置き替わっているのを発見する。鏡の中には明らかに記号的攪乱が起こっているのである。アイリーンはこの状態にあって、クレアへの「説明しがたいほどの愛情」を体験するが、興味深いのは、アイリーンとクレアがこの鏡の中で一体化する直前のアイリーンは、まるでクレアを突き放そうとするかのように、次のように考えていることである。

私とクレアはもう二度と会わないだろう。ええ、それに耐えることはできる。子供時代から二人の人生は全く触れ合うことはなかった。実際、二人は他人だったのだ。その生き方や生きる手段において、他人だった。欲望や野心において、他人だった。人種的意識においても他人だった。二人の間の壁は高く、広く、固く、まるでクレアには黒人の血が入っていないみたいだった。本当に壁は高く、広く、堅固だった。というのは、クレアには、警戒しなければならないような危険な秘密を持ったことのない人には、知ることも想像することもできないような危機感があったのだから。（*Passing* 192　傍線筆者）

ここでアイリーンはクレアを自分とは違った存在として突き放そうとしているが、同時にクレアの秘密の共有者であり、その意味で共犯者である自己をも暴露してしまっている。

クレアの秘密とは、人種と性の規範を越え、仮面の人生を送ってきたクレアの生き様そのものであろう。ここで興味深いのは、アイリーンは、クレアが抱える「警戒しなければならないような危険な秘密を持ったことのない人には、知ることも想像することもできないような危機感」を理解しているということである。それは黒人中産階級女性として平凡に暮らしているように見える彼女自身もまた何らかの「危険な秘密」を抱えているからに他ならない。

『パッシング』の結末の面白さは、クレアの「人種」が夫に明らかになる瞬間にクレアが窓から落下し、死亡することにより、クレア自身が、アイリーンの「秘密」を封印する役割を果たすことである。こうして、アイリーンが抱える「危険な秘密」はテキストの内部に隠蔽される。この「危険な秘密」をデボラ・マクダウエルは、クイアな欲望、すなわちアイリーンの同性愛的欲望と読み込み、『パッシング』を隠れたレズビアン文学と定義づけている。この解釈は『パッシング』を読み解くのに一番合理的であると考えられるが、これをさらに広く解釈するならば、「危険な秘密」とは、社会の規範から外れた性そのものを示していると考えられよう。それは堅気な社会で生きるためには隠蔽されなければならない「秘密」なのである。

結びにかえて

以上、本稿では、ラーセンの作品に一貫してみられるテーマとしての売春や娼婦のイメージについて見てきたが、こうして考えてみると、ラーセンの作品には、ラーセンと母メアリーとの愛憎関係がさまざまなレベルで書き込まれているということも見えてくる。『パッシング』において、「家庭の円満」のために愛するクレアを排除しようとするアイリーンには、白人家庭を守ろうとしてラーセンを排除した母メアリーの姿が見て取れる。またクレアにいらだちを覚えながらも、クレアの秘密を守ろうとするアイリーンには、母の秘密を守り続けたラーセンの姿が見える。また『パッシング』の最終場面におけるアイリーンとクレアの永遠の離別は、ラーセンにとっては唯一の肉親である白人の母メアリーとの決別の宣言であったのかもしれない。白いクレアの肉体が落下し、息絶える姿を描き出すことにより、ラーセンは自分の中にあった白人の母親への思慕の念を抹殺しようとしたのかもしれない。

自伝的小説といわれる『流砂』では、ラーセンは、孤独な混血児としての自己の姿を描きだしながらも、性をコントロールすることができない限り、結婚もまた女性にとって不幸な結末しかもたらさないという産児制限が不可能だった時代の女性たちの現実を描いたが、作品にはヘルガが結婚について次のように語っている場面がある。

> 結婚——それは私にとって子供を意味するわ。でも、どうしてこれ以上の苦しみを世界にもたらす必要があるの？　どうして、アメリカに、望まれもせず、苦しむだけの黒人を増やす必要があるの？　どうして黒人は子供を持つのかしら？　明らかに罪深いことだわ。（*Quicksand* 103）

ラーセン自身は、エルマー・アイムスとの一四年間にわたる結婚で、子供を持つことはなく、また離婚後、再婚もしなかった。人種差別社会の中で「黒人」ネラ・ラーセンは、「白人」の母の冒した人種と性の禁忌の結果を一人で担ったのである。

〔注〕

（1）Alain Locke, "The New Negro" *in The New Negro: Voices of the Harlem Renaissance* (Ed. Alain Locke. New York: Simon and Schuster, 1925), 7.

（２）Geroge Hutchinson, *The Harlem Renaissance in Black and White* (Cambridge: The Belknap P of Harvard UP, 1995), 21-23.

（３）Larsen についての伝記的資料は、Thadious Davis, *Nella Larsen: Novelist of the Harlem Renaissance*（Baton Rouge: Louisiana State UP, 1994）と George Hutchinson, *In Search of Nella Larsen: A Biography of the Color Line*（Cambridge: The Belknap P of Harvard UP, 2006）の両方を参考にした。

（４）たとえば、一九七一年の *Passing* の再版での序文を記した Hoylt Fuller は一九五八年の *Negro Literature in America* (New Heaven:Yale UP,1958) で Robert A. Bones が示した「*Passing* は月並みな小説以上のものではない」という視点と同様の見解を示している。Amritjit Singh も *The Novels of the Harlem Renaissance* (Pennsylvania:The Pennsylvania State UP, 1976) においてラーセンをジェシー・フォーセットよりは優れた作家と評価するものの、*Passing* は奇妙なロジックに貫かれているとして、作品に低い評価を与えている。

（５）Nella Larsen, "The Wrong Man" *in The Sleeper Wakes The Sleeper Wakes: Harlem Renaissance Stories by Women* (Ed. Marcy Knopf. New Brunswick: Rutgers UP, 1993), 260.

（６）Davis, 176-177.

（７）Larsen の伝記的情報は Thadious Davis と Gerge Hutchinson の調査に依拠しているが、Hutchinson の情報により重きをおいた。

（８）Hansen あるいは Hanson といわれ、綴りが定かでない。

（９）Hutchinson, *In Seach*, 17-18.

（10）*ibid.*, 16-17.

（11）*ibid.*, 21.

（12）Arne Lunde and Anna Westersthl Stenport, “Helga Crane's Copenhagen: Denmark, Colonialism, and Transnational Identity in Nella Larsen's *Quicksand.*” *Comparative Literature* 60 (2008): 234.

（13）Davis,27.

（14）Hutchinson, *In Seach*, 20.

（15）*Quicksand* の引用は以下の文献からの翻訳である。Nella Larsen, *Quicksand and Passing* (Ed. Deborah E. McDowell. New Brunswick: Rutgers UP, 1986) . *Passing* もここから引用した。

（16）しかし、ハッチンソンの調査では、メアリーは六歳のネラを連れて、デンマークに一年ほど帰っていた時期があるようだ。とすれば、ネラはアメリカに戻り、母がピーター・ラーセンとの生活を再開することに反対したのかもしれない。この意味では伝記的事実が反映している可能性は高い。

（17）Hutchinson, *In Seach*, 472.

（18）*ibid.*, 483.

（19）*ibid.*, 25.

（20）Margaret Marsh,“Foreword.”*Motherhood in Bondage*.By Margaret Sanger.1928(Columbus:Ohio State UP, 2000),xxiv.

（21）一九二八年七月一二日の『フィラデルフィア・トリビューン』は年間にカラーラインを超える黒人の数を三千人と推定している。一九二九年の七月二八日の『ニューヨーク・ワールド』は五千人と推定し、一九三一年八月二六日の『アウトルック・アンド・インディペンデント』はほぼ一万人に上るとしている。これらの資料は Carla Kaplan 編集の Nella Larsen, *Passing*（New York: Norton, 2007）の “Backgrounds and Contexts” の章に収められている。

【引用文献】

Bone, Robert A. *The Negro Novel in America*, New Heaven:Yale UP, 1958. Print.

Butler, Judith."Passing, Queering:Nella Larsen's Psychoanalytic Challenge." *Bodies That Matter, Or the Discursive Limits of Sex*. New York:Routledge,1993.167-85.Print.

Davis, Thadious. *Nella Larsen: Novelist of the Harlem Renaissance.* Baton Rouge: Lousiana State UP, 1994.Print.

Fauset, Jessie Redmond. *Plum Bun: A Novel Without a Moral.* 1929. Ed. Deborah McDowell. Boston: Becon Press, 1990. Print.

Fuller, Hoyt. "Introduction." *Passing*. By Nella Lasen. New York: Collier,1971. Print.

Huchinson, George. *The Harlem Renaissance in Black and White.* Cambridge: The Belknap P of Harvard UP, 1995. Print.

—. *In Search of Nella Larsen: A Biography of the Color Line.* Cambridge: The Belknap P of Harvard UP, 2006.

Kaplan, Carla, ed. *Passing.* By Nella Larsen. 1929. New York: Norton, 2007. Print.

Larsen, Nella. *Quicksand and Passing.* 1928, 1929. Ed. Deborah E. McDowell. New Brunswick: Rutgers UP, 1986. Print.

—. "The Wrong Man." 1926. *The Sleeper Wakes: Harlem Renaissance Stories by Women.* Ed. Marcy Knopf. New Brunswick: Rutgers UP, 1993. 256-61. Print.

Locke, Alain. "The New Negro." *The New Negro: Voices of the Harlem Renaissance.* Ed. Alain Locke. New York: Simon and Schuster, 1925. 3-16. Print.

Marsh, Margaret."Foreword". *Motherhood in Bondage*. By Margaret Sanger.1928. Colombus:Ohio State UP, 2000. xi-xliii. Print.

McDowell, Deborah E. "Introduction." *Quicksand and Passing.* New Brunswick: Rutgers UP, 1986. ix-xxxv. Print.

Singh, Amritjit.*The Novels of Harlem Renaissance:Twelve Black Writers,1923-1933*. Pennsylvania:The Pennsylvania State UP,1976. Print.

Stenport, Anna Westersthl, and Arne Lunde. "Helga Crane's Copenhagen: Denmark, Colonialism, and Transnational Identity in Nella Larsen's *Quicksand." Comparative Literature* 60 (2008): 228-242. Print.

Sullivan, Nell. "Nella Larsen's *Passing* and Fading Subject." *African American Review* 32 (1998): 373-86. Print.

Wall,Cheryl A. "Passing for What? Aspects of Identity in Nella Larsen's Novels." *Black American Literature Forum* 20 (1986) : 97-111. Print.

Washington, Mary Helen. *Invented Lives:Narratives of Black Women,1860-1960*. Garden City:Anchor Press,1988. Print.

第八章　再考・丸木俊の画業

――裸婦と朝鮮人女性の表象

小沢　節子

はじめに

画家丸木俊（赤松俊子・一九一二～二〇〇〇。以下、俊と表記）の名は、夫位里《いり》との共同制作「原爆の図」（全一五部・一九五〇年～八二年）の作者として知られている。[1]だが、生誕百年を迎えて、ひとりの画家・絵本作家としての回顧展が各地で開かれたように、[2]彼女の絵画世界から「原爆の図」を切り離すことはできないが、「原爆の図」がそのすべてではないという認識も広がりつつある。本稿もそうした認識を共有しつつ、「原爆の図」に先立つ／並行しながら描かれた俊の戦後の作品をとりあげ、そこに表現された女性像を検討する。特に裸婦と朝鮮人女性の表象を通して、俊が戦争と性、ジェンダーと民族といった問題をどのように表現したかについて考えてみたい。

以下、第一節では、半世紀にわたる戦後の画業を見渡しながら、俊にとっての女性性の原像ともいうべき裸婦イメージの誕生と展開をたどる。第二節では、日本人の加害責任を表現したとされる一九七〇年代の作品を中心に、「原爆の図」第一四部《からす》(一九七二年)等に描かれたチマ・チョゴリに焦点を当てる。第三節では、ふたたび戦後初期の画業に戻り、裸婦と朝鮮人女性が共に描かれた作品を分析する。なお、本稿は絵画表現(主題やイメージ、技法)を主要な考察対象とする。俊の言説にみるジェンダー認識やセクシュアリティの葛藤については、年譜的事実や「原爆の図」についての詳細を含めて、別稿(小沢、二〇〇二年、二〇一二年)および岡村幸宣編の年譜資料を参照されたい(岡村、二〇一〇年)。

1　裸婦像の展開
——「人間性の解放」から焔の中の母親像まで

北海道の開拓の村に生まれ、女子美術専門学校師範科西洋画部で学んだ俊は、一九三〇年代後半から四〇年代にかけてモスクワおよび日本統治下の「南洋群島」に滞在した。その後、太平洋戦争下では、南洋経験を反芻するように南の島の人びとの裸体像を描き、絵本作家としても活動をはじめた。(3) 当時の表現には位里の水墨画の影響も見られ、技法的にも「原爆の図」との共通性が指摘できるが（小沢、二〇〇二年）、南洋で「発見」された裸体が、そのまま「原爆の図」につながっているわけではない。両者の間には、終戦後の裸体画の「解禁」、延いては社会的な「人間／肉体の解放」の流れのなかで描かれた裸婦像があった。

一九四七年五月、俊は第一回前衛美術展に《裸婦（解放されゆく人間性）》（一九四七年、図1）を発表した。満開の花樹を背に全裸で立つ豊満な裸婦は、図像的には、伝統的な樹下美人図や西欧古典絵画の「豊穣」の擬人化を想起させるが、堂々とした体躯はセクシャルなイメージとはほど遠い。女学生時代の俊は、「裸体画」に興味などもってはいけないと語る男性教師の言葉に性的な仄めかしを感じとり、「人間の裸ほど美しいものはない」「人間本来の、人間の独立、人間の尊厳を物語るもの、それは裸体であり、「裸体画ではないか」と心の中で反発したという（赤松、一九五八年、四六頁）。男性の眼差しを圧倒するような裸婦像には、既存の男性中心の性意識・性規範に対する彼女の裸体観・人間観、そして、人間として解放されたいという思いが込められているのだろう。

図1　丸木俊《裸婦（解放されゆく人間性）》1947年、個人蔵

彼女はまた、戦後すぐに位里とともに日本共産党に入党し、精力的な制作および言論活動をくりひろげていた。量感あふれるたくましい

図２　丸木位里・丸木俊「原爆の図」第１部《幽霊》（部分）1950年、丸木美術館蔵

図３　丸木位里・丸木俊「原爆の図」第３部《水》（部分）1950年、丸木美術館蔵

裸婦像からは、当時の画壇や左翼的な文化人グループにおける俊自身の存在感さえ伝わってくるようである[4]。だが、同作品は「原爆の図」発表以降は公開されなくなり、多くの人の目に触れるようになったのは俊の没後のことだった。一九四〇年代末、「逆コース」をたどりはじめた現実を前に、俊は、戦後の「解放」に舞い上がった自らを反省するかのように、「原爆の図」の共同制作へと邁進していく（小沢、二〇〇二年）。

原爆を描くことを決意した夫妻は、占領下で公開を抑えられた被爆写真や映像に代わって、被爆した人間の姿を伝えようと人体デッサンを積み重ねた。その成果が、一九五〇年に発表された「原爆の図」第一部《幽霊》、第二部《火》、第三部《水》の画面を埋め尽くす裸体群像である。裸体表現はその後の連作にもつづいていくが、一貫して目につくのは、俊の手になる妊婦、母子、少女、老女、姉妹像などさまざまな裸の女たちの姿である（図2―4）。

いずれも、俊が自ら裸になって腹を膨らませてみたり

図５　丸木俊《横たわる母子像（原爆の図）》1954年、個人蔵

図４　丸木位里・丸木俊「原爆の図」第５部《少年少女》（部分）1951年、丸木美術館蔵

図６　丸木俊《原爆の図　祖母子》1954年、丸木美術館蔵

（妊婦像）、近所の寿司屋の娘たちをモデルとしたり（少女像）、山端庸介の被爆写真や大田洋子の小説「屍の街」を下敷きにしたり（母子像・老女像、姉妹像）と、具体的なモデルが存在する。[5] だが、描かれたイメージは、特定の個人ではなく、原爆の被害にあった広島の女たち――八月六日の朝に爆心地附近へ労働奉仕に出かけ、原爆の被害にあった子ども連れの母親や女学生たちの姿――を表象するものとなっている。また、俊ひとりの手になる原爆をテーマにした一九五四年の連作でも、より色彩豊かに、妊婦や若い豊満な母親、老女（位里の母スマがモデルという）の裸体が描かれる（図５・６）。

一部の女性像にはケーテ・コルヴィッツの影響も指摘できるが（小沢、二〇〇二年）、原爆被災というテーマ上の必然性があるとはいえ、裸婦像として描かれているところに、俊の独自性があるだろう。

このように、《裸婦（解放されゆく人間性）》と同じく、「原爆の図」の裸婦像も、裸体であることによって一般性・普遍性を体現していた。だが、前者が裸婦＝人間性の表象として描かれているのに対して、後者は戦争の犠牲となる弱者としての女性を表している。同じ裸体であっても、前者は「人間本来の美しさ」を誇る裸（nude）であり、後者は原爆の熱線と爆風によって衣服をはぎ取られた裸（naked）でもある（小沢、二〇〇二年）。

その後も裸婦像は俊の画業の重要な局面にくりかえし登場するが、しだいに、前者の普遍的な人間性から、後者の傷つけられた女性性へと表現の力点が移っていく。とりわけ、後者の極北が日本軍兵士に強姦され、殺される裸の中国人女性たちを描いた《南京大虐殺の図》（一九七五年）だった。人物表現からも、「位里はあまり賛成ではなかったふうでした」（丸木、一九七七年、二四〇頁）という言葉からも、同作品は俊が中心になって描いたと思われる。だが、ここでは、そうした二つの裸婦像が晩年の絵本の中で統合されていることを指摘するにとどめておきたい。なお、私は俊のタブロー（本画）と絵本を、等しく彼女の絵画世界を形づくるものと考えている（小沢、二〇一一年）。特に戦後の絵本作品は、時代が下るにつれ、位里との共同制作とも呼応しつつ、俊の画業の本質を示すものとなっていく。

絵本『ひろしまのピカ』（丸木、一九八〇年）は、俊にとって原爆というテーマの集大成だった。(6) 主人

図７　丸木俊『ひろしまのピカ』1980年、表紙

公は七歳の少女「みいちゃん」だが、表紙画が示すように（図7）、みいちゃんを脇に抱え、傷ついた夫を背負って、文字通り火の中、水の中を逃げ通す裸の母親こそが、物語の本当の主人公だろう。[7] 顔を上げて焔に立ち向かう姿は《裸婦（解放されゆく人間性）》とも重なるが、彼女は戦火のなかで衣服をはぎ取られた裸（naked）の女でもある。強くたくましいだけでも、嘆き悲しむだけでもなく、愛するものを守って原爆という暴力と殺戮を生き抜く裸の母親には、俊が裸婦像に託してきた人間性と女性性が溶け合っている。母性というもうひとつのテーマとともども、彼女が生涯をかけて描いてきた女性像の到達点が示されているといえよう。

2　空を飛ぶチマ・チョゴリ

晩年の丸木夫妻は、原爆にとどまらず、水俣や沖縄、南京やアウシュビィッツといったさまざまな二〇世紀の負の遺産をテーマに大作を残した。その際、夫妻の思想の転回点として指摘されるの

図8　丸木位里・丸木俊「原爆の図」第13部《米兵捕虜の死》（部分）1971年、丸木美術館蔵

が、一九七〇年の米国での出来事だった。たとえば、藤原修は被爆体験を軸に戦後日本の平和思想を論じる中で、次のように述べている。「日本の平和運動で対外的な加害責任の問題が浮上しはじめるのは、ベトナム反戦運動の頃である。「原爆の図」を描いた丸木俊は、一九七〇年に「原爆の図」の展示で渡米した際に、アメリカ人の関係者から南京大虐殺のことを指摘され、この事件に関する自覚の乏しさを恥じ入り、その後勉強をして、「南京大虐殺の図」を描く」（藤原、二〇〇六年、三四二頁）。

言い換えれば、「原爆の図」を見てもらえさえすれば、どこの国の人とも分かりあえるはずだという「幻想」、原爆をめぐる普遍主義（nuclear universalism）的な思考に亀裂が生じたのだった。亀裂から浮かび上がる戦争の複雑な諸相にたじろぎながら、俊は前述の《南京大虐殺の図》を描く。だが、同作品は単なる「加害責任の表現」という枠組みに収まるものではなく、「わたしは女だから、描かねばならないのです」（丸木、一九七七年、二四〇頁）と俊が述べているように、また、別

図9　丸木位里・丸木俊「原爆の図」第14部《からす》（部分）1972年、丸木美術館蔵

稿でも触れたように（小沢、二〇一二年）、女性の性（セクシュアリティ）を扱った同時期の絵本『つつじのむすめ』（丸木、一九七四年）と表裏一体のものとしてジェンダーの視点からの解読が求められている。しかし、ここでは、《南京大虐殺の図》に先立って制作された「原爆の図」第一三部《米兵捕虜の死》（一九七一年）と第一四部《からす》（一九七二年）の中の女性像を見ていくこととしたい。なお、作者の問題意識からも、連続する制作年からも、両者は一対の作品と認識されるが、本稿では主に「からす」を中心に扱う。

米国展から帰国した夫妻は広島に出向き、米兵捕虜の被爆の実態について調べる。さらに、広島で二万人、長崎で一五〇〇から二〇〇〇人が死亡したといわれる朝鮮人被爆者（広島市・長崎市　原爆災害誌編集委員会、二〇〇五年、一九五頁）についても、彼らを主題に「原爆の図」を描くことを周囲から促される。戦争責任論の浮上という時代の流れのなかで、夫妻は日本人としての応答責任を果たそうと制作にとりかかるが、主導的な役割を果たしたのは、やはり俊だった（丸木、一九七七年）。

《米兵捕虜の死》は、被爆した米兵捕虜を襲う日本の民衆という、加害と被害の錯綜する様相を描いているが、(8) 見るものの目をまずとらえるのは、右半分の画面に描かれた四人の白人女性の裸体だろう（図8）。これは捕虜の中には女性兵士もいたという当時の噂話をもとにしているが（丸木、一九七二年）、幻想的かつ官能的な裸婦たちは、若い捕虜たちが思い描いた故国の恋人や配偶者の幻影かもしれないと指摘されることもある（ダワー、二〇〇〇年）。一方、朝鮮人被爆者をテーマにした《からす》には、チマ・チョゴリが描かれている（図9）。チマ・チョゴリは、朝鮮女性の民族衣装であり、男女共通の上着であるチョゴリと、巻きスカートであるチマから成る。黒々と墨で描かれた死体とカラスの群れの中に置かれた白いチマ・チョゴリは、構図的には「米兵捕虜の死」に描かれた白人女性の姿に相応する。

《からす》は俊自身が語っているように、石牟礼道子の「菊とナガサキ」から想を得ている（丸木、一九七二年）。俊の心を動かしたのは、原爆投下時に三菱の軍需工場で死んだ朝鮮人の死骸が最後まで放置され、「カラスが目ン玉ば食いよる」という情景だった（石牟礼、二〇〇四年、三四一頁）。長崎に暮らす朴水龍さんの語りという形で綴られた石牟礼の文章は、朝鮮人の被爆というテーマを描きあぐねていた俊にリアリティをもって迫り、表現意欲をかき立てた。だが、なぜ、チマ・チョゴリなのか。俊は、前年のチェコ旅行の際にクックスの古城で見た「頭蓋骨を抱いて霜髪をなびかせた瀕死の老人の像」を、「チョゴリを着た朝鮮の女の人に置きかえ［……］象徴的に描いてはどうだろう」

図 10　丸木俊『ひろしまのピカ』1980 年

（丸木、一九七二年、二八六頁）と考えたともいう。[9] あるいは、「菊とナガサキ」の中で語られる、「ていしん隊として日本に連れられてきた朝鮮の女学生」たちの被爆後の痛ましい姿がインスピレーションとなったのだろうか（ただし、文中にはチマ・チョゴリはいっさい登場しない）。

さらに、《からす》には発表当時から、「美しいチョゴリ、チマが。飛んで行く朝鮮、ふるさとの空へ」という「解説文」がつけられた（丸木位里・丸木俊、一九八八年、八七頁）。だが、すでに述べたように、絵の中のチマ・チョゴリは死骸やからすと同じ空間に置かれている。浮き上がっているようには見えても（そして、そのこと自体が、《米兵捕虜の死》の白人女性の裸体同様に、非現実的な効果をもたらしてはいるが）、けっして空高く飛んでいるわけではない。明らかに空高く飛んでいくチマ・チョゴリが登場するのは、一九八〇年に描かれた前述の絵本『ひろしまのピカ』のなかである。そこでは、「この原子爆弾でしんだのは、日本人ばかりではありませんでした。むりに日本につれてこられ、はたらかされていた朝鮮のひとも、おおぜいしんだのです。そのしがいをいつまでもほうっておいたので、からすがなん百羽もきてつついていた、ということです」（丸木俊、一九八〇年、頁表記なし）という詞書とともに、苦しむ人びとの群れの上を空高く飛んでいく色とりどりのチマ・チョゴリが描かれている（図10）。晩年の俊が残した最も深く美しい情景のひとつであり、幼い子どもや海外の読者が絵の意味を即座に理解することはなくとも、地上と天上の、あるいは肉体と魂の対比のイメージとして記憶に残ることだろう。

こうして、俊の絵のなかでは、被爆死した朝鮮人はチマ・チョゴリで表現され、彼らの祖国への思いもまた、空を飛ぶチマ・チョゴリに形象化された。一般論としていえば、植民地が女性性によって表象される、すなわち男性の眼差しによって一方的に対象化される性的なアナロジーで語られるという表象のありようは、すでに多くの論者によって指摘されてきた。ここでも、眼差す男性性は可視化されぬまま、朝鮮（人）がチマ・チョゴリ＝女性として表象されているという批判も可能かもしれない。[10]だが、本稿では、俊の絵画におけるチマ・チョゴリのイメージの出自をさらに探っていくことにしたい。

3 《広島日本製鋼事件によせて》
——共闘する裸婦と朝鮮人女性

《広島日本製鋼事件によせて》は、同時代の労働争議を主題にした六〇・六×五〇cmの作品である（図11）。（向かって）左上に「俊子　廣島日本製鋼事件によせて　一九四九年夏」というサインと書き込みがあり、タイトルと制作年とみなされているが、展覧会出品の記録は確認できず、俊の没後も公開されたことはない[11]。

図11　丸木俊《広島日本製鋼事件によせて》1949年、個人蔵

まず、「広島日本製鋼事件」について短く述べておこう。米国の対日政策が占領初期の民主化・非軍事化から「全体主義の脅威の防波堤」としての経済復興へと転換していくなか、一九四九年春にはいわゆるドッジラインが発表され、企業整理、人員整理の嵐が吹き荒れた。広島市郊外の安芸郡船越町（現

広島市）にある日本製鋼所広島製作所でも、従業員の三分の一以上にのぼる七三〇名の大量馘首が告知され、これを受けて、六月二日から七月三一日までの二か月間にわたり、日本共産党の強い影響下にあった「産別会議」（全日本産業別労働組合会議）傘下の労働組合による首切り反対闘争（以下、日鋼広島争議と略）が展開した。争議は警察の弾圧や占領軍の直接介入、さらには組合の分裂によって敗北に終わったものの、広島県における戦後最大の労働争議といわれる（広島県労働運動史編集委員会、一九八〇年）。

俊が同年夏に広島を訪れたかどうかは確認できないが、後述するような絵の内容からも、争議の様子について詳しく知っていたことは明らかである。夫妻は翌年一〇月には「原爆の図」三部作を携えて広島を訪れ、サークル雑誌『われらの詩（うた）』の中心人物である詩人峠三吉らとの会合を開いているが、峠は一九四九年四月に共産党に入党し、直後の日鋼争議の現場で自作の詩「怒りのうた」が朗読されたことを転機に活動を先鋭化させていった[12]。また、同じく広島在住の作家山代巴は女子美術専門学校の俊の同級生であり、戦後、ともに共産党の芸術家として旧交を温めた。こうした広島在住の党文化人を通して、俊は日鋼争議の様子を知ったのかもしれない。

具体的に絵を見ていこう。画面の中心には、前屈みになって左手を見据える若い裸婦が描かれ、彼女の背後には怯えた表情で寄り添う裸足の幼児がいる。幼児は赤い上着とピンク色のスカート（？）を着ている。裸婦の背後に描かれたもう一人の女性は、同じく顔を左に向け、より深く屈みこみながら、右腕を上に挙げるという複雑な姿勢をとっている。裸婦が長い髪を片側に流しているのに対して、彼女は髷を結っているようであり、足元まで（彼女も裸足である）すっぽりと体を覆ったピンク色の衣服の胸元にはリボン状の紐が結ばれている。この衣服はチマ・チョゴリであり、女性が朝鮮人であることを示している。三人の背景には赤い屋根の建物が折り重なるように小さく描かれており、建物の間から見える煙突や手前の塀から工場風景であることが分かる。色彩的には、幼児の服と工場の屋根、チマ・チョゴリに連なる赤からピンクの暖色が裸婦の背景を彩り、一見、非常に優しげな雰囲気さえ漂わせている。だが、幼児を連れた裸婦と朝鮮人女性は、工場の前で何をしているのだろう。

裸婦の右手には小石が握られており、朝鮮人女性の足下にも石が描かれている。裸婦はその石を誰かの手に渡している。画面にはその誰かの手（八本の指に見えるのは両手を重ねているのだろうか）と、裸足の片足が描かれている。朝鮮人女性は左手に袋を持ち（スカート＝チマを膨らましているのかもしれない）、そこにも石が入っているように見える。であるならば、高く挙げられた右腕は、彼女が石を投げている姿を表しているとも考えられよう。俊がこの絵に「廣島日本製鋼事件によせて」と書き記したのは、二人の女性が日鋼争議の労働者の妻／家族であることを語っているのであり、彼女たちは画面の外側にいる何者か（恐らくはストライキを弾圧する警官隊）に向かって、路上の石を拾い、投石しているのである。とはいえ、不思議なのは、第四の人物の手と足だけが描かれていることや、左側に偏った構図のバランスからも、絵が途中で切断されているように見えることだ。しかし、一枚の絵を切断したのであれば切断面に絵の具が残っているはずだが、裏面を確かめると、張られたカンバス〔画布〕の端は白く塗り残されている。ただし、別々の二枚の絵を並べて一枚とみなしていたという可能性は残る。もしも、「もう一枚の絵」が存在していたら、そこにはさらなる裸婦や朝鮮人女性が描かれ、女たちを主人公にしたストライキの全貌が示されていたのだろうか。

実際、日鋼争議には労働者の家族も積極的に参加し、地元船越町でも争議に呼応して大衆行動が行われた。前述の峠の詩「怒りのうた」にも、「くびおりて背の児はねむれど女房らは去りもやらず」と抗議に集まる女たちの姿がうたわれている（峠、一九七〇年、三四七頁）。俊の絵に描かれた裸婦も、子どもを引き連れた「労働者の女房」と思われるが、もう一人の朝鮮人女性については説明が必要だろう。日鋼争議の組合指導者の回想によれば、争議は「工場と道路をへだてた在日朝鮮人連盟の建物の中にあった〔日本共産党の――小沢〕中国地方委員会が中心になって指導」していたともいう（松江澄、一九七二年）。在日本朝鮮人連盟（朝連）は敗戦により植民地支配から解放された在日朝鮮人が結成した全国組織であり、共産主義者たちが組織の主導権をとるにつれて、日本共産党の指導下で活動をおこなった。一九四八年の朝鮮民主主義人民共和国（北朝鮮）の成立後は本国との結びつきを強化しつつ、同胞の生活権を確保するためにも、日本共産党との関係が強化されていった（外村、二〇〇四年）。一九四九年六月二四日に呉で開かれた日鋼争議支援の人民大会でも、首切り反対の他に、「二、朝鮮人学校に教育費を与えよ」「八、朝鮮人に参政権を与えよ」といった決議がなされており（広島県労働運動史編集委員会、一九八〇年、五七四頁）、在日朝鮮人との共闘という側面がうかがわれる。だが、朝連は同年九月には強制的に解散させられ、朝鮮系民族学校も事実上の閉鎖命令を受ける。翌年には朝鮮戦争の勃発とともに、日本共産党も非合法化され、共産党員とその同調者とみなされた人びとに対するレッドパージがはじまる。以後、朝鮮戦争下でも、反米武装闘争の方針を打ち出した日本共産党と左派系在日朝鮮人との「共闘」はつづいた[13]。

日鋼争議の詳細とそれに参加した在日朝鮮人の実態については今後の課題としたいが、共産党を代表する文化人だった俊が、党の路線の枠内で（方針に従って）日鋼争議を描いたとも考えられよう。もっとも、夫妻は、一九四九年の後半には、翌年二月に発表することになる「原爆の図」第一部《幽霊》の共同制作に集中しており、作品が未完成のように見えるのもそうした事情と関係しているのかもしれない。つまり、俊は同時代の闘争を描くことから、被爆体験の表現へとさかのぼったのである。これは、峠三吉が一九四九年一一月に創刊された「われらの詩」の活動を推し進めながら『原爆詩集』（一九五二年）をまとめる過程とも並行しており、日鋼争議の敗北に象徴されるような占領下での政治的抑圧が高まるなかで、文化運動という形で再攻勢をかけていく共産党の方針とも無縁ではないのだろう。

本論は、俊の絵画を占領下の平和運動の文脈に位置づけることが目的ではないが、「原爆の図」発表にいたるまでの彼女の政治的な側面は改めて検証される必要があると考えている。たとえば、俊をめぐる政治と芸術についての新たな視座から《広島日本製鋼事件によせて》を位置づければ、次のような構造が見えてくるだろう。この絵には、第一に、日鋼争議の労働者の妻たちの戦いが、第二に、日本共産党と在日朝鮮人の「共闘」が、そして第三に、俊の戦後の画業を特徴づける裸婦とチマ・チョゴリの女性像が描かれており、そして、それら三者が重なり合っている。いわば三重の構造ではあるが、第三の表象は、第一、第二の主題には必ずしも収まりきらない。ちょうど、《南京大虐殺の図》が、日本人の加害責任の反省という枠組みに収まらないように。

そもそも、現実の争議の情景を主題にしながら、一糸まとわぬ裸婦像が描かれていることは――俊の主観においては「解放されるべき人間性」を表しているのだとしても――党公認の再現的なリアリズムの手法からは大きく逸脱していよう。断片的なイメージとはいえ、ここには、ドッジライン下での労働者の闘争をジェンダーと民族という視点からとらえ返す可能性も読みとれないことはない。その時々の社会的・政治的な要請に縛られながらも（あるいは党の文化政策に従いながらも）、描かれたイメージがそこからはみ出していくところに、俊の絵画、とりわけ女性像の魅力がある。

一九五一年五月に大阪猪飼野の朝鮮人学校で開かれた「原爆の図」巡回展でも、俊は絵の前に集まるチマ・チョゴリ姿の観客をデッサンに残している（丸木位里・赤松俊子、一九五四年、二〇頁）。朝鮮戦争下の巡回展には、前述のような「日朝連帯」闘争という一面もあったのだろう。その後、一九五五年には、共産党の武装闘争路線が改められるとともに、在日本朝鮮人総連合（朝鮮総連）が結成される。朝鮮総連は日本の政治への内政不干渉を打ち出し、在日朝鮮人と日本共産党との共同闘争の時代は終わりを告げる。そして、共産党の方針転換とともに、俊が朝鮮人（女性）を描くことも、語ることもなくなる。(14) 彼女が再びチマ・チョゴリを描くようになるのは、一九六四年に位里とともに日本共産党を除名された後のことだった。(15)

まとめに代えて

共産党から離脱した後、俊は党の芸術家として描いた作品の大半を封印したのだろう。「原爆の図」以前に描かれたメーデーや労働争議をテーマにした「リアリズム」絵画が人目に触れることはなくなり、《裸婦（解放されゆく人間性）》や《広島日本製鋼事件によせて》の存在も忘れ去られていった。敗戦後の時代とのつながりが見失われたことで、画業の全体像の把握も立ち遅れてきた。

本稿では、敗戦直後からの俊の画業の展開をたどることで、裸婦像に託された女性性の追求を浮き彫りにした。人間としての解放を「宣言」する裸婦、戦争という暴力や男性による性暴力によって殺される裸婦、そして、母性と重ね合わされる裸婦——さまざまな裸婦の表象を通して、俊は彼女にとっての女性的なるものを模索した。また、晩年の作品に朝鮮人のメタファとして登場したチマ・チョゴリも、新たに発見された表現ではなく四半世紀を経ての再登場だった。

俊が一九七〇年代に植民地支配の責任について感受し、絵画の形で表現することができたのは、一九四〇年代末から五〇年代の経験とつながっているのであり、彼女の描いた朝鮮人女性のイメージは、具体的な歴史的・政治的文脈のなかでの、ひとりの表現者の他者認識の変化の問題として考察されるべきだろう。さらに、デモやストライキの周縁に位置する女たちを主人公として、しかも裸婦と朝鮮人女性として描いた作品は、「原爆の図」をはじめとする大作の中で戦争の被害者として前景化された女性像と、どのようにつながり、あるいは切断されているのか。時々の俊の政治的立場を注意深く検証しながら、ジェンダーの視角から分析をつづけることは、彼女の絵画世界の新しい解読をもたらすことだろう。

〔注〕

（1）一九八五年に刊行され、その後も版を重ねている『新潮　世界美術辞典』では、「丸木俊」も「原爆の図」の項目もない。丸木位里の項に、「昭和二五年日本美術会のアンデパンダン展に妻赤松俊子（のち丸木俊、一九一二〜）と協同制作の『原爆の図・第一部』を発表、以後連作を続け［……］」）（一四一七頁）と紹介されるにとどまる。

（2）「生誕一〇〇年　丸木俊展」（原爆の図丸木美術館、二月一一日〜五月一九日）、「生誕一〇〇年記念　丸木俊展」（佐喜眞美術館、四月二五日〜六月四日）、「生誕一〇〇年　丸木俊・絵本原画展」（下関市立美術館、七月二六日〜九月九日）、「生誕一〇〇年記念　丸木俊展」（一宮市三岸節子記念美術館、一〇月六日〜一一月二五日）。以上の展覧会は、それぞれの美術館の独自企画として開催された。

（3）俊の戦時中の画業の位置づけをめぐっては、小勝禮子の研究（小勝、二〇一一年）および別稿を参照（小沢、二〇〇二年・二〇一二年）。

（4）一方で、俊は終戦をはさんだ一九四〇年代に集中的に自画像を残しており、そこではネガティブな／自省的な姿も描かれている。本文で紹介した裸婦像（に代表される同時期の作品の多く）が、新しい時代の流れに沿った、いわば外部に向けての自己表現とすれば、自画像はそこには現れなかった影の部分を伝えている（小沢、二〇一二年）。

（5）山端庸介の写真と「原爆の図」の関係については、拙著を参照（小沢、二〇〇二年）。また、《幽霊》の中央画面に描かれた二人の裸婦は、大田洋子「屍の街」の中の「私」と妹の姿だと思われる（小沢、二〇〇六年）。同書は一九四八年に削除版が中央公論社より、一九五〇年に完全版が冬芽書房より刊行された。

（6）『ひろしまのピカ』（丸木、一九八〇年）は、第三回絵本にっぽん大賞を受賞。一四か国語圏で翻訳出版され、全米図書館協会ミルドレッド・バチェスター賞を受賞するなど、国際的な評価を得た。

（7）この表紙画は、ベトナム戦争を主題にした、岩崎ちひろ『戦火のなかの子どもたち』（岩崎、一九七三年）の一場面、「母さんといっしょにもえていったちいさなぼうや」の絵を彷彿とさせる。そこには、幼い子どもを抱きかかえながら、厳しいまなざしで迫り来る焔を見つめる母親が描かれている。戦後、俊に師事した岩崎は、一九六〇年代には政治的な立場の相違から袂を分かち、『わたしがちいさかったときに　原爆の子より』（岩崎、一九六七年）で自らの原爆の絵を描いた（小沢、二〇〇二年）。両者の間には離別後も双方向的な影響があったと思われる。

（8）一二名の米兵捕虜の被爆死について解明した森重昭は、民衆による捕虜の虐殺はなかったと推察している（森、二〇〇八年）。

（9）チェコ・バロックの彫刻家、マティアーシュ＝ベルナルド・ブラウン（一六八四～一七三八）の手になるクックスの野外彫刻群（一七二六～三四年）の一作、《マグダラのマリア像》を指していると思われる。

（10）《南京大虐殺の図》には、性暴力と殺戮の主体としての男性＝日本兵が描かれているが、彼らには黒目＝瞳がない。すなわち、眼差すことのない存在である。眼差しを失った「白目」の人物は、同作品以後、夫妻の作品に頻繁に登場するようになる。その「盲目性」の意味については改めて考えてみたい。

(11) 私は平松利昭の本でこの絵の存在を知った（平松、一九八九年）。本稿執筆にあたって、二〇一二年八月二一日に遺族所蔵の作品を調査した。

(12) 日鋼争議と峠三吉、また、当時の広島における日本共産党と在日朝鮮人の運動については、『峠三吉全詩集』（峠、一九七〇年）、および黒川伊織「峠三吉「墓標」と一九五〇年夏の広島」（黒川、二〇一〇年）、第三九回原爆文学研究会（二〇一一年七月七日、於広島大学）での宇野田尚哉の報告「被爆地広島のサークル詩誌『われらの詩』と峠三吉」を参考にした。

(13) 一方で、こうした共闘は「「共闘」神話」として批判的に検証されている（高、二〇一〇年）。

(14) 夫妻は、一九五六年には「原爆の図」巡回展に同行して北朝鮮を訪問した。また、一九五九年に在日朝鮮人の北朝鮮への集団帰国事業がはじまると、俊は新潟に赴いて帰国歓送会をスケッチし、『在日朝鮮人帰国記念　日本と朝鮮友情の絵はがき』を作成したという記録が残る。ただし、実物は未発見である。

(15) 夫妻の共産党除名の経緯については、拙著を参照（小沢、二〇〇二年、二一七―二一九頁）。俊は最晩年にも在日のオモニの手記に挿し絵を寄せ、チマ・チョゴリ姿を描いている（皇（ファン）、一九九〇年）。

＊本稿の第一節には、部分的に「丸木俊　旅する女性画家」（小沢、二〇一二年）と重なる叙述があることを断っておきたい。また、執筆にあたっては、丸木ひさ子さん、原爆の図丸木美術館の岡村幸宣学芸員にご教示・ご協力をいただいた。記して感謝申し上げたい。

【参考文献】

赤松俊子『生々流転』実業之日本社、一九五八年
ダワー、ジョン「戦争と平和と美―丸木位里と丸木俊の芸術」(袖井林二郎訳)『増補保存版 原爆の図』小峰書店、二〇〇〇年(初出は一九九〇年『保存版 豪華画集 原爆の図』小峰書店)
皇甫任《ファンボイム》『一一月のほうせん花 在日オモニの手記』(編集・解説蒔田直子)径書房、一九九〇年
藤原修「ヒバクシャの世紀―ヒロシマ・ナガサキ・ビキニ」『岩波講座 アジア・太平洋戦争八 二〇世紀の中のアジア・太平洋戦争』、二〇〇六年
平松利昭『絵をかく人に贈る遺言 三国同盟から三里塚まで 丸木位里・丸木俊との対話』樹芸書房、一九八九年
広島県労働運動史編集委員会編『広島県労働運動史 第一巻』広島県労働組合会議、一九八〇年
広島市・長崎市 原爆災害誌編集委員会編『原爆災害 ヒロシマ・ナガサキ』岩波現代文庫、二〇〇五年
石牟礼道子「菊とナガサキ」『石牟礼道子全集 不知火 第一巻 初期作品集』藤原書店、二〇〇四年(初出は一九六八年『朝日ジャーナル』八月一一日号)
岩崎ちひろ『わたしがちいさかったときに 原爆の子他より』(長田新編・岩崎ちひろ画)、童心社、一九六七年
同『戦火のなかの子どもたち』岩崎書店、一九七三年
小勝禮子「戦時下の日本の女性画家は何を描いたか―長谷川春子と赤松俊子(丸木俊)を中心として」『二〇世紀の女性美術家と視覚表象の調査研究―アジアにおける戦争とディアスポラの記憶』

二〇〇八年度―二〇一〇年度科学研究費補助金・基盤研究（B）報告書、二〇一一年
高榮蘭『「戦後」というイデオロギー　歴史／記憶／文化』藤原書店、二〇一〇年
小沢節子『「原爆の図」　描かれた〈記憶〉、語られた〈絵画〉』岩波書店、二〇〇二年
同「シンポジウム　原爆をどのように語りうるか――原爆を描くこと、受容することをめぐって」『原爆文学研究』増刊号、二〇〇六年
同「丸木俊　旅する女性画家」『生誕一〇〇年記念　丸木俊展図録』一宮市三岸節子記念美術館、二〇一二年
黒川伊織「峠三吉「墓標」と一九五〇年夏の広島」『原爆文学研究』九号、二〇一〇年
松江澄「一九四九年六月　日鋼広島の戦い」『労働運動研究』三七号、一九七二年一一月、復刻 http://www.netlaputa.ne.jp/~rohken/nikou.htm（二〇一二年八月時点）、
丸木位里・赤松俊子『ちび筆』室町書房、一九五四年
丸木位里・丸木俊『画集　原爆の図』原爆の図丸木美術館（改定新版）、一九八八年
丸木俊『幽霊――原爆の図世界巡礼』朝日新聞社、一九七二年
同『つつじのむすめ』（文・松谷みよ子）あかね書房、一九七四年
同『女絵かきの誕生』朝日新聞社、一九七七年
同『ひろしまのピカ』小峰書店、一九八〇年
森重昭『原爆で死んだ米兵秘史』光人社、二〇〇八年
岡村幸宣『資料用年譜　丸木位里・丸木俊と二〇世紀　第一部［一九〇一年――一九五〇年］』財団法人

原爆の図丸木美術館（改訂第七版・初版は二〇〇七年）、二〇一〇年
外村大『在日朝鮮人社会の歴史学的研究―形成・構造・変容』緑陰書房、二〇〇四年
峠三吉『峠三吉全詩集　にんげんをかえせ』風土社、一九七〇年
『新潮世界美術辞典』新潮社、一九八五年

【図一覧】

（1）丸木俊《裸婦（解放されゆく人間性）》一九四七年、個人蔵
（2）丸木位里・丸木俊「原爆の図」第一部《幽霊》（部分）一九五〇年、原爆の図丸木美術館蔵
（3）丸木位里・丸木俊「原爆の図」第三部《水》（部分）一九五〇年、原爆の図丸木美術館蔵
（4）丸木位里・丸木俊「原爆の図」第五部《少年少女》（部分）一九五一年、原爆の図丸木美術館蔵
（5）丸木俊《横たわる母子像（原爆の図）》一九五四年、個人蔵
（6）丸木俊《原爆の図　祖母子》一九五四年、原爆の図丸木美術館蔵
（7）丸木俊『ひろしまのピカ』一九八〇年、表紙
（8）丸木位里・丸木俊「原爆の図」第一三部《米兵捕虜の死》（部分）一九七一年、原爆の図丸木美術館蔵
（9）丸木位里・丸木俊「原爆の図」第一四部《からす》（部分）一九七二年、原爆の図丸木美術館蔵
（10）丸木俊『ひろしまのピカ』一九八〇年

（11）丸木俊《広島日本製鋼事件によせて》一九四九年、個人蔵

＊原爆の図丸木美術館蔵の作品は、同美術館が著作権者。
個人蔵の作品、および絵本原画の著作権者は、丸木俊遺族。

〔追記〕二〇一三年二月一八日

本論脱稿後に、宇野田尚哉氏より、一九五七年六月八日付の『朝鮮民報』（朝鮮総連の機関誌）に丸木俊の作品写真が掲載されていることをご教示いただいた。チマ・チョゴリ姿の朝鮮人女性の群像は、同年の第四回日本国際美術展に出品された《女は水を汲みました》であり、朝鮮戦争の際の女性たちのはたらきをテーマにした四曲一隻の屏風絵と思われる。さらに宇野田氏によると、平壌で発行されていた朝鮮作家同盟中央委員会機関紙『文学新聞』第九五号（一九五八年九月二五日）には、この作品が朝鮮美術家同盟に寄贈されたという記事が掲載されているという。一九五〇年代後半から六〇年代にかけて俊が描いた朝鮮人女性の表象については、あらためて調査をつづけたい。

第三部　仕事・ライフ・ジェンダー

第九章　共生社会と「女性の社会進出」

笹野　悦子

1　「女性の社会進出」とジェンダー構成

本章では、日本社会では男女平等がどのように目指されているのかを、「女性の社会進出[1]」という表現の用法の検討をとおして考察していく。

日本社会では男女平等が語られる際に「女性の社会進出」という表現が用いられる。たとえば、ジェンダー平等に関するニュース、世界経済フォーラム（WEF）が二〇二一年に発表したジェンダーギャップ指数を報じる新聞記事では「ダボス会議を主催する世界経済フォーラムは二四日、世界一三五か国を対象に、社会進出などでの男女平等の度合いを比較したランキングを発表した」（「読売新聞」二〇一二年一〇月二五日）とある。

「女性の社会進出」は日常語として馴染んでおり、新聞記事データベース（「聞蔵Ⅱ」）で検索すると、「女&社会進出」を含む記事は、「朝日新聞」では一九八四年八月から二〇一一年一〇月までの約三〇年間に二二三四件がヒットする。また、これを見出しに含む記事は五四記事で、一九三〇年代の二件以外は一九七〇年代以降のものである。七〇年代に四件、八〇年代に七件、九〇年代に二三件、二〇〇〇年以降に一八件と、最近二〇年ほどで増加している。「女性社長、四・五％に急成長　社会進出裏付け　民間信用調査機関調べ」（一九九〇年五月一八日朝刊）、「生保加入率、女性が男性逆転　社会進出でニーズ増加」（二〇一一年一月四日朝刊）等の記事に見るように、女性の地位向上、職業進出という意味で用いられ、それを促すイベント記事や意見記事が大半を占める。

行政文書においても、「女性の社会進出」という用語は男女平等（男女共同参画）の状況を分析する際に、女性の労働力率増大、社会的地位向上という意味で用いられている。「女性の社会進出は徐々に進展しているが、管理職に占める女性割合は依然として少ない。総務省「労働力調査」（平成一六年）によると、管理職に占める女性の割合は依然として低い水準にある」（内閣府、二〇〇五年、六一頁）のような例である。

本章では、男女平等がどのように目指されているのかを考察する際に、「平等」よりも「共生」という観点からジェンダー構成を論考する。一つには、本稿では「男女平等」という語が呼び込む価値対立的な議論を目的としないからである。「女性の社会進出」という表現に読み取ることのできるジェンダー関係は、語義からするとそもそもは男性標準の職業労働社会に異質性を帯びた女性が進出するという含意だっただろう。そこには、あらかじめ職業労働に就く「男性」と家事育児労働に就く「女性」という固定的性役割によるジェンダー構成が埋め込まれている。このような固定的カテゴリに基づく男女平等に関する認識と理解は、価値評価を含む対立図式のなかにおかれたまま、必ずしも共有されてはいない状況にあり（笹野、二〇〇九年、五八頁）、行政用語では「平等」という用語をあえて使用していない(2)。

もう一つのより重要な理由は、男女平等という固定的な（平等）状態よりも「共生」概念の持つ動態的な志向性に注目するからである。「男女平等」は、ある目標達成的な完結形を示唆している。冒頭で紹介したWEF二〇一二年の「The Global Gender Gap Report」でも、日本のジェンダーギャップ指数順位は対象一三五か国中一〇一位である。この調査では、経済、教育、政治および保健分野での指標を指数化している。同様の世界規模のジェンダー平等に関する調査でも、日本社会ではとりわけ男女の賃金格差、女性管理職の少なさ、政治分野における女性議員の少なさが、順位を引き下げていることが何年も言われている。

このように達成的尺度概念を含意する男女「平等」概念に対して、「共生」はつねに志向し続ける過程として存在する（野口・柏木、二〇〇三年、七二～七四頁。岡本、二〇一一年、三八頁）と考えられている。本章で論考するジェンダー共生社会は、つねに新たな状況を得てジェンダー関係が問い直され続ける過程であるという理解に立脚している。このような観点から、ジェンダー構成はそのつど更新され続けていることを、二〇〇〇年をまたぐ約三〇年間の「女性の社会進出」という一つの用語を追跡することで明らかにしたい。

2 学術誌・オピニオン誌における「女性の社会進出」著作

「女性の社会進出」という用語は、具体的にはどのような含意で用いられてきたのか。本章では特に社会における専門家やオピニオンリーダーの営為に注目し、そこで「女性の社会進出」という用語でどのような課題が構成されているのかを検討する。

具体的には学術論文情報ナビゲータ「CiNii」で検索可能な「女性の社会進出」を論じた著作を検討する。ここに含まれるのは、「女&社会進出」の検索語で見出された、表題、キーワード、概要・抄録、目次等に「女&社会進出」の語を含む著作である。学会誌等掲載の学術論文とオピニオン誌、業界紙等掲載の評論・対談および大学図書館蔵の著書と所収論文である。

検索の結果、二二三件（論文・記事一七二件、著書五一件）が見出される（二〇一二年九月一〇日）。このうち重複やゴシップ記事等を除く一九五著作を対象として「女性の社会進出」のテーマ構成を分析、整理する。一九五著作は、学術論文一二九件、報告書等一七件、評論・対談四九件である。学術論文の専門領域は、社会科学、医学、工学、人文科学と幅をもつ。最初の著作は藤井（一九六九年）の作品で、一九八九年以前に発表された著作は一六件に過ぎず、「女性の社会進出」が最近二〇年間に取り上げられるようになったことが示唆される。

分析は、まず著作を「女性の社会進出」の課題構成によって三つに分類する。分類は著作内在的に、(一)「社会進出」の活動そのものを論じているグループ、(二)社会進出の活動自体よりもそれに伴う「困難」や「弊害」について論じているグループ、(三)社会進出に伴う困難に対する「支援」を論じているグループとした。

(一)の「社会進出」グループに分類されるのは「職業領域への進出、労働力率の増加」、管理職・議員・専門職など社会における「主導的地位や専門職の増加」、ボランティアなど「職業以外の領域への進出」に関する著作群である。

(二)の「困難・弊害」グループには、社会進出に伴って「女性が被る困難」に関する著作、また、女性の社会進出が「ジェンダー規範からの逸脱」、「女性の病態」、「少子化や家庭内ケアの劣化」等の弊害の要因になると論じる著作群を分類した。

(三)「支援」グループには、困難を被る「女性への支援」、支援を「ビジネスの対象」として家事・ケアの外部化の促進を論じる著作、そして、女性だけでなく「男女への支援、労働システム自体の更新」を論じる著作を分類した。

3 「女性の社会進出」著作の課題構成

以下、表1に示した「社会進出」「困難・弊害」「支援」の三グループに分け、それぞれの課題構成項目について、発表年代による推移を加味して検討する。

(1) 社会進出

全著作を通じて、女性の社会進出を論じる際に、その「社会」は家庭外の社会という含意がある。この「社会進出」グループの著作群は、女性が進出した領域での活動を扱ったもので、職業領域における労働力率増加や職場での労働内容と問題を論じたもの、女性の社会的地位向上、職業以外の領域での活動を論じたものに分類できる。

①職業進出

「職業進出」に関する論述は三五件、男女雇用機会均等法実施直後の一九八七年以来、毎年複数の著作が発表されている。これらの著作には、職業や労働力率に関して女性性にかかわりなく論述しているもの（一〇件）と、特に女性性を生かした職業について論じているもの（一〇件）がある。前者は歴史事例、海外事例を対象とした研究、事例紹介が一四件で、現代日本社会における「女性の社会進出」を職業労働という課題構成で検討する論考は多くない。

後者の女性性を生かした職業に関する著作には、男性的競争価値を重視してきた社会にとっては「女性の社会進出」が女性的協調的価値を見直す契機となる（早川、一九八七年）とジェンダー化された生活価値の見直しを示唆するものもある。だがそのほとんどは、女性が女性性を生かした職業・職場に就くことで社会進出をはかる可能性を提示している。介護保険導入で女性性を生かした職場の創出を期待する著作（野瀬・平松、二〇〇〇年）や、公共部門に女性向け職場を創出して女性の社会進出を促進してきたスウェーデンの事例紹介（竹崎、二〇〇二年）などがあるが、二〇〇〇年以降このグループの著作数は減少する。

②主導的地位・専門職

女性の主導的地位に関する論述は、二〇〇〇年以降にみられるようになる。このグループでも現在の日本社会よりも海外・歴史的事例に関する著作が多く、一九件中一五件にのぼる。女性経営者の伝記等の評論記事のほか、専門職や主導的地位と女性性の関連に検討を加える著作がみられる。

アメリカで一九世紀末から二〇世紀にかけて創設されたソーシャルワークという専門職について

表１　年次別「女性の社会進出」著作の課題構成　（著作数）

		1969～89	1990～94	1995～99	2000～04	2005～09	2010～12	計
社会進出	職業進出	0	7	7	4	2	5	25
	職業進出・女性性	3	0	2	3	1	1	10
	主導的地位・専門職	0	0	0	6	7	6	19
	職業以外	2	1	0	6	1	2	12
	小計	5	8	9	19	11	14	66
社会進出	女性の困難	4	5	5	7	4	1	26
	ジェンダー規範逸脱	4	3	1	1	1	0	10
	病態要因	2	3	5	2	2	1	15
	少子化・ケア劣化	0	0	6	6	4	2	18
	小計	10	11	17	16	11	4	69
支援	女性への支援	0	2	3	2	5	3	15
	ビジネスの対象	0	1	4	6	5	1	17
	男女への支援	1	3	3	3	13	5	28
	小計	1	6	10	11	23	9	60
	計	16	25	36	46	45	27	195

注 1）1970 − 1974 年、1976 − 1980 年、1982 − 1983 年は「女性の社会進出」著作はない。
注 2）網掛けは各項目で著作数の多い年代 1 位と 2 位を示す。

検討し、それが慈善活動に端を発した女性の社会進出という女性解放運動の一環として展開しながら男性優位のシステムに回収され、その目的とは遊離した結果を招来したとする論考（今井、二〇〇九年）、オーストラリアで女性は管理職・専門職の割合は低くないが、そのアイデンティティは女性性と職業的アイデンティティのディレンマに陥っているという事例紹介（臼田、二〇〇三年）のように、専門性、主導的地位と女性性の齟齬、軋轢の結果、特有的に生じる女性の困難を論じた著作が特徴的である。

　女性の主導的地位を課題として構成した著作は二〇〇〇年代以降に登場するが、大半が遠い社会における事例であることは、現代日本の社会状況を反映していて皮肉である。

③職業以外

一九八〇年代以前の著作では女性の社会進出の要件として「人間としての主体性の獲得」（藤井、一九六九年）「人間解放に努めなければならない」（篠田、一九七五年）のように「人間」が重視され、女性が「人間」一般から区別されていることを暗示する。このグループの著作も海外・歴史的事例に関するものが多く、一二件中一一件にのぼる。一八世紀から二〇世紀初頭にかけての国内外における女性の社交界進出、教育水準の上昇、ボランティア組織などが検討される。女性の潜在力を社会に認知させてきた職業以外の活動の貢献を評価する著作だけでなく、女性の家庭外に活動のふさわしい場がボランティアなどの職業労働以外の領域に限定されていることも分析される（小檜山、一九九二年、原田、二〇〇一年）。

「女性の社会進出」という表現で「社会進出」自体を課題として構成した著作群では、歴史的事例、海外事例を対象とした著作が六六件中四二件と多くみられる。とりわけアジア圏、イスラム圏等の地域や二〇世紀前半までの男女平等後進社会における事例を取り上げている。その結果、ここでは男性標準社会に「進出」する女性の新奇性が取り上げられたり、他者化された女性性が問題とされることになる。

(2) 困難・弊害

女性が家庭外での活動を継続していく上で生じる困難と社会進出による弊害を描いた著作を、このグループに分類した。「女性の社会進出」という表現で女性自身が直面する困難を課題として論じたもの、社会進出をジェンダー役割規範の逸脱として批判したもの、病理・病態という女性のあるべき心身状態からの逸脱として課題を構成したもの、少子化、不十分な家庭ケアという課題を構成したものである。

①**女性の困難**

女性の社会進出に伴う困難として二とおりの課題が構成される。一つは、社会進出自体の進捗の遅滞である。男女雇用機会均等法（一九八五年）以降女性の就業率は増加するが、意思決定場面での女性の少なさ、男女の賃金格差の維持（大沢、一九八八年）、女性の就業拡大の一方での受け入れシステムの未整備（金子、一九九八年、篠塚、一九九三年）等の職場や雇用システムにおける問題が論じられる。一方で、女性も社会に甘えることなく意欲と責任をもって働くことが求められるなど、女性を精神的に鼓舞する論調もみられる。

もう一つのより大きな困難は、女性の二重労働の問題である。就業を継続する女性は、家庭内労働と職業労働の二重労働を強いられることになる。久場（一九九六年）は、男女の週当たり労働時間は、女性八〇時間、男性六二・五時間で、女性の長時間労働は依然残る性別規範によると結論する。さらに女性に課せられた家族的責任が家庭内労働と職業労働の選択を迫り、「職業キャリアと家庭生活がトレード・オフである」（吉田、二〇〇四年）といわれるような強いられた選択の問題が指摘される。

このような「女性の社会進出」の困難を検討する著作は、二〇〇〇年代前半以前に集中している。

②ジェンダー規範逸脱

このグループでは、女性の家庭内役割を重視し、「女性の社会進出」をジェンダー役割規範の逸脱として批判、揶揄し、あるいは女性の男性攻撃であるとするテーマ構成が見られる。このグループの著作は学術論文よりも評論に多く、一九九〇年代後半以降減少する。

③病態の要因

「女性の社会進出」を病態の要因とする著作は医学分野でみられる。「女性の社会進出に伴うマイナス面の影響を社会病理学的観点から検討する」（山岡ほか、一九九五年）等の例である。女性の心身の「特殊性」に帰因させる例、具体的な分析を伴わず単に枕詞として「女性の社会進出」という表現を用いた例も複数みられる。このグループの著作も、二〇〇〇年以降減少する。

④少子化・ケア環境劣化の要因

「女性の社会進出」を少子化の要因、家庭内介護の低下の要因、育児環境の劣化の要因とみなしてテーマ構成した著作をこのグループに分類した。これらの著作は九〇年代後半以降登場する。

一九八九年の一・五七ショック以来少子社会は日本社会の課題となり、一九九二年『生活白書』が「少子化」をテーマとする。また、保育所需要増加による待機児童数の増大が九〇年代以降社会問題化し、高齢化の急速な進展によって二〇〇〇年介護保険制度が開始されるが、それと前後して九〇年代には家族の育児、介護に関する関心が高まる。このグループの著作群は、こうした「少子化」や家族育児・介護問題の社会的認知とともに登場したと考えられる。

ここでは女性に強いられる職業労働と家事育児の両立困難が出産意欲を低下させるという分析、核家族化や女性の社会進出が家庭における保育・介護を困難にすると述べる著作が多い。なかには少子化は女性だけに責任を帰す問題ではないと論じる著作（高橋、二〇〇五年）もあるが、大半の著作では女性の家族的責任が自明視されている。

「困難・弊害」を課題として構成したこれらのグループでは、困難を社会進出する女性に特有の困難として構成している点が特筆される。女性の家族的責任は自明視されており、家族的責任ゆえに職業労働との両立困難が女性の問題に同定されている。

（3）支援

女性の社会進出に伴う困難には、主として前項で挙げた職場における困難と、家庭と職業両立の困難の二つがあるが、これらを支援することで女性の社会進出を促そうという著作をこのグループに分類した。

①女性への支援

社会進出の困難を抱える女性に向けた支援を論じるこのグループでは、初期には意識改革論的な論述がみられるが、女性のニーズを満たした育児休業制度の必要性を論じる著作（社会開発総合研究所、一九九四年）などにみられるように、女性の両立困難を女性向けの支援で解決しようという方向性をもつ。なかには女性たちの相互援助を基盤とした新しい地域づくりの試みの分析（梁井、一九九六年）もなされる。いずれも育児・ケアが女性役割と前提されている。

②ビジネスの対象

女性の社会進出を家事時間の減少、女性のライフスタイルの変化と関連づけ、食や家事の外部化、サービス産業化を論じている著作群である。このグループでも家事は女性の役割と前提されており、女性の社会進出による家事労働時間の短縮、家事支援サービスへのニーズの増大が論じられる。女性への家事支援は、サービス産業化されビジネスチャンスととらえられる。

③男女への支援、労働システム自体の更新

このグループに分類した著作群は、女性の社会進出の困難を女性だけの問題に回収していない点に他とは異なる特徴がある。このグループでは「女性」カテゴリを対象化せず、女性の困難は同時に男性の困難をも生み出すと指摘され、男性標準の労働システムにその原因が求められる。

早い時期の著作では「男性の「会社人間」が女性の「会社人間」に置き換えられるのではなく、男性も女性も人間としてより豊かに生きられる社会とすることが女性の社会進出の課題であろう」(ランデス・ハル、一九九四年)のように、総論的な男女ともに仕事も生活もという論調である。

二〇〇〇年以降の著作では、男女雇用機会均等法による女性の社会進出が男性標準的労働のあり方を変えられなかったことが指摘され始める。また、職場における男女の職務内容の差異、女性の職場と家庭における二重負担への言及も増える。そのうえで「仕事も生活も」を具体的に論考する著作が発表される。従来の男女ともに固定化した労働のペース配分を見直す提言や分析がそれで、性を特定しない柔軟な働き方を課題とした著作が複数出てくる。

大沢(二〇〇六年、二〇〇九年)は、女性の社会進出後に少子化を回復した国の支援策を分析し、「育児と仕事の両立度」よりも「職場や労働市場の柔軟性による仕事と家庭の両立度」、つまり労働時間の柔軟性、働く場所の柔軟性、人生のどの時期でもやり直しができる労働移動の柔軟性を備えた国で、女性だけでなく男性を含めた両立支援が成功していると結論する。また、女性の社会進出は女性の人権、平等のためというよりも男女を問わない経済活動が社会の維持発展に寄与する(GONG Jian Ping、二〇一〇年)という見解も見られる。

「支援」を課題として構成したこのグループでは、困難を男性標準社会に進出する女性の特殊な問題として女性への支援をテーマとする著作群と、女性の困難が同時に男性の困難も生み出すとして性を特定しない支援、ないし労働システムそのものの見直しをテーマとする著作群に分類できる。後者はとりわけ二〇〇〇年代に入ってから発表数が増加する。

4 「女性の社会進出」と共生社会

「女性の社会進出」著作における課題構成を通覧して見えてくるのは、疎遠な他者の問題からわれわれの問題へと課題構成が変化していることである。

課題項目ごとの推移を検討すると、まず、女性を疎遠な他者として対象化している項目群が見出される。家族的責任を女性役割と自明視している項目（「女性の困難」「ジェンダー規範逸脱」「病態の要因」「少子化・ケア環境劣化の要因」）や女性性を強調した項目（「職業・女性性強調」「女性への支援」）の著作である。これらは概ね二〇〇〇年を境として出現が減少し、(3)「女性」の他者性が弱まる。

また、「困難」グループと「支援」グループでも、同じ時期に著作の発表数の多寡が逆転していることが見出される。女性は「困難」を体験する観察対象から困難の「支援」という働きかけの対象へと転換しているのである。さらに、「支援」のなかでも女性に対する支援と同時に、とりわけ二〇〇〇年代後半からは性を問わない困難と支援を課題構成した著作の急増が確認される。すなわち、「女性の社会進出」をテーマとした著作が発表されてきた三〇余年間の前半期には、女性（と男性）はジェンダー化され、女性は他者化されていたが、後半期に至って、女性は観察の対象から働きかけの対象へ、さらには脱ジェンダー化されるという変化を見て取ることができる。

日本社会では、長く強固な男性稼ぎ主型の雇用システムが作動してきた（大沢真理、二〇〇七年）。この男性標準型雇用社会にジェンダー固定的役割を保持したまま女性が進出していくことは、たしかに「女性」が困難を抱える問題だと考えることができよう。

だが、女性のみに向けた支援が、かえって困難の女性性を同定していくことを考えなければならない。荻原（二〇〇六年）は「いまなお「女性向け」の対応とされる両立支援と均等推進は、それぞれ別個の女性へのアプローチとして、「両立支援」か「均等」かのゼロサム・ゲームに陥っていく」（荻原、二〇〇六年、二一六頁）と支援ゆえの選択の強制を指摘する。

女性に困難を強いる雇用システムは、同時に男性にも困難を強いている。稼得責任を負う男性の生活経験を困難として可視化する観点は、ジェンダーカテゴリの問い直しによって可能になる。男女平等は、一方の性に固有の困難を解決していくことだけで達成しうるものではなく、男女平等を目指す過程においてカテゴリを問い直し、更新していくことに意義が見出される。そこにこそ共生社会の地平がひらけると言えよう。

〔注〕

(1)「女性の社会進出」の近似表現に「女性の社会参加」がある。後者はすでに概念化が試みられており、庄司(一九八五年)は、「女性の社会参加」は職業進出よりむしろ職業以外の社会的諸活動に対して固有に用いられることが多く、その目的は自己解放、社会変革、社会の意思決定への関与にあるとする。稲垣(一九九八年)は限定された人々が、ある時期、社会に出るという意味において用いられる意義があると限定性、一時性に注目する。本章で「女性の社会進出」を取り上げるのは、近代社会におけるジェンダー構成は男性の職業労働と女性の家事育児という固定的性役割による場合が多く、それに関連付けて意味構成されるのは「社会参加」よりも「社会進出」という表現であると考えるからである。

(2) 男女共同参画局(Gender Equality Bureau)、男女共同参画社会基本法(The Basic Law for Gender-equal Society)、男女雇用機会均等法(Equal Employment Opportunity Law)など、英訳では「equal(平等)」だが日本語では「共同参画」「均等」という表現を用いている。

(3) 本章では変化の転換点を二〇〇〇年においている。その推移の背景に「女性の社会進出」を促進し支持する諸制度が概ね二〇〇〇年までに基盤整備されたことが考えられる。もちろん諸制度の実効性には数次の改正を待たねばならないものもあったにせよ。一九八五年の男女雇用機会均等法成立を嚆矢として、その後一九九一年には男女の労働者に向けた「育児介護休業法」成立、一九九七年「労働基準法」の女子保護規定撤廃、一九九七年「介護保険法」成立、二〇〇〇年介護保険実施、二〇〇〇年「男女共同参画社会基本法」成立、二〇〇一年内閣府に男女共同参画局設置、二〇〇三年「少子化社会対策基本法」成立と矢継ぎ早に女性の社会進出、両立支援の基盤整備が行われた。だが同時に一九八五年に第三号被保険者制度が創設、一九八七年配偶者特別控除が導入され女性を家庭に留め置く装置も整備されている。一方では男女平等（均等、共同参画）と女性の社会進出を促しつつ、同時に他方では固定的ジェンダー役割も制度的に維持されているのである。

【データベース】

朝日新聞社「聞蔵Ⅱビジュアル・フォーライブラリー」

国立情報学研究所「CiNii（Citation Information by NII）」

【資料】

藤井治枝『これからの女性と女子教育：社会進出時代の女子教育の見方考え方』世界書院、一九六九年

GONG Jian Ping「女性の社会進出へ向けた提言」『高分子』五九（四）、二二五頁、二〇一〇年

原田真見「女性の社会進出 一九六〇年代のニュージーランド女性雑誌に見られるイメージ」『アメリカ太平洋研究』一、二〇九-二二三頁、東京大学大学院総合文化研究科附属アメリカ太平洋地域研究センター、二〇〇一年

早川克己「女性の社会進出と生活価値観」瀧本孝雄・鈴木乙史編『家族の人間関係・二』一五-三五頁、ブレーン出版、一九八七年

今井小の実「女性の社会進出と社会事業の専門職化：アメリカの〝ソーシャルワーク〟の誕生を通して」『同志社大学 評論・社会科学』八七、二九-五〇頁、二〇〇九年

金子洋一「産業構造の変化と女性の社会進出」『公庫月報』四六（一）、一四-一七頁、農林水産長期金融協会、一九九八年

小檜山ルイ「フェミニズムと女性の社会進出」猿谷要編『アメリカの社会：変貌する巨人』六八 - 八九頁、弘文堂、一九九二年
久場嬉子「女性の社会進出とライフスタイルの変化」『地域政策』六（三）、一六 - 一九頁、第一法規出版、一九九六年
ランデス・ハル「女性の社会進出」『青山学院女子短期大学総合文化研究所年報』二、六四 - 七二頁、青山学院女子短期大学、一九九四年
野瀬善昭・平松紀子「介護保険制度導入による女性の社会進出を考える」『中部開発センター』一三二、二〇 - 三七頁、中部開発センター、二〇〇〇年
大沢 真知子「男女間賃金格差の要因とその変遷：女性の社会進出がなぜ賃金格差を縮小しないのか」『三田商学研究』三一（一）、九三 - 一一二頁、慶應義塾大学、一九八八年
大沢真知子「女性の社会進出は少子化を進めるのか」『ＬＲＬ』（一二）、三 - 八頁、全労済協会、二〇〇六年
大沢真知子「先進諸国における「女性の社会進出」支援の取り組み」『ＪＲガゼット』六七（三）交通新聞社、五七 - 五九頁、二〇〇九年
社会開発総合研究所『女性の社会進出を支える環境整備と居住地選択意向に及ぼす影響に関する調査報告書』社会開発総合研究所、一九九四年
芝原脩次「企業で女性が活躍できる条件二〇〇八：企業と個人との新しい関係つくりへの提言（マネジメント的アプローチ）」『跡見学園女子大学マネジメント学部紀要』七、六一 - 八〇頁、二〇〇九年

篠田憲明「香港 目立つ女性の社会進出」『世界週報』五六（一九）、五二 - 五四頁、時事通信社、一九七五年
篠塚英子「お茶くみとアタッシュケース？――女性の意識の変化と職場の戸惑い・何が社会進出を阻むのか――」原ひろ子・大沢真理編『変容する男性社会：労働、ジェンダーの日独比較』一一七 - 一五三頁、新曜社、一九九九年
高伸彰橋「少子化はなぜ、どこまで進むのか――女性の社会進出の拡大との関係を考える」『朝日総研リポート』（一八四）、二〇 - 三一頁、朝日新聞社総合研究本部、二〇〇五年
竹崎孜『スウェーデンはなぜ少子国家にならなかったのか』あけび書房、二〇〇二年
臼田明子『女性進出の影で：オーストラリアのジェンダー事情』新風舎、二〇〇三年
山岡昌之ほか「女性の社会進出とその影響」『心身医学』三五（三）、二二三 - 二二七頁、日本心身医学会、一九九五年
梁井迪子「女性の社会進出と子育て支援ネットワーク」『ＵＲＣ都市科学』（二八）、五〇 - 六一頁、福岡都市科学研究所、一九九六年
吉田崇「Ｍ字曲線が底上げした本当の意味――女性の「社会進出」再考」『家族社会学研究』一六（一）日本家族社会学会、六一 - 七〇頁、二〇〇四年

【参考文献】
稲垣恵つ子「「社会参加」の概念化の試み」『奈良女子大学社会学論集』五、一九三 - 二一五頁、奈良女子

大学、一九九八年
福岡県新社会推進部男女共同参画推進課『女性の更なる社会進出を推進し、女性が多様な分野で能力を発揮する、活力ある社会をつくる～第３次福岡県男女共同参画計画と福岡県男女共同参画推進条例のあらまし～』、二〇一一年
萩原久美子『迷走する両立支援　いま、子どもをもって働くということ』太郎次郎社エディタス、二〇〇六年
内閣府『男女共同参画白書平成一七年版』二〇〇五年
野口道彦・柏木宏編『共生社会の創造とＮＰＯ』明石書店、二〇〇三年
岡本智周「個人化社会で要請される〈共に生きる力〉」岡本智周・田中統治編著『共生と希望の教育学』三〇‐四一頁、筑波大学出版会、二〇一一年
大沢真理『現代日本の生活保障システム――座標とゆくえ』岩波書店、二〇〇七年
笹野悦子「ジェンダーと共生の視座」『リスク社会化環境における共生社会論――問題系の確認と展開』五八‐七八頁、リスク共有型共生社会研究会、二〇〇九年
庄司洋子「現代女性と社会参加」『仕事・職場』、三三五‐三七二頁、岩波書店、一九八五年
「読売新聞」二〇一二年一〇月二五日朝刊
World Economic Forum, 2012, The Global Gender Gap Report 2012.
http://www3.weforum.org/docs/WEF_GenderGap_Report_2012.pdf（二〇一二年一〇月三〇日確認）

第一〇章　二〇〇八年不況と就業構造の変容
――ジェンダー視角からの考察

村上　研一

はじめに

二〇〇八年秋の「リーマンショック」を起点とした世界的不況は、先進各国を中心に世界需要の収縮をもたらし、それまで外需依存的景気拡大を遂げていた日本経済に深刻な影響を及ぼした(1)。

本章では、こうした急激で深刻な不況が就業構造にいかなる影響を及ぼしたのか、総務省『労働力調査年報』を中心に男女別、産業別雇用動向などの分析を通じて(2)、ジェンダー視角を踏まえて考察する。

表1に示したように、二〇〇二年以降の景気拡大局面で(3)年平均完全失業率は〇五年四・四%から〇六年に四・一%、〇七年には三・九%と低下した後、「リーマンショック」を経た〇九年には五・一

％へと急上昇し、翌一〇年も同水準にある。就業者数は、〇五年の六三、五六〇、〇〇〇人から〇七年に六四、一二〇、〇〇〇人へと増大した後、〇八年にかけて二七〇、〇〇〇人減、〇九年にかけてさらに一、〇三〇、〇〇〇万人減と大幅に減少し、一〇年には六二、五七〇、〇〇〇人となっている。なお表1では、〇八年から〇九年にかけての就業者数の一、〇三〇、〇〇〇人もの減少は、再就職を諦めたことを意味する労働力人口の三三〇、〇〇〇人の減少に加え、完全失業者の七一〇、〇〇〇人の増加につながったことが分かる。

こうした就業動向を、男女別、産業別、さらには家族関係との関連を踏まえて掘り下げて分析することによって、今次不況下における就業構造の変容について考察しよう。

1　就業構造の男女別動向

二〇〇五年から一〇年までの男女別就業動向を表2、3で対比すると、不況下の完全失業率の上昇や就業者数の減少は女性よりも男性で顕著である。〇八年から〇九年にかけて男性就業者は八五〇、〇〇〇人、二・三％も減少し、これに対応して完全失業者が四四〇、〇〇〇人増加した一方で、労働力人口が四一〇、〇〇〇人減少しており、再就職を諦めた男性も少なくないことが分かる。他方、

表 1　就業状態別人口の推移（男女計）

（単位：万人）

	2005 年	2006 年	2007 年	2008 年	2009 年	2010 年
非労働力人口	4,346	4,355	4,367	4,395	4,430	4,452
同増加数		9	12	28	35	22
労働力人口	6,650	6,657	6,669	6,650	6,617	6,590
同増加数		7	12	-19	-33	-27
就業者数	6,356	6,382	6,412	6,385	6,282	6,257
同増加数		26	30	-27	-103	-25
完全失業者数	294	275	257	265	336	334
同増加数		-19	-18	8	71	-2
完全失業率	4.4%	4.1%	3.9%	4.0%	5.1%	5.1%
労働力人口比率	60.5%	60.5%	60.4%	60.2%	59.9%	59.7%

注）数値は全て暦年平均値を示す。出典）総務省『労働力統計年報』各年版による。

表 2　就業状態別人口の推移（男）

（単位：万人）

	2005 年	2006 年	2007 年	2008 年	2009 年	2010 年
非労働力人口	1,416	1,425	1,432	1,453	1,493	1,512
同増加数		9	7	21	40	19
労働力人口	3,901	3,898	3,906	3,888	3,847	3,822
同増加数		-3	8	-18	-41	-25
就業者数	3,723	3,730	3,753	3,729	3,644	3,615
同増加数		7	23	-24	-85	-29
同増加率		0.2%	-0.6%	-0.6%	-2.3%	-0.8%
完全失業者数	178	168	154	159	203	207
同増加数		-10	-14	5	44	4
完全失業率	4.6%	4.3%	3.9%	4.1%	5.3%	5.4%
労働力人口比率	73.4%	73.2%	73.2%	72.8%	72.0%	71.7%

（注）表 1 に同じ。（出典）表 1 に同じ。

表３　就業状態別人口の推移（女）　（単位：万人）

	2005年	2006年	2007年	2008年	2009年	2010年
非労働力人口	2,929	2,930	2,935	2,942	2,936	2,940
同増加数		1	5	7	-6	4
労働力人口	2,750	2,759	2,763	2,762	2,771	2,768
同増加数		9	4	-1	9	-3
就業者数	2,633	2,652	2,659	2,656	2,638	2,642
同増加数		19	7	-3	-18	4
同増加率		0.7%	0.3%	-0.1%	-0.7%	0.2%
完全失業者数	116	107	103	106	133	127
同増加数		-9	-4	3	27	-6
完全失業率	4.2%	3.9%	3.7%	3.8%	4.8%	4.6%
労働力人口比率	48.4%	48.5%	48.5%	48.4%	48.6%	48.5%

（注）表１に同じ。（出典）表１に同じ。

女性就業者は〇八年から〇九年に一八〇、〇〇〇人、〇・七％減少しているが、完全失業者数が二七〇、〇〇〇人増となったために労働力人口は逆に九〇、〇〇〇人増加しており、不況下で就労を諦めた女性よりも、就労ないし職探しをはじめた女性の方が多いことを示している。

その後ゆるやかに景気回復した二〇〇九年から一〇年にかけて、男性就業者数が二九〇、〇〇〇万人減とさらに減少したのに対して、女性就業者数は四〇、〇〇〇人の増加に転じている。このように、今次不況過程を経る中で、就業者数・労働力人口の減少が続いた男性に対して、女性の就業意欲が高まる傾向が検出できる。

2　従業者数の産業別動向

産業別・男女別就業者数の推移を示した表４では、

表４　主な産業別・男女別就業者数の推移　（単位：万人）

	2006年	2007年	2008年	2009年	2010年	07-10年 増加数	07-10年 増加率
全産業	6,382	6,412	6,385	6,282	6,257	-155	-2.4%
男性	3,730	3,753	3,729	3,644	3,615	-138	-3.7%
女性	2,652	2,659	2,656	2,638	2,642	-17	-0.6%
建設業	559	552	537	517	498	-54	-9.8%
男性	478	471	459	442	429	-42	-8.9%
女性	82	81	78	74	69	-12	-14.8%
製造業	1,161	1,165	1,144	1,073	1,049	-116	-10.0%
男性	788	800	792	750	734	-66	-8.3%
女性	373	365	352	322	314	-51	-14.0%
卸売・小売		1,077	1,067	1,055	1,057	-20	-1.9%
男性		539	536	525	529	-10	-1.9%
女性		538	531	530	529	-9	-1.7%
医療・福祉	571	579	598	621	653	74	12.8%
男性	135	139	144	150	158	19	13.7%
女性	436	440	454	470	495	55	12.5%
その他サービス		478	485	463	455	-23	-4.8%
男性		278	282	268	266	-12	-4.3%
女性		200	203	195	189	-11	-5.5%

（注）1. 表１と同じ。2.「その他サービス」は「サービス業（他に分類されないもの）」を示す。（出典）表１に同じ。

二〇〇七年から一〇年に至る不況過程を通して全産業・男女計で就業者数が一、五五〇、〇〇〇人、二・四％減少した中で、男性就業者数の減少が一、三八〇、〇〇〇人、三・七％とその九割近くを占めている。産業別には、男性就業者比率の高い建設業でマイナス五四〇、〇〇〇人、マイナス九・八％、製造業でマイナス一、一六〇、〇〇〇人、マイナス一〇・〇％と減少が著しく、[4] 男女比率がほぼ拮抗している卸売・小売業でマイナス二〇〇、〇〇〇人、マイナス一・九％、「その他サービス」業でもマイナス二三〇、〇〇〇人、マイナス四・八％と減少している。

なお、その他サービス業の就業者は、二〇〇〇年代の好況過程で拡大した労働者派遣業や業務請負業など有期雇用の間接雇用労働者が大半を占め、同産業での雇用削減は「派遣切り」「雇い止め」を反映するものと捉えられる。表4では、同産業就業者数は不況下に男性マイナス一二〇、〇〇〇万人、女性マイナス一一〇、〇〇〇人と減少しており、「派遣切り」「雇い止め」は男女雇用者ともに大きな影響を及ぼしたことが明瞭である。一方、女性の比率の高い医療・福祉分野の就業者数はこの間に七四〇、〇〇〇人、一二・八％（うち男性一九〇、〇〇〇人、一三・七％、女性五五〇、〇〇〇人、一二・五％）増加しており、不況下にも雇用が拡大している。

このような二〇〇八年前後の産業別・男女別就業構造の考察から、今次不況下の産業動向[5]が雇用に及ぼした影響が理解できる。不況前の日本経済は、非正規雇用の拡大を主因に国際競争力を強化した自動車・産業機械産業を中心に外需依存的成長を遂げていたが、世界市場の収縮に直面した二〇〇八年以後の不況下で、これら輸出産業を中心に製造業雇用が縮小したことが明瞭である。また、二〇〇〇年代における輸出産業の競争力強化は、労働規制緩和や企業負担軽減をはかる新自由主義的「構造改革」によって促進されたため、非正規雇用の拡大や政府支出の縮小が国内市場の収縮を招き、卸売・小売業や建設業などで雇用は継続的に縮小した。

他方、この間に急速に進展した高齢化の影響により、医療・福祉分野の雇用は景気変動と関連せずに増大した。こうして、不況下における製造業・建設業を中心とした男性就業者の大きな縮小と男性失業率の著しい上昇、医療・福祉分野での女性就業者の拡大による女性失業率の抑制につながったものと理解できる。

3　家族関係と女性の就業構造

以上の考察からは、今次不況下で女性が非労働力人口化する傾向は検出されず、むしろ医療・福祉分野を中心に女性就業者数が増大し、失業率上昇が抑制されたことが明らかになった。本節では、今次不況下の女性の就業動向について、家族関係を踏まえて分析を進めよう。

(1) 配偶関係と女性就業

女性の就業構造を配偶関係別に示した表5では、既婚者数の減少傾向と死別・離別による独身女性数の増加傾向が鮮明である。ただし既婚者数は二〇〇七年に八〇、〇〇〇人増加しているが、図1に示した婚姻件数が〇六年から〇八年にかけて若干増加したことに起因するものと考えられる。これに対して、死別・離別による独身女性数は年々増大を続けており、高齢化に伴う死別者の増加とともに、図1の婚姻件数に対する離婚件数の構成比の増加に反映された離婚率の上昇によるものと考えられる。

表５　配偶関係別 15 歳以上女性の就業状態　（単位：万人）

	2005 年	2006 年	2007 年	2008 年	2009 年	2010 年
（1）既婚者						
15 歳以上人口	3,334	3,324	3,332	3,326	3,307	3,289
増加数		-10	8	-6	-19	-18
就業者	1,579	1,572	1,590	1,583	1,569	1,569
増加数		-7	18	-7	-14	0
完全失業者	43	39	37	40	53	49
増加数		-4	-2	3	13	-4
非労働力人口	1,709	1,711	1,703	1,702	1,684	1,670
増加数	2	2	-8	-1	-18	-14
労働力人口比率	48.7%	48.5%	48.9%	48.8%	49.1%	49.2%
完全失業率	2.7%	2.4%	2.3%	2.5%	3.3%	3.0%
（2）死別・離別						
15 歳以上人口	1,041	1,059	1,065	1,075	1,103	1,113
増加数		18	6	10	28	10
就業者	291	301	299	302	306	310
増加数		10	-2	3	4	4
完全失業者	15	16	13	15	19	17
増加数		-1	-3	2	4	-2
非労働力人口	735	742	753	758	778	785
増加数		7	11	5	20	7
労働力人口比率	29.4%	29.9%	29.3%	29.5%	29.5%	29.4%
完全失業率	4.9%	5.0%	4.2%	4.7%	5.8%	5.2%

（注）表１に同じ。（出典）表１に同じ。

死別・離別独身女性では非労働力人口が増大を続け、労働力人口比率は三割未満にとどまっているが、高齢者の多い死別独身女性の増加によるものと考えられる。一方、既婚女性の労働力人口比率は四八％台から四九％台へと上昇傾向にあり、とりわけ不況下の二〇〇九、一〇両年に非労働力人口がマイナス一八〇、〇〇〇人、マイナス一四〇、〇〇〇人と顕著に減少している。また、既婚女性の就業者数は〇九年に一四〇、〇〇〇人減少しているが、完全失業者数はこれにほぼ対応する一三〇、〇〇〇人増加している。さらに、死別・離別独身女性では〇九年に就業者

図1　婚姻件数・離婚件数の推移

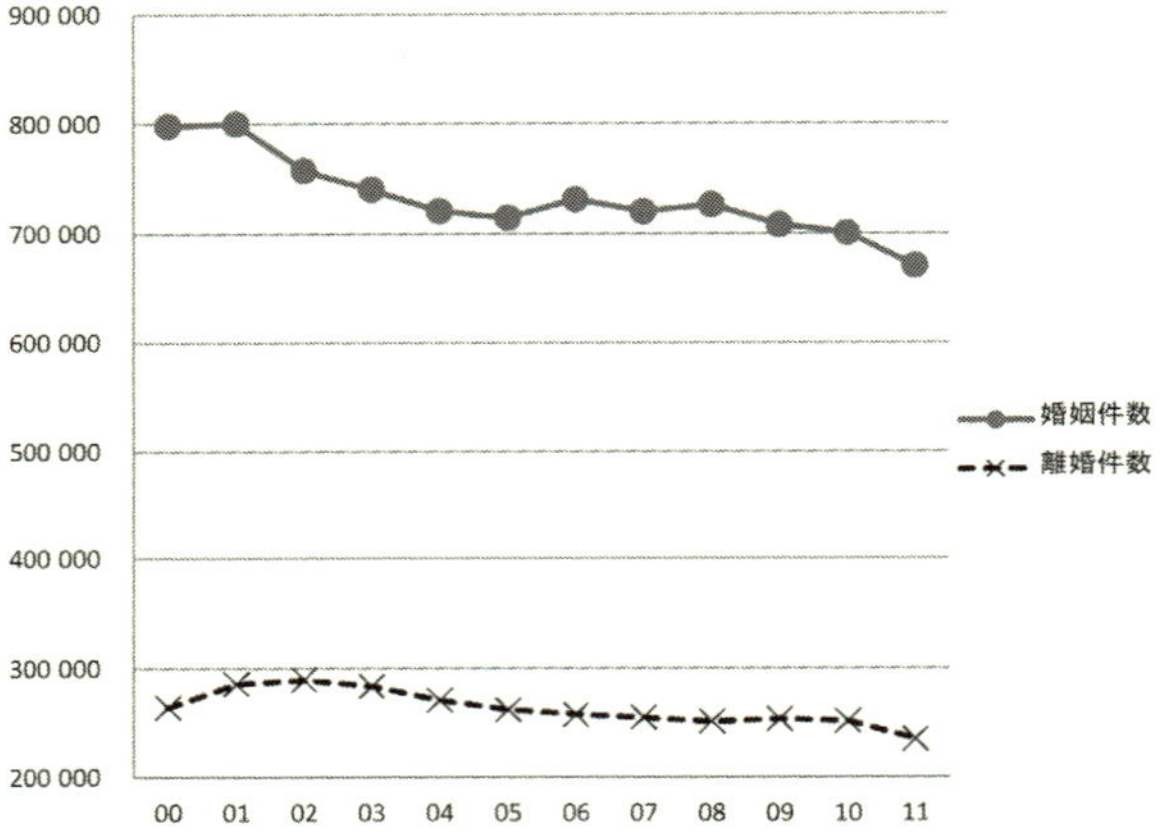

（出典）厚生労働省「人口動態統計」より作成。

数・完全失業者数ともに四〇、〇〇〇人増加しており、今次不況下におけるこれら女性の就労意欲の高さに注目される。

(2) 世帯構造と女性就業

次に、世帯主との続き柄別に女性の就業構造の推移を検討し、世帯構造と女性就業との関連について考察しよう。一五歳以上女性人口の世帯内での地位別推移を示した表6では、一五歳以上女性人口全体の増加が続く中、世帯主の増加傾向と「その他の家族」の減少傾向が見られる。女性世帯主の増加は先に検討した死別・離別独身女性の増大(6)を、またその他の家族の減少は世帯人員の縮小を反映するものと捉えられる。

なお「世帯主の配偶者」は、図1で検討したように二〇〇六~〇八年に婚姻件数が増加したため

表6　世帯主との続き柄別、就業状態別15歳以上女性人口

（単位：万人）

	2005年	2006年	2007年	2008年	2009年	2010年
15歳以上女性総数	5,684	5,693	5,701	5,706	5,709	5,712
増加数		9	8	5	3	3
世帯主	336	346	349	349	362	376
増加数		10	3	0	13	14
構成比	5.9%	6.1%	6.1%	6.1%	6.3%	6.6%
世帯主の配偶者	2,956	2,946	2,957	2,963	2,952	2,946
増加数		-10	11	6	-11	-6
構成比	52.0%	51.7%	51.9%	51.9%	51.7%	51.6%
その他の家族	1,650	1,642	1,632	1,603	1,567	1,564
増加数		-8	-10	-29	-36	-3
構成比	29.0%	28.8%	28.6%	28.1%	27.4%	27.4%

（注）表1に同じ。（出典）表1に同じ。

表7　女性世帯主の就業構造

（単位：万人）

	2005年	2006年	2007年	2008年	2009年	2010年
15歳以上女性総数	5,684	5,693	5,701	5,706	5,709	5,712
女性世帯主総数	336	346	349	349	362	376
増加数		10	3	0	13	14
就業者	195	202	203	203	206	211
増加数		7	1	0	3	5
完全失業者	11	10	9	10	13	12
増加数		-1	-1	1	3	-1
非労働力人口	130	135	137	137	143	153
増加数		5	2	0	6	10
労働力人口比率	61.3%	61.1%	60.7%	60.9%	60.5%	59.3%
完全失業率	5.3%	4.7%	4.2%	4.7%	5.9%	5.4%

（注）表1に同じ。（出典）表1に同じ。

表８　世帯主の配偶者の就業構造　（単位：万人）

	2005 年	2006 年	2007 年	2008 年	2009 年	2010 年
15 歳以上女性総数	5,684	5,693	5,701	5,706	5,709	5,712
世帯主の配偶者	2,956	2,946	2,957	2,963	2,952	2,946
増加数		-10	11	6	-11	-6
就業者	1,372	1,367	1,384	1,383	1,377	1,382
増加数		-5	17	-1	-6	5
完全失業者	38	34	32	35	46	43
増加数		-4	-2	3	11	-3
非労働力人口	1,542	1,543	1,537	1,544	1,529	1,520
増加数		1	-6	7	-15	-9
労働力人口比率	47.8%	47.6%	48.0%	47.9%	48.2%	48.4%
完全失業率	2.7%	2.4%	2.3%	2.5%	3.2%	3.0%

（注）表１に同じ。（出典）表１に同じ。

に〇七・〇八年に若干増加しているが、それ以外の年には減少している。

世帯内の地位ごとの女性の就業構造に関して、女性世帯主と「世帯主の配偶者」女性の就業動向を検討しよう。女性世帯主の就業動向を示した表7では、二〇〇八年以外は非労働力人口が増加し、労働力人口比率は年々低下しているが、これは高齢化に伴う死別独身女性の増加に起因するものと考えられる。ただし、非労働力人口の増加ペースは女性世帯主総数の増加を下回っており、少なくない死別・離別独身女性が労働力人口に加わっていることを示している。

なお、女性世帯主の就業者数は二〇〇八年に横ばいとなった他は不況下の〇九年も含めて増加しており、就労条件が悪化しても就業継続あるいは再就職する場合が多かったことを意味するものと考えられる。さらに〇九年に完全失業者は三〇、〇〇〇人増え、完全失業率は〇八年四・七％から〇九年五・九％へと上昇しており、職探しをする女性世帯主が増加したことを示している。このように、不況下で就業継続や再就職、職探しを続ける女性世帯主が増えたという就業行動は、生活維持のため就労を続けざるを得ない女性世帯主家庭の生活の窮状を反映しているものと理解できる。

一方、表8で「世帯主の配偶者」女性の就業構造を見ると、表5の既婚者と同様に完全失業率は二〇〇八年まで二%台と低いが、不況下の〇九年に完全失業者数が一一〇、〇〇〇人も増加したため、完全失業率は三%台に上昇している。就業者数は不況下の〇八年に一〇、〇〇〇人、〇九年に六〇、〇〇〇人減っているが、表2の男性就業者数の動向に比較して減少幅は小さい。

世帯主の配偶者女性については、不況下の〇九年および一〇年に、非労働力人口がマイナス一五〇、〇〇〇人およびマイナス九〇、〇〇〇人と、世帯主の配偶者全体のマイナス一一〇、〇〇〇人およびマイナス六〇、〇〇〇人という減少ペースを上回って減少している点に注目される。世帯主の配偶者の非労働力人口は、いわゆる専業主婦を示すものと捉えられるが、これが世帯主の配偶者数全体より大幅に減少していることは、少なからぬ世帯主の配偶者が、非労働力人口から労働力人口へ移行したこと、すなわち新たに就業ないし職探しをはじめた専業主婦が増加したことを意味している。

こうした動向は、不況下で夫の収入が減少する中、生活防衛・生活維持のために共働きを志向する女性が増加したことを反映しているものと考えられる。

4　労働時間別就業構造の変容

二〇〇八年不況下の就業構造に関して、就業時間別の就業状況の変容について分析しよう。表9は、週間就業時間別非農林雇用者数の推移を、〇五年から一〇年まで男女別に示している。表9の男女計では、〇五年から〇七年にかけて、週四九時間以上雇用者を除き、週三五時間未満の短時間雇用者、週三五時間以上雇用者ともに増加しているが、不況下の〇七年から〇九年にかけては三五時間以上雇用者が一、六八〇、〇〇〇人減少した一方で、週三五時

（単位：万人）

43 − 48 時間	49 − 59 時間	60 時間以上	
928	852	617	2005 年
1,035	839	580	2006
1,013	800	554	2007
990	781	537	2008
946	714	491	2009
951	721	502	2010
85	-52	-63	05 → 07
-67	-86	-63	07 → 09
5	7	11	09 → 10
631	660	537	2005 年
713	655	501	2006
702	627	479	2007
686	613	465	2008
656	552	419	2009
658	561	430	2010
71	-33	-58	05 → 07
-46	-75	-60	07 → 09
2	9	11	09 → 10
297	192	79	2005 年
322	184	78	2006
310	173	75	2007
303	168	73	2008
290	163	72	2009
293	161	72	2010
13	-19	-4	05 → 07
-20	-10	-3	07 → 09
3	-2	0	09 → 10

間未満の短時間雇用者が八六〇、〇〇〇人増加している。

不況下の就業時間別雇用者数の動向を男女別に見ると、男性では三五時間未満の短時間雇用者が五五〇、〇〇〇人増加したものの、三五時間以上雇用者は一、四〇〇、〇〇〇人減少している。女性については、週三五時間以上雇用者が二八〇、〇〇〇人減少した一方で、週三五未満雇用者が三〇〇、〇〇〇人増加したために、雇用者総数は二〇、〇〇〇人増加してい

表９　週間就業時間別非農林雇用者数の推移

		総 数	1－14 時間	15－29 時間	30－34 時間	35 時間 以上総数	35－42 時間
男女計	2005 年	5,280	234	640	392	4,001	1,605
	2006	5,353	237	636	332	4,133	1,679
	2007	5,398	253	682	411	4,036	1,670
	2008	5,394	271	705	431	3,973	1,666
	2009	5,313	275	720	437	3,868	1,717
	2010	5,317	274	726	415	3,886	1,711
増加数	05→07	118	19	42	19	35	65
	07→09	-85	22	38	26	-168	47
	09→10	4	-1	6	-22	18	-6
男性	2005 年	3,110	71	152	161	2,717	889
	2006	3,136	70	149	122	2,788	918
	2007	3,168	74	168	173	2,743	935
	2008	3,150	81	183	186	2,691	828
	2009	3,081	82	191	197	2,603	976
	2010	3,069	80	190	179	2,610	961
増加数	05→07	58	3	16	12	26	46
	07→09	-87	8	23	24	-140	41
	09→10	-12	-2	-1	-18	7	-15
女性	2005 年	2,171	163	488	231	1,284	716
	2006	2,216	167	487	211	1,346	761
	2007	2,230	179	514	238	1,293	735
	2008	2,244	190	522	245	1,282	738
	2009	2,232	193	529	239	1,265	741
	2010	2,248	194	536	236	1,276	750
増加数	05→07	59	16	26	7	9	19
	07→09	2	14	15	1	-28	6
	09→10	16	1	7	-3	11	9

（注）表１に同じ。（出典）表１に同じ。

る。(7) このように、今次不況下では、いわゆる正規雇用を含む長時間雇用者が減少した一方、短時間雇用者が増加したことが明らかである。

二〇〇九年から一〇年にかけて、非農林雇用者総数は四〇、〇〇〇人の増加に転じているが、就業時間別には週三五時間未満の短時間雇用者が一七〇、〇〇〇人減少した一方、週三五時間以上雇用者は一八〇、〇〇〇人増加している。このうち男性は、週三五時間未満雇用者が二一〇、〇〇〇人減少した一方で、週三五時間以上雇用者が七〇、〇〇〇人増加しているが、後者のうち週六〇時間以上雇用者が一一〇、〇〇〇人、週四九～五九時間雇用者が九〇、〇〇〇人増と、労働時間が長期化する傾向が看取できる。

これに対して女性の週労働時間別雇用者数では、三五時間以上・未満ともに増加しているが、週三五時間以上層の中では、週三五～四二時間雇用者が九〇、〇〇〇人増、週三五時間未満層の中では週一五～二九時間雇用者が七〇、〇〇〇人増と増加が顕著で、短時間雇用者の比重が高まっている。このように、不況過程を経て、男性労働時間の長時間化と女性の短時間雇用の拡大傾向が明瞭である。

なお、先述のように、二〇〇八年以降の不況下で女性就業の拡大および共働き化傾向が明らかになったが、表9に示された就業時間別雇用者数の動向を踏まえると、こうした女性就業者の増大はパート従業員など短時間就労者が主体であったと理解できる。

むすびにかえて

総務省『労働力調査』を中心に、二〇〇八年以降の不況前後の就業動向を男女別、産業別、家族関係別、就業時間別に分析した本章での考察から、今次不況下の就業構造の変容とその内実が明らかになった。産業別には、〇二年以来の外需依存的成長が〇八年以降の世界市場の収縮に直面して景気後退に転化した今次不況の性格を反映して、製造業雇用の縮小が最も深刻だった。さらに、九〇年代後半以来の新自由主義的「構造改革」に伴う政府支出削減、国内市場収縮に起因して、建設業、卸売・小売業での雇用が継続的に削減されていた。これに対して、高齢化の進展に対応して、医療・福祉分野の雇用は景気変動と無関係に拡大を続けたことが明らかになった。

こうした産業別雇用動向をジェンダー視角から捉えなおすと、製造業・建設業では男性従業者比率が高く、医療・福祉分野では女性従業者比率が高かったため、今次不況下における失業問題は男性でより深刻な形で現れ、男性の完全失業率がより悪化することとなった。このように、就業者数・完全失業率ともに今次不況の女性雇用への影響は一見軽微に見えるが、家族関係別、就業時間別就業構造の変化からは、女性就業者を取り巻く厳しい労働・生活実態が把握された。

死別・離別による独身者を中心とする女性世帯主の就業構造では、二〇〇八年以降の不況下での就業者数増加という特異な傾向が検出されたが、これは生活維持・生活防衛のために条件が悪くても就業継続・再就職を余儀なくされた女性世帯主世帯の窮状を反映しているものと捉えられた。他方、既婚女性のうち世帯主の配偶者についても、今次不況下で非労働力人口は著しく減少し、不況下で失業した女性が再就職を諦めて非労働力人口化するのではなく、むしろ生活防衛・生活維持のために就業し、共働き化を進める傾向が明らかになった。

なお、このように生活防衛・生活維持のために拡大した女性就業の内実は、介護労働を中心とする医療・福祉分野での増加が大きく、しかもパート就労が中心であることが明瞭であった。すなわち今次不況下では、一見「女性の労働参加が増えている」ものの、その内実は「夫の収入減を妻のパートで補う「生活防衛型」」の共働きが中心で、「社会進出というよりはむしろ、ひとまずパートで夫の収入を補って生活を守る妻の姿が浮かぶ」（『日本経済新聞』二〇一一年一〇月二二日付け朝刊）という評価が妥当するものと思われる。なお、〇九年から一〇年にかけて週三五時間以上就業者を中心に非農林雇用者数は増加したが、男性の就労時間の長時間化と女性短時間雇用者の増加という労働時間の二極化傾向が顕著である。[8]

このように、一見すると女性の労働参加が進んだように見える今次不況下の男女別就業構造の変化は、現実にはジェンダー格差を内包しつつ格差・貧困が深化した日本社会の厳しい労働・生活実態を反映している。既婚女性就業者の増大は、医療・介護分野などでのパート就業を中心とする非正規雇用者が中心で、不況下で雇用条件の悪化した夫の収入減を補って世帯の生活防衛・生活維持をはかる有配偶者女性の共働き化を示すものと捉えられる。[9]

他方、不況下でありながら就業者数が増加した女性世帯主の就業構造からは、生活防衛・生活維持のために、労働条件の悪化にもかかわらず就業継続あるいは再就職を強いられている女性世帯主世帯の窮状を伺うことができた。すなわち今日の日本社会では、不況下で雇用・労働条件の悪化が進む中で、とりわけ非正規雇用者、母子家庭の困窮に象徴される著しい格差を伴う貧困の広がりと深刻化が進展しているものと考えられる。

〔注〕

(1) 村上、二〇一一年を参照。

(2) 東日本大震災の影響により『労働力調査』は二〇一一・一二両年には被災三県で実施されていないため、本章では〇五年から一〇年までの就業構造の変容を分析対象とする。

(3) 内閣府「景気基準日付」では、二〇〇二年一月を谷とする第一四循環は〇八年二月を山として、〇九年三月の谷に至るまで一三カ月間の後退局面となっている。

(4) なお、建設・製造業の従業者数の男女別減少率は女性の方が大きくなっているが、これは事務・営業などいわゆる間接部門での雇用削減をも反映しているものと捉えられる。

(5) 二〇〇八年不況に至る日本経済および産業動向については村上、二〇一一年を参照。

(6) 表6~9には二人以上世帯についての続き柄別女性人口が示されているため、夫と死別・離別して単身世帯となった一人暮らしの独身女性は含まれていない。なお、表5の「死別・離別」女性数には、こうした一人暮らし女性も含まれている。

（7）このように非農林雇用者数の推移を示した表9で女性就業者数は増加しているのに対して、表3の女性就業者数全体はこの間に減少しているが、両者の相違は農業従業者数、自営業者およびその家族従業者数の顕著な減少に起因するものと考えられる。

（8）このような男性労働者の労働時間の長時間化と女性パート・非正規雇用の拡大傾向については、森岡、二〇一一年、一一四～一二〇頁でも指摘されている。

（9）このように、既婚者女性についても、所得・余暇選考に基づく新古典派的労働供給曲線は想定できないことは明白である。

【参考文献】

森岡孝二『就職とは何か』岩波書店、二〇一一年
村上研一「外需依存的「景気拡大」の構造と限界」関東学院大学『経済系』第二四六集、二〇一一年

第一一章 「協同労働」の優位性を捉えなおす
——ワーカーズ・コレクティブ調査に見る女性たちの労働観

田中　夏子

はじめに——問題意識と構成

かつては不安定就労やワーキングプアは非正規の問題、過労死に至る過密労働は正社員の問題という理解が一般的だった。しかしながら、近年は不安定就労と過密労働とが、非正規であれ、正規であれ、同時に襲いかかるようになっている。既存の労働市場において、人間が大切にされる働き方を求めることは、もはや困難を極める事態となっている。

このことを若干のデータで確認しておきたい。二〇一一年度の、過労が原因となる疾患・死亡に関わる労災申請件数は、脳・心臓病の場合、過去四年で最高数となった。また労災決定者中、パート、アルバイト、派遣社員等非正規が七・九％（二〇一〇年）、七・一％（二〇一一年）を占める。(1) さらに精神疾患についてみると、労災件数は、過去五年で最高数となっており、四年連続増加を示す。そのうち非正規等の割合は一〇・〇％（二〇一〇年）、一二・七％[2]（二〇一一年）と増加傾向にあることにも留意したい。

社会貢献や福祉領域の事業展開で注目を集める大手企業でも、労働については過酷な働かせ方が広がる今日、一般労働市場における働き方は、ＩＬＯが提唱した「ディーセントワーク」（働きがいのある、人間としての尊厳が保障される生産的な仕事）の理念から、ますます遠ざかる傾向にあることが、見て取れよう。

こうした現状のもと、本章では生活協同組合運動を担ってきた女性たちが中心となり「人間が大事にされる働き方」（以下、「協同労働」と称する）をめざして展開してきたワーカーズ・コレクティブの取り組みを事例として、働き手の意識調査をベースとしながらディーセントワークへの可能性と課題を論じていくこととする。「協同労働」は、その発端となった一九八〇年代初頭の取り組みから、三〇年以上の歴史があるものの、社会の耳目が集まり始めたのは、ここ数年である。以前は、労働市場から排除された一部の「マイノリティ」の取り組みとされていたが、例えば、二〇一二年一〇月三一日の日本経済新聞では「全員が出資し経営に参加」する「協同労働」が「被災地での仕事起こし」や「就労困難者支援」の点で広がりを持ちつつあることに着目しており、「協同労働」が、一定の社会的認知を得る段階にあることがうかがえる。ちなみに同紙によれば、現在「協同労働」もしくはそれに近い形で働く人々の推計は、一〇万人に上るとされる。

ところで、こうした取り組みの研究をしていると、必ず問われることが、少なくとも二つある。一つは「社会で一般化している雇用労働の外側に、理想的な働き方を設定することに、どのような意味があるのか。またそのようなことが可能なのか」という問いである。そしてもう一つが「協同労働においては労働者性が曖昧で、不安定就労の温床を再生産することになりはしないか」という疑念だ。これらの問いや疑念は、もっともなことであり、これらと向き合わなければ、協同労働の研究の進展はない、筆者はそのように考えている。

最初の問いに対しての、筆者のさしあたっての考え方から述べたい。協同労働は、理念を重視した働き方に徹することができる段階から、上記のように社会的認知のもと、これを地域であたり前の働く場としていく段階に差し掛かっている。言い換えれば、協同労働は、もはや「孤高」の働き方、「マイノリティ」による働き方ではなく、通常の人にとっても、選択肢の一つになり得る働き方なのであり、それは同時に、「協同労働」が、一般の労働現場で直面している様々な問題をも共有する段階に入ったことを意味する。

二番目の問いに対する考察も、前者と連動する。仮に「協同労働」で「働くこと」が生活の安寧につながらず、不安や見通しの不在をもたらすものとなるならば、それは「協同労働」に起因するのか、あるいは現代社会の労働全般の問題の中で考えていくべきことなのか、両視点からの考察が必要であろう。「協同労働」といえども、既存の市場に大幅に制約されているかぎり、他の雇用現場が経験する「働く場」の劣化は、身近な問題として受け止める必要があろう。

したがって、協同労働を論じることは、一般の労働市場の分析にも寄与し得るものであるし、また一般の労働市場との接合を意識することが、今日の協同労働の研究には求められている。上記のような問題意識に立って、本論を以下のように構成していくこととする。

第一節では、本稿のキーワードとして登場する「協同労働」概念を、その特徴とともに概略的に紹介する。第二節では、日本における「協同労働」の歴史的経過を、女性を中心的な担い手として発展してきたワーカーズ・コレクティブのケースについて辿っていきたい。また第三節では、第二節で紹介したワーカーズ・コレクティブのうち、北海道で活動する諸団体の構成メンバーを対象として筆者が行ったアンケートに基づいて、その「働き方」の特徴と多様性、ダイナミズムについて検討し、小括として彼女たちの「働き方」が、「協同労働」をどう豊かにするのか、また「はじめに」に示した二つの「懸念」と向き合う際、どのような示唆が得られるのかについて考察する。

1 「協同労働」とは

本論に先だって、本章の中心概念たる「協同労働」の定義を行っておくこととする。(3)「協同労働」とは「働く意思のある者たちが協同で事業を行うために出資をし、協同で経営を管理し、併せて協同で物を生産しまたはサービスを提供する働き方」[4]とされ、いわば働く者による協同組合である。具体的に「協同労働」は、一般の雇用労働と、どのような点で異なるのか、その点を以下で紹介しておきたい。なお「協同労働」については、一〇年以上にわたって、その社会的・制度的認知を求めて法制化運動が展開されてきた。法制化にあたっては、背景、理由、基本的な考え方とそこから導き出される諸特徴について、関係者の間で議論が重ねられた結果、「協同労働法制化市民会議事務局」による詳細な論考がまとめられているので、そちらを参照していただきたい[5]。ここでは、紙幅の関係もあって、法制上の特徴のすべてについてではなく、本章の論点とりわけ関係の深い基本的な特徴三点の確認に留めたい。

特徴の第一は、「協同労働」組織が、就労機会の創出、ディーセントワーク[6]の構築、コミュニティの発展への関与等を目的として設立されてきたことである。法制化運動を理論面、運動面両者において中心的に担ってきた島村博氏（法制化市民会議）によれば、協同労働の協同組合の設立目的は「仲間と連帯して事業を起こし、協同して働くことにより、人たるに値する生計を立て（共助を通じた自助）ること、および「（事業）剰余を地域社会の発展のために役立てようとする組合員の意思（公益の関与）の実現」であるとされる。

特徴の第二は、協同組合である以上、当然適用される原則、すなわち「協同労働に従事する者は、出資・管理をおこなう組合員であること」、そして「協同組合出資の多寡によらず一人一票を有し、すべての組合員が経営への関与を行う権限を有すること」である。

また第三の特徴は、関係者間でも合意形成が難しい課題の一つでもあるが、経営者であり労働者でもあるという二つの立場をあわせもつ働き方の統合である。(7)

上記以外にも、不分割の積立金制度によって就労創出をはじめ公共性の創出を義務付けている点、あるいは、従事組合員のみならず、利用者や地域に意思決定の権限を拓いていく点等、言及すべき事柄は多いが割愛し、上記に述べた三つの特徴を持つ「協同労働」の実態と運動が、どのように形成されてきたのか、第三節の実態調査の結果検討に先だって、第二節では、歴史的経過を確認しておきたい。

2 「協同労働」の経過と現在――ワーカーズ・コレクティブをめぐって

(1) 経過

法制化運動は、前述のようにここ一〇年余の歴史を持つが、法制化運動が依拠している実態としての「協同労働」は三〇年以上の歴史を有している。特定の組織がリードしたというよりも、一九七〇年代後半から、障害者団体、首都圏の生活協同組合、労働組合、自主生産企業、反差別の運動組織等、多様な主体によって取り組まれてきた。当初は、女性や障害者はじめ各社会層が、既存の労働市場からは排除される中、それぞれ自ら仕事を起こさざるを得ない状況にあって、やむにやまれず出発した取り組みだったといえよう。しかしながら、一九八〇年代半ばになると、それまでは孤軍奮闘していた各社会層が、「既存の雇用労働とは異なる新しい働き方」を志向しているという点で一致していることに互いに気付き合い、ゆるやかなネットワークが生まれていった。一九九〇年代に入って、それらを「協同労働」というキーワードで概念化し、法制化運動へとつなげていったのは、主として二つの団体、「日本労働者協同組合（ワーカーズ・コープ）」と「ワーカーズ・コレクティブ」である。

二つの団体のうち、前者、日本労働者協同組合によるワーカーズ・コープは、一九七〇年初頭、政府によって打ち出された失業対策事業（以下「失対」）打ち切りを受け、そこに働く労働者たちの、失対打ち切り反対運動の中から生み出されていった。

これに対し、後者ワーカーズ・コレクティブは、東京、神奈川等、首都圏の生活協同組合に端を発する。消費者・生活者の立場から生産を構想するとした、女性組合員を主要な担い手とする生協発のワーカーズは、①サプライサイド（財・サービスを供給する企業側の視点）に立った社会経済構造（「生産のための生産」）への批判、②「生活の論理から求められる消費のための生産」の必要性、③その実現のための「出資を前提とした自主運営」を活動の軸とした（ワーカーズ・コレクティブの設立期の討議資料〔一九八四〕より）。「協同労働」という言葉は登場しないものの、③については先に挙げた

「協同労働」の原理が織り込まれている。これらは、食の領域から始まって、物資の仕分け等生協業務の受託、福祉や子育て、配食等、生活に密着した事業を中心に地域の中で実績を積み上げていった。そうした実践の中から、自分たちの働き方や事業運営のあり方を「価値と原則」（一九九五年）としてまとめあげ、その目的を「社会的、経済的自立をめざす人々が、地域に開かれた労働の場を協同でつくり出すもの」とした。さらにその後、一九九九年にはここに、「公正な労働所得および社会保障の実現をめざす」として、いわゆるボランタリー色の濃い有償労働ではなく、「労働所得」を伴うこと、およびそれが医療や年金と連動する正規労働であることをめざすとした。法制化の必要性については一九九五年以降、もう一つの中心団体「日本労働者協同組合ワーカーズ・コープ」とともに、研究と発信を続けてきている。

（2）特徴と課題

以上見てきたような、生協運動を土台として育ってきたワーカーズ・コレクティブの全国ネットワーク組織に加盟している組合員数は、現在約一万七千人、総事業高は約一五〇億円、団体数は五三〇団体となっている。この間、暮らしと仕事を「ディーセント」なものとするために、様々な工夫が重ねられてきた。その中から、近年のワーカーズに特徴的な点を四つ提示しておきたい。

第一は、出発点としての生活者視点、当事者視点を踏まえた仕事起こしを基盤としつつ、そうした「共益」的取り組みを「公益」的取り組みへと押し広げる志向が濃厚なことである。例えば、全国に展開する子育て支援事業（「ひろば事業」）は、孤立化時代の子育てを、親も含めて支える事業だが、いわゆるワーカーズの「本体事業」とは別に、採算の低さを覚悟で、地域資源を結びつけながら展開され、そのことが結果として、地域におけるワーカーズの存在感を高めることとなっている。

別の例に言及すれば、「市民による相談窓口」（神奈川ワーカーズ・コレクティブ協会）の創出も「公益」色の強い事業の一つであろう。「地域社会のセーフティーネットを拡充」する目的で、二〇〇七年以降討議を重ね、二〇一〇年、まずは横浜市都筑区にて「区民による区民のための都筑相談窓口（無料）」を開設、区内一一のワーカーズが住民のニーズや不安をまずは受け止めるとした。それを可能とするには、ワーカーズ相互の情報交流はもとより、地域をはじめ、組織外部の社会状況をより深く理解することが求められることとなる。

第二は、こうした事業の内外へのアンテナのはりめぐらしを経て、そこから浮上した課題に、どのような新しい切り口で取り組んでいくか、またその取り組みをどのような形で持続可能な活動に変換していくか、その構想力に優れている点である。例えば、近年では、千葉の生活クラブ生協やワーカーズが中心となって「ユニバーサル就労」という考え方が発信されている。ユニバーサル就労とは「働きにくさを抱えている人たちが必要な支援を得ながら就労」するとともに、それが「誰にとっても働きやすく、働きがいのある職場環境」につながる仕組みを意味するが、その運動拠点として、社団法人ユニバーサル志縁社会創造センターが設立された（二〇一一年一一月）。まさに、雇用の劣化問題を、マイノリティの視点を活かしつつ、社会全体で共有しようとの志向が読み取れる。

第三は、事業としての充実と、新しい課題とそれへの対応を往復する中で、本体事業における経営的な基盤づくりが欠かせない点である。公益に踏みだすほど、事業基盤の強化が不可欠となる中、まずは事業の担い手がどう成長するか、そして安心して働ける職場をどう作っていくかが重要となる。この点、例えば、ワーカーズという働き方が制度化されていない中で、安心して働くために不可欠な「自前の労働保障」をどう構築するかが大きな課題であった。ワーカーズでは、これに応える共済制度を組織内に生み出し、就業中の傷害保障や休業に対する所得保障を実現してきた。(8)

さて、「子育て広場」にしろ、「ユニバーサル就労」にせよ、その着手のきっかけやそれを支える担い手の動機、さらには活用可能な制度環境等、地域によって多種多様である。そうした多様性を尊重しつつ、相互に学び合う機会が重視されていることが、第四の特徴といえよう。二年に一回、全国のワーカーズ・コレクティブが集い、それぞれの実践報告を交す全国会議も、二〇一一年で一〇回を迎えた。

以上、共益性と公益性との両立、新しい切り口での仕事起こし、持続可能な働き方にむけた条件整備、そして全国レベル・地域レベルでのネットワークの四点を近年のワーカーズの特徴として確認してきた。こうして社会的認知が広がる中で、課題も存在する。

それでは、以上で見たワーカーズの優位性は、働く現場でどのように捉えられているのか。その一端をさぐるために、ワーカーズ・コレクティブの「協同労働」をめぐる意識、考え方、行動原理等を、実態調査に基づいて考察していくこととしたい。

3 ワーカーズ・コレクティブ調査に見る「協同労働」意識

本節では、筆者が二〇一〇年末に実施した、ワーカーズに働く組合員の意識調査[9]に基づき、「協同労働」の具体的な様相、組合員の意識と行動を通して見た協同労働の可能性と課題について論じていくこととする。

(1) 調査の概要

調査対象は、北海道ワーカーズ・コレクティブ連絡協議会に加盟するワーカーズの組合員である。北海道ワーカーズは、一九八六年、第一号として五つのワーカーズが総勢三一人で誕生して以来、二五年の歴史を有する。二〇一二年現在のデータによれば、三三のワーカーズ（子育て九団体、食六団体、業務三団体、多業種五、助け合い九、その他一）に五〇〇名の会員が関わり、事業高は五億九、五〇〇万円を見込む規模となっている。

地域ごとに異業種ワーカーズでネットワークを有する他、全道的に五つの事業分野別部会を作り、制度的環境の変化や社会的な課題への集団的対応を行っている。例えば一〇のワーカーズから構成される「子育て部会」は、一九九六年、団体の情報交換、相互研鑽の場として発足した。保育ニーズが働く女性のみならず、育児不安や子育ての知恵が充分伝わらない家族関係の中で悩む依頼者からもよせられるようになった時期であったという。部会の関係者は、「依頼者の気持ちに寄り添った支援をする活動と合わせて、今子育てしづらい状況にある人たちの代弁をする必要を感じ[10]」る中から、部会の設立に至ったという。

また、ワーカーズを支援する中間支援組織、北海道ワーカーズ・コレクティブ連絡協議会では、ワーカーズの社会的認知を高めるための各種研修会や、地域別、部会別のワーカーズ相互のネットワークづくり、あるいはワーカーズだけではない地域の諸団体との関係づくりをサポートすると同時に、事業・経営・組織強化のための学習会の開催等も手掛けている。[11]

筆者は、二〇一〇年、現地を訪ね、北海道ワーカーズの関係者の皆さんと意見交換をし、またアンケート調査実施の機会をいただいた。本調査は、ワーカーズ・コレクティブという働き方と事業内容が持つ意義を社会に発信すること、第二に、こうした働き方が社会に拡がっていく際、予想される課題・困難を把握すること、以上の二つを目的として実施された。実施主体は筆者であるが、質問内容については、北海道ワーカーズ・コレクティブ連絡協議会の方々に目を通していただき、修正後、二〇一〇年一〇月から一二月にかけ、各ワーカーズにおいて実施をお願いしたものである。

配布数は会員数にあたる約五〇六名（二〇一〇年七月現在）、回収数は三〇二件（有効票三〇一件、回収率五九・五％）だった。以下はその集計結果を踏まえての若干の考察である。なお、回答者は不明を除き全員女性であった。すべての項目に触れることは不可能なので、本稿の課題と直結する質問に対する回答傾向の分析に焦点化したい。(12)

（2）調査結果から見えてくる論点

①世代による捉え方の変化――「社会運動」から「求人先の一つ」へ

そもそもワーカーズという働き方との出会いはどのようなことがきっかけとなっているのか。質問「ワーカーズを知った後、実際自分もそこに参加をしてみようと決心なさった経過をお教えください。（複数回答可）」に対する回答を見ると、「ワーカーズで働く知人・友人に薦められた」（三一・三％）に次いで、「たまたま求人があったから」（二八・九％）となっており、「ワーカーズの理念に共感したから」（二六・二％）より上回っている。ワーカーズが「求人情報」として発信され、求人先の一つとして選ばれる存在となってきた点は、新しい流れであろう。ただしこれを年代別にみると、傾向が分かれることが見てとれる。

表1の年齢別クロスによれば、「ワーカーズにこだわったわけではなく、たまたま求人があったから」を参加のきっかけとする年代は、主として、三〇代、四〇代でそれぞれ四割となっている。これに対し、五〇代、六〇代のワーカーズの場合、「たまたま求人があったから」はそれぞれ二五・九%、一三・九%、それに対して「ワーカーズで働く知人・友人の薦め」がそれぞれ三六・一%、三八・九%と四割弱、同年代は「理念に共感」もそれぞれ三割となっており、人的なネットワークや理念の共感が参加のきっかけとなっている。

年代と参加時期も一定の相関があり、五〇代、六〇代では、回答者一六二人のうち、四七・五%にあたる七七人が二〇〇二

表１　ワーカーズ参加のきっかけ

上段：度数・人 下段：%		ワーカーズを知った後、自分もそこに参加しようと決心した経過							
		合計	ワーカーズの理念に共感したから	ワーカーズで働く知人友人に薦められたから	ワーカーズのサービスを利用してきて、そのサービスの質を評価したから	自らワーカーズを立ち上げたいと考えていたから	ワーカーズにこだわったわけでなくたまたま求人があったから	自分の技術、専門性が活かせる分野だったから	その他
	合計	289 100.0	77 26.6	95 32.9	16 5.5	22 7.6	85 29.4	57 19.7	37 12.8
年齢	10代	1 100.0	- -	1 100.0	- -	- -	- -	- -	- -
	20代	1 100.0	- -	- -	- -	- -	- -	1 100.0	- -
	30代	15 100.0	4 26.7	5 33.3	- -	- -	6 40.0	4 26.7	- -
	40代	88 100.0	18 20.6	21 23.9	8 9.1	2 2.3	36 40.9	21 23.9	14 15.9
	50代	147 100.0	44 29.9	53 36.1	7 4.8	18 12.2	38 25.9	26 17.7	16 10.9
	60代	86 100.0	11 30.6	14 38.9	1 2.8	2 5.6	5 13.9	6 13.9	7 19.4
	70代以上	1 100.0	- -	1 100.0	- -	- -	- -	- -	- -

年以前からワーカーズに関わっているのに対して、三〇代、四〇代は、回答者一〇一人中九三・一％にあたる九四人がそれ以降の参加であり、二〇〇〇年代前半を境に、「ワーカーズ」を「社会運動の一環」と見る捉え方から「働き場の一つ」とする捉え方に変化してきている点、着目すべきであろう。

②「共感」の構成要素——社会とのつながり、自主運営、持続可能性

ところで、一言で「理念に共感」と言っても、その際、回答者が想起した「理念」とはどのようなことなのか、それを記述式で問うてみると、表2のような意識構造にめぐりあう。

「理念に共感」とした回答者の半数以

表２　「参加のきっかけ」のうち「理念に共感」と回答した者の「共感」の内容

【上下関係の不在を評価】
・誰かに使われているのではなく、自主性が大事にされる　・上下関係がなく自主運営される
・雇い雇われる関係でない、工夫ができる　・雇われない働き方
・雇用関係でなく対等な立場で力をあわせ運営していける　・雇う、雇われる関係でなく自由に意見が言えた
・自分のできる活動、皆対等な活動を通じて社会との接点を持つことができる

【自主運営を評価】
・自ら考えて動く、無いもの、ほしいものを創り出す　・自分たちで出資経営し、労働をも担う働き方
・生協で委員をしていたこともあり、自ら運営していく働き方が自分に合っていると思った
・働き方を自分で決められる　・自主運営、自主管理　・すべてのことを全員で決め、全員で運営する点
・自らが選択するという点　・自分たちで出資、経営、労働を担う働き方
・生活を自治する中で、働き方も自治できること　・「自治する」という言葉に惹かれて
・自分たちで決める　・自らが考えて働けるから　・出資、経営、活動をメンバー全員で行う (2)
・仕事の進め方、働き方を自分たちで決められる　・自分自身がどう働きたいか自分で考えられる
・すべてのことを自分たちで決めていく　・それまで働いた形態とまったく違って新鮮だった

【参加しやすさ】
・資格不要、年齢制限なし　・何か始めたくて、でも子供が小さかった。それでも可能なので。
・自らが考えて働けるから　・ゼロからの出発に興味があった。皆でつくりあげる点
・自分にあった働き方ができる (2)　・子育てをしながらでも働ける
・自分らしく働くことができるかもと思った
・自分にあった働き方、無理せず自分の体にあった働き方ができる
・主婦、育児をしながら多くの人と力を合わせれば社会に必要な力となれる

（　）内の数字は同様の意見の数

上が、その内容についての具体的な書き込みをしており、これを分類すると、「上下関係の不在」「自主運営」「協力」「生活クラブ（生協）の理念との影響関係」「非営利」「社会参加・地域づくり」「参加しやすさ」となる。特に「自主運営」「社会参加・地域づくり」「参加しやすさ」を内容とする書き込みが目立ったことから、社会とのつながりを、自分たちが意思決定に関わりながら、持続可能な形で構築できる点に評価が集まっていることが見てとれる。

③ワーカーズという働き方に対する不安・懸念——長時間労働に対する懸念は未解消のまま

理念への共感や知り合いの薦めといった、肯定的な導入でワーカーズに出会ったとしても、いざ自分がそこで働くとなると、不安や懸念も少なくない。表3は、働き始める前にどのような不安を抱えていたかを問うたものである。

年齢別に見ると、「労働時間の長さ等、生活等との両立は可能か」への懸念は、四〇代でもっとも高く、四八・九％と突出し、家庭責任の負担が増大する年代の不安がストレートに出ている。また、「事業体として安定的な仕事を確保できるか」は五〇代で二四・三％と事業の中心となる年代の懸念が見て取れる。逆に不安がなかった

疑問・不安		
職場の人間関係や話し合いが煩雑でないか	その他	特に不安はなかった
48 16.7	14 4.9	101 35.2
- -	- -	- -
- -	- -	- -
2 13.3	- -	3 20.0
13 14.4	5 5.6	31 34.4
27 18.8	7 4.9	52 36.1
6 16.7	2 5.6	15 41.7
- -	- -	- -

とするのは、六〇代で四一・七％と高い。この年代は、ワーカーズに「創設から関わった」「創設から一年以内に関わった」層が五割に達しており、多少の懸念があっても、ワーカーズを作ること、作ったワーカーズを軌道に乗せることへの関心が大きく、ワーカーズを始める前の躊躇は少なかったことが想定される。

実際に働いてみた結果、その不安は解消されたか否かについて問うたところ、「解消された」とする回答が六三・一％、「未解消」は二八・九％となった。また、「未解消」と回答した全員（五五人）から、その内容についての具体的な書き込みがあり、ワーカーズという働き方が抱える課題についての関心の高さがうかがえた。内容的には、「長時間労働」に対する不安が目立つ他、

表３　ワーカーズで働き始める前に抱いていた不安

上段：度数・人 下段：％		ワーカーズで働き始める前に感じた							
		合計	分配金は納得できるものか	雇用の継続保障があるか	労働時間の長さと生活等との両立は可能か	地域活動など仕事以外の活動負担があるか	出資など経済的負担は適切か	経営上の意思決定への参加など責任が大きいか	事業体として安定的に仕事を確保できるか
年齢	合計	287 100.0	46 16.0	32 11.1	119 41.5	99 13.6	42 14.6	32 11.1	56 19.5
	10代	1 100.0	- -	1 100.0	- -	- -	- -	- -	- -
	20代	1 100.0	- -	- -	1 100.0	- -	- -	- -	- -
	30代	15 100.0	4 26.7	2 13.3	5 33.9	5 33.3	6 40.0	2 13.3	1 6.7
	40代	90 100.0	12 13.3	12 13.3	44 48.9	15 16.7	14 15.6	5 5.6	13 14.4
	50代	144 100.0	28 19.4	14 9.7	59 41.0	17 11.8	14 9.7	21 14.6	35 24.3
	60代	36 100.0	2 5.6	3 8.3	10 27.8	2 5.6	8 22.2	4 11.1	7 19.4
	70代以上	- -	- -	- -	- -	- -	- -	- -	- -

その対応策としての「人員確保」の困難を問題とする回答が多い。続いて「分配金」や、それと一部連動する「アンペイドワーク」への言及が見られた。

④ワーカーズの「優位点」とされている事柄の、現場視点からの評価
——持続可能な働き方については低い評価

上記の問題を抱えつつも、ワーカーズは、一般的に他の働き方と比較して次の八つの点で「優位性がある」とされている。第一は、社会貢献度の高さ、第二は、職業的専門性の高さ、第三は話し合いに基づく運営、第四は経営参加、第五は地域ネットワークづくり、第六は学習活動、第七は対等平等な人間関係、そして第八が働きつづけることの保障である。これら外部からの「一般的評価」は、ワーカーズの働く現場からは、どのように評価されているのだろうか。質問は、それぞれの項目に対して「かなり感じる」「まぁまぁ感じる」「特に感じない」の三つから選択してもらう形式とした。表4では、「かなり」と「まぁまぁ」を合計したデータを示した。

「かなり感じる」＋「まぁまぁ」が突出して高いのが、「話しあいに基づく運営」で九三％となった。次いで「学習活動の重視」「対等平等な人間関係」が続き、この点は「理念」が現場にも浸透している様子がうかがえる。「専門性の高さ」については、「学習活動の重視」と連動することが予想されたが、2割強が同項目をワーカーズの優位性とは「感じない」とした。また、「働き続けることの保障」に至っては、四割近くが「感じない」としており、理念とのかい離を見せている。

表４　ワーカーズの働き方で優位とされている点の現場からの評価

評価項目	「かなり感じる」＋{まぁまぁ感じる」	「特に感じない」
社会貢献度の高さ	84.3	13.0
職業的専門性の高さ	75.7	21.3
話し合いに基づく運営	93.0	4.7
経営参加	86.3	11.0
地域ネットワークづくり	83.1	13.6
学習活動	88.4	7.6
対等平等な人間関係	87.7	9.0
働き続けることの保障	59.9	35.9

表５　ワーカーズの特色と活動の実感

上段：度数 下段：%		ワーカーズの特色を反映した事業内容・活動の実感		
		合計	感じたことがある	特に感じたことはない
年齢	合計	210 100.0	112 53.3	98 46.7
	10代	- -	- -	- -
	20代	1 100.0	- -	1 100.0
	30代	12 100.0	5 41.7	7 58.3
	40代	65 100.0	27 41.5	38 58.5
	50代	110 100.0	68 61.8	42 38.2
	60代	22 100.0	12 54.5	10 45.5
	70代以上	- -	- -	- -

表６　ワーカーズの特色と働き方の実感

上段：度数 下段：%		ワーカーズの特色を反映した働き方の実感		
		合計	感じたことがある	特に感じたことはない
年齢	合計	234 100.0	157 67.1	77 32.9
	10代	- -	- -	- -
	20代	1 100.0	- -	1 100.0
	30代	13 100.0	6 46.2	7 53.8
	40代	76 100.0	45 59.2	31 40.8
	50代	118 100.0	89 75.4	29 24.6
	60代	25 100.0	16 64.0	9 36.0
	70代以上	1 100.0	1 100.0	- -

⑤ワーカーズの独自性の源泉──事業・活動内容

ワーカーズで働くことが、「もう一つの仕事・働き方」だとすると、「一般の雇用労働」と比較して、事業・活動内容および働き方について、何らかの独自性があると考えられているのか、また考えられているとすれば、どのような点に独自性を認めているのか。まず前者について、表5および表6を示したい。

いずれの表についても、おおむね同様の傾向が認められる。「感じたことがある」とするものが、「事業内容」については、三〇代、四〇代がそれぞれ四一・七%、四一・五%だが、五〇代で六一・八%と一挙に伸び、六〇代では五四・五%とやや減となる。「働き方」については、三〇代で四六・二%、四〇代で五九・二%とのび、五〇代ではさらに七五・四%と高率となり、六〇代で六四・〇%とやはりやや減となる。四〇代から五〇代にかけて、ワーカーズでの経験が蓄積され、「ワーカーズらしさ」の感じ方が広がっていくものと読み取れる。

⑥ワーカーズの特色を実感する「場面」

a．事業内容から

それでは、実際、どのような場面で「ワーカーズの特色を活かした事業内容・活動」を実感するのか。「感じたことがある」とした回答者一一二人中、九二人から「そう感じた具体的な場面」について書き込みがあった。その全掲載は割愛するが、下記の特徴が見られた。第一の特徴は、「親子ひろば」「助け合い」「子育てサロン」「地域サロン」「家族葬」等、子育て、介護、看取りといった、生活の当事者として直面する課題に応える仕事の展開が、「ワーカーズ」らしさを体現しているとするものである。

また第二の特徴として、事業領域（コンテンツ）とは別に、事業遂行のプロセスや方法に「ワーカーズらしさ」を見いだす回答が多かった点が挙げられる。プロセスを評価する視点は、大きく四点にわたる。第一は、通常の事業実施の際に、付随して利用者との関係を深め、利用者の生活を支える機能の発揮である（例えば、「単にお弁当を届けるだけでなく、安否確認、見守りなど、地域に役立つ店になるよう努力し認められてきた」「お弁当の宅配のとき、お年寄りの見守りやコミュニケーション」等）。

第二は、「きめ細やかな活動」「公的機関と違い、規制が少ない」「細かい面まで対策」「型にとらわれることなく、顧客の様々なニーズに応えることができる臨機応変」「既存のサービスに該当しないケース」「困ったことにすぐ対応」等の語句が頻出することからうかがえるように、「柔軟さ、細やかさ」がワーカーズの仕事の特徴として評価されている。

第三は事業採算に対する考え方で、「採算を最優先事項とはしない」との自己認識がうかがえる。

第四は「地域密着」等の記述に代表されるように、地域との関係性の構築や深化である。その際、「密着」の具体的内容としては、「地域への発信」「（地域における）他団体との連携」が挙げられている。

b．働き方から

「感じたことがある」と回答した一五七人すべての回答者が、「具体的な場面」の記入を行っていたことからしても、ワーカーズにとっては、極めて関心度の高いテーマであることが明白である。大量のため、記述データは割愛し、その特徴を概略的に述べておきたい。大きく分類すると、最多は、「対等平等、自主運営、話し合い」に関わる記述である（例えば、「常に話し合いを基準として何事も決めている。意見交換がないというところでの仕事はない」「同業他事業所に比べて自分の考えが言いやすく、反映してもらえる。それがやりがいにつながる」等）。「話し合い」は理念として共有されているのみならず、実態として根付いている様子が見て取れる。

次いで「家族・家庭の事情、個人の事情への配慮」が続く（例えば、「メンバーの現在のライフスタイル、育児・介護に配慮した働き方を皆でカバーする」「病気やけが、家族ケアなどで働くことが困難になった時、やめるという選択肢は一番ではない、自分の人生の方を重視しどのように働けばいいかをさぐることができる」等）。特に「自らの都合に合わせられる働き方」であることを高く評価し、またその実現のため、調整、交代等に最大限の努力を払ってきたことがうかがえる。

また、件数としては少ないものの、「地域・社会との結びつき、夢の具体化」では、他のワーカーズとの連携を、「ワーカーズならでは」の方法論として強調する記述が複数見られた。

⑦ワーカーズにおける「無理」の構造

上記①〜⑥によって、自分たちの事業、働き方の意義、独自性を確認する傾向が見られたが、そのことは必ずしも、現在の自分たちの働き方を全面的に肯定することと同義ではないとしているこ

表7　ワーカーズで無理をしていると感じる経験

No	カテゴリ	件数	（全体）%	（除不明）%
1	感じたことがある	129	42.9	48.5
2	特に感じたことはない	137	45.5	51.5
	不明	35	11.6	
	サンプル数	301	100.0	266

とがうかがえる。「あなたは、ワーカーズのために『自分は無理をしているな』とお感じになったことがありますか」との質問に対する回答からは、自分たちの働き方の持つ矛盾や困難について、敏感な受け止めをしていることが浮き上がった（表7）。

全体的には、「感じたことがある」が四二・九％、「特に感じたことはない」が、四五・五％でほぼ半数ずつとなっている。ただし、役職経験別にクロスをすると「役職経験あり」で「感じたことがある」とする回答が六八・五％で、「役職経験なし」で「感じたことがある」とする回答四〇・五％を大幅に上回る。この問いにおいても、「感じことがある」とした者に、その内容の記述を求めたが、「感じたことがある」とした者一二九人のうち九割以上が書き込みを行っている。この部分は、ワーカーズの働き方の課題とつながる部分なので、やや詳しく見ておきたい。

ここからわかることは、以下の五点である。まず第一に「人員不足→長時間労働→休みの確保の困難」についての記述が三四件に上り、「無理を感じている」人の四分の一に上る。第二に「家族生活、家事との両立」を困難とする記述が二八件と多く、とりわけ「子どもと過ごす時間が少なくなる」ことについての危惧が大きい。第三に体力面での不安も多く表明されている点、留意すべきであろう。第四に、役職者の場合、記述件数としては一割と控えめだが、自らが人手の足りないところに入る姿が目立つ。第五に、業務以外の社会活動、研修的取り組みについても負担に感じる層が一割弱存在する。またそれとは別に、業務内のアンペイドを指摘する回答も見られた。

ここから浮上するワーカーズの「無理」の構造は以下のように考えられよう。まず恒常的な人手不足により、ワーカーズメンバーの従事時間が、メンバーが理想とする時間（家事・育児・介護に影響がない時間）を超過して設定される傾向にあること、特に、ワーカーズの場合、①で見たように「働き方を自己決定できる」という期待をもって参加する層が多いこともあって、労働時間や帰宅時間の遅さを案じる声が強い（前述の「解消されていない疑問・不安」の記述項目においても、労働時間の長さに記述が集中した）。

また、特徴的なのは、家族に対する責任感の強さであり、「家族・家庭を犠牲にしているのではないか」との危惧が強く表明されている。そこで責任をおろそかにすまいとする努力の結果、睡眠時間が少なくなるなど、健康面での不安が浮上してくる。付言すべきは、そうした一連のサイクルを我がこととして深く理解できるからこそ、役職者は、他のメンバーの負担軽減のために、自らが引き受け手になって仕事をやりくりする傾向が強まる点である。

総じていえば、①事業請負の場合には必ずしも自分たちの管理下で仕事を切り盛りするのみならず、利用者側のニーズに合わせた仕事体勢を求められること等、「自主管理」による「自由度の高い仕事」というワーカーズ観が、事業分野によっては具体化しにくいこと、②最低賃金の捻出のために恒常的に人手不足とならざるをえないこと、③こうした「ニーズ」と「経営的な課題」に対応しつつ、「自主管理」を保障するために役職者が無理を引き受ける傾向にあること、④しかしながら、とても役職者の奮闘では全体的な矛盾を解消しにくい構造となっていることなど、ここから読み取れるメッセージは多い。

（3）調査結果に見る「協同労働」の広がりとダイナミズム

以上、第三節では、北海道のワーカーズ・コレクティブを対象としたアンケート調査に沿って、協同労働に対する当事者の評価を見てきた。三節のまとめとして、あらためて下記の五点を挙げておきたい。

第一は、ワーカーズで働くことの動機の多様化である。ワーカーズが発足当時掲げていた「もう一つの働き方」は、「雇われて働く」ことに対する疑念がベースにあった。創設に関わった五〇代、六〇代のメンバーは、ワーカーズが、自主管理や仲間との対等な関係を重視しながら、持続的に社会参加を果たす有効な手段であるとの認識を示している。一方、二〇〇〇年代に入ってから加わった三〇代、四〇代の間には、少なくともその入り口においては、通常の営利企業と横並びの求人先と捉える傾向も少なくはない。

第二は、しかしながら両者は、明確な対立を示すわけではなく、むしろ、実際に働いてみた上での、ワーカーズの優位性に対する評価（対等な話し合いや仕事の総合的なやりがい等）は、三〇代、四〇代において、必ずしも低くはない点は着目すべきであろう。すなわち、動機の多様性は、通常マネジメントが困難化する要因と考えられるが、ワーカーズは、その多様性を活かす資源・ノウハウを持っているともいえよう。

第三は、「雇われない働き方」等、理解されにくい存在だからこそ、当事者による様々な発信、表現が生まれ、自らの定義付けが不断に行われている点である。アンケートからは、運動の先導者や研究者が提唱するような、例えば、「もう一つの働き方」等に代表されるいわば伝統的な言い回しは、メンバーにとってリアリティをもって捉えられなくなっていること、それに代わって、メンバーが自分の体験の中から、仲間や地域に伝える言葉を生み出し、「優位性」がそれぞれの語り口で表現されていることも浮き上がった。今後は、こうしたそれぞれの語りが総合化され、もの語りになっていくことも必要となろう。

第四は、しかしながら、このようにワーカーズの優位性が認識されつつも、その働き方に対する懸念が払しょくできないとする層も三割近く存在する点である。特に「労働時間の長さ」を指摘する声が目立ち、その際、心身の負担と並んで、家族に振り向ける時間の削減を余儀なくされる点がつらい、とする声が多いことも特徴的である。一週間あたりの労働時間は三六時間未満が九割近くを占め、また二四時間未満が五割を占めることを考えると、いわゆる一般企業の長時間労働とはその意味合いが異なる。したがって、ワーカーズにおける「負担感」の構造については、さらに深めた考察が求められるが、集団的に経営労働を担っていることの精神的重圧もその一因であろう。

第五は、上記と連動するが、ワーカーズの優位性として想定されていた「働き続けることの保障」について、四割弱が、その保障が不足していると捉えている点である。ここに⑦に上げた「無理の構造」が重なると、ワーカーズが働く場としての持続可能性を得るためには、ワーカーズの内部問題だけではなく、ワーカーズが参入する公共性の高い事業分野に対する労働報酬を押し上げるような、社会全体の制度的対応の必要性が浮上する。冒頭紹介した法制化運動はその点からも必要な取り組みと言えよう。

4 小括

最後に本稿を振り返って、「はじめに」に示した課題に立ち戻り、ワーカーズの「働き方」をめぐる現場の視点が、協同労働をどう豊かにするのか、また「はじめに」に示した二つの「懸念」と向き合う際、どのような示唆を与えてくれるのかについて触れ、まとめとしたい。

「協同労働」の困難の第一は、協同労働内部における異なるベクトル間の葛藤にある。雇用を守るのみならず、その質、すなわちディーセントワークを探究しながら、その一要件である職場の自治をも確保しようとする働き方は、当然ながら経営的視点と労働者の権利保障との両立に挑むこととなる。しかしこの困難は、雇用労働における労働文化とは異なる形で、新たな仕事文化を生み出したことも事実である。形式化しない対等平等な話し合いの確保、自分たちの職業的専門性を高めるための旺盛な学習活動、互いのライフステージに配慮しあう多様な働き方の許容等、雇用労働では意識されてこなかった仕事文化を、ワーカーズの優位性と認める声が多かった。

「協同労働」がもつ困難の第二は、協同労働と市場社会との関係に関わることである。ワーカーズに特徴的なこととしてメンバーが強く意識しているのが、自らの仕事の公共性であるが、その公共性は、行政から降ろされた仕事という意味での公共性では必ずしもなく、「利用者の必要」に「柔軟に対応」することによって、「自らの仕事が評価され」、その中からさらに「次の課題」が見え、「事業の進展」をはかる……といった、多重的な公共性とも言うべき、事業と社会との間の応答性を意味している。そうした意味での「公共性」は、通常の公共事業とは違って、公的な予算付けの対象外であり、ワーカーズが地域ニーズに敏感であればあるほど、短期的には不採算の領域が拡大することにつながる。ワーカーズには、この部分を切り捨てず、むしろ丁寧に応えていくことで、将来的には「仕事」へと育てようとの志向が存在し、こうした投資的労働とも言える、「仕事」になる前の準備段階の共有が、ワーカーズの含み資産となっている。

以上見てきたように、「協同労働」の困難は、ワーカーズの優位性をさらに実質的なものに転化する素地ともなっている。したがってこの「転化」が果たせるならば、ディーセントワークを追求することが、労働コストの押し上げや事業の足かせになるどころか、事業の継続・拡大を含む新しい展開のための必要条件であることを、一般企業やその株主に対しても発信することが可能となろう。

アンケートに見るように、ワーカーズにおける働く動機が多様化した今日、市場の外に自己完結的な理想の働き方を設定するのではなく、市場との応答的関係の中で、ワーカーズが蓄積してきた協同労働の文化がどう活かされるのか、問われる段階となっている。

さらに、不安定就労の温床となるとの懸念に対しては、協同労働の一定の制度化を通じて、解消を方向づけることは不可能ではないことを強調したい。そのためには、ワーカーズの考え方としても、「雇われない」から「分配金の自己決定＝低額やむなし」、あるいは「保障に関わる負担は不要」とするのではなく、むしろ、暮らしと仕事のバランスの維持と、ワーカーズでの仕事の継続のために、労働者としての権利に一層の関心がはらわれてよい。と同時に、先に述べた、協同労働の多重的公共性を支えるための、市場環境の整備（例えば雇用政策、社会政策に寄与する点を考慮した入札制度改革等）が不可欠となることを、一層強調する必要があることは、は言うまでもない。

末筆ながら、膨大かつ煩雑なアンケート回答にご協力をいただいた北海道のワーカーズ・コレクティブの皆さんに感謝申し上げます。

〔注〕

（1）厚生労働省二〇一二年六月一五日発表の「平成二三年度 脳・心臓疾患と精神障害の労災補償状況」http://www.mhlw.go.jp/stf/houdou/2r98520000002coxc-att/2r98520000002cpc3.pdf

（2）同右、http://www.mhlw.go.jp/stf/houdou/2r98520000002coxc-att/2r98520000002cpbx.pdf

（3）「協同労働」の定義、特徴については、田中夏子「今なぜ、『協同労働』？ ワーカーズコープ等の取り組みの経過と課題」『日本の科学者』vol. 四六、二〇一一年四月、四〇～四五頁に依拠した記述となっている。

（4）協同労働法制化市民会議事務局（文責 島村博）「ワーカーズ協同組合（仮称）法要綱案の概要」『協同の発見 別冊二〇〇九-二〇一〇』協同総合研究所、二〇〇九年

（5）『賃金と社会保障』一六六八号（二〇〇八年三月二五日）にて特集掲載。

（6）ＩＬＯが一九九九年以降、提唱してきた概念。ＩＬＯ最優先目標として「すべての男性、女性が、自由、公正、保障そして人間の尊厳という条件が満たされたディーセントで生産的な仕事が得られる」ことを促進するとした。西谷敏『人権としてのディーセント・ワーク』旬報社、二〇一一年他参照。

（7）特にこの点、すなわち従事組合員の「労働者性」が、「協同労働」法制化運動の関係者の間で、合意形成に時間を要している。島村博氏によれば、「（協同労働の協同組合による法人）は、ディーセントワークを理念としワーク・ライフバランスの実現をはかるために、従事組合員の社会的保護にかかわって、…中略…従業組合員を、法人たる組合を使用者とする労働者とみなす」とし、「雇用保険法及び労災保険法でいう労働者として保護される」。しかし、法制化運動に賛同する議員連盟案には、

従事組合員に対し、労働保険の加入等は認めるとしている一方、「役員を除く」との規程が盛り込まれ、労働者協同組合における経営労働をどう位置づけるか、争点の一つとなっている。

(8) しかしながら二〇〇六年の新保険業法施行を受け、ワーカーズが従来培ってきた手法を継続することが困難となったことを受け、現在ではワーカーズの連合会が少額短期保険事業を担う株式会社を設立して対応している。

(9) 本調査は、科研費研究（基盤研究C）「イタリア社会的経済の、地域経済・地方行政及び地域自治に対する波及効果」（二〇〇九〜二〇一一年　課題番号21530539　代表者　田中夏子）の一環として、日伊の社会的経済比較のために実施されたものである。

(10) NPO法人北海道ワーカーズ・コレクティブ連絡協議会『キラッと輝く生き方を求めて』二〇〇六年、三八頁

(11) 北海道のワーカーズにおいてもまた、その前身としての生活クラブ生協の取り組みが存在する。北海道生活クラブ生協についての実態調査、分析をおこなったものとして、西城戸誠『抗いの条件〜社会運動の文化的アプローチ』人文書院、二〇〇八が参考となる。

(12) 調査結果の数値と分析は、田中夏子『北海道ワーカーズ・コレクティブで働くみなさんの、仕事・考え方についてのアンケート（二〇一〇年一〇月〜一二月実施）集計結果』として協議会に提出。ただし、データの一部は、田中夏子「協同労働の社会史試論」『月刊　社会運動』三七六号、市民セクター研究機構（二〇一一年七月）にて紹介。本稿紹介データとは重ならない。

第一二章　次世代を担う女性農業者の人材育成
――日本の農政における女性支援施策から

諸藤　享子

はじめに

日本は二〇〇五年に人口減少に転じ、二〇〇七年には超高齢社会に突入した。とりわけ農村部においては農業就業人口の減少や高齢化が深刻化しており、農業や農村の担い手の確保が問題となっている。農村女性に目を向けると、一九九九年に男女共同参画社会基本法が施行され、女性の社会参画が推進されるのと並行して、農政においても、食料・農業・農村基本法第二六条に「女性の参画の促進」が明記され、「農村女性」から「女性農業者」へと、女性の位置づけが変わった。以来、「家族経営協定」締結による農家経営参画の推進、認定農業者への共同申請や農業者年金への加入促進、女性起業活動への支援、農業委員等の公的役職への女性の登用促進など、農業・農村を牽引する女性の育成支援が行われている。しかし、その期待に応えて活動してきた女性リーダー、女性組織および女性起業グループのいずれもが高齢化しており、生活研究グループや女性起業グループの数は、近年、減少傾向にある。

この状況を個別の後継者問題と捉えるのではなく、農業経営、農村生活文化の継承問題として捉えるならば、後に続く人材の層を築くことが重要であり、現在の担い手である女性リーダーらのリタイヤが目前に迫っている今こそ、次世代を担う女性農業者（以下、「次世代女性農業者」）の育成支援に取り組むべき時期である。ところが、実際は、次世代女性農業者の育成支援は必要とされながらも、具体策を講じている自治体はごく僅かしかない。

その背景には、農業就業人口全体に占める若年層の圧倒的な人数の少なさが主たる要因としてある一方で、家族農業経営における余剰労働力的位置づけ、出産を機に家事・育児に専念すべきとの社会通念等が影響していることも否めない。よって、若い女性は農業者としての位置付けが明確にされず、政策支援の対象からこぼれてしまった傾向が窺える。なお、二〇一一年現在、農業就業者数は約二、六〇一、〇〇〇人、三九歳以下の人口は約一七四、五〇〇人、うち女性は約七四、八〇〇人である。

本稿では、まず、次世代女性農業者に関する現状と課題を示し、次に、現在取り組まれている育成支援事業の事例を紹介する。

そして、女性のエンパワーメントの視点から、かつて長野県で実施された「農村婦人学校」を参考に、「問題解決学習」方法を用いた女性の主体形成について考察を行う。

1　次世代女性農業者の現状と課題

(1) 統計にみる次世代女性農業者の動向

次世代女性農業者の現状を捉えるために、統計から約二〇年間の女性の就農の特徴を見てみると、農業就業者数(図1)は、男女とも年々減少している。ただし、女性は二〇年間で半減したものの、男性よりも多い人数が維持されている。年齢別では、総数が減少する中で七〇歳以上の人数が増加しており、構成比では六〇代以上の農業者が七〇パーセントを占めるまでに増加している。

対して、二〇代~三〇代の農業者は男女ともに約二〇パーセントから約一〇パーセントにまで減少している。この二〇代から三〇代の農業者数の推移について、コーホート分析を用いて見てみると(図2)、男性(△、□、○)に比べて、女性(▲、■、●)は変動の幅が大きい。男性の場合は農業後継者として就農することが一般的であることから変動が少ないのに対して、女性の場合は農業に従事している男性との結婚を機に就農することが一般的であり、農業への関わり方は、ライフステ

図1　男女別年齢階層別農業就業者数と構成比

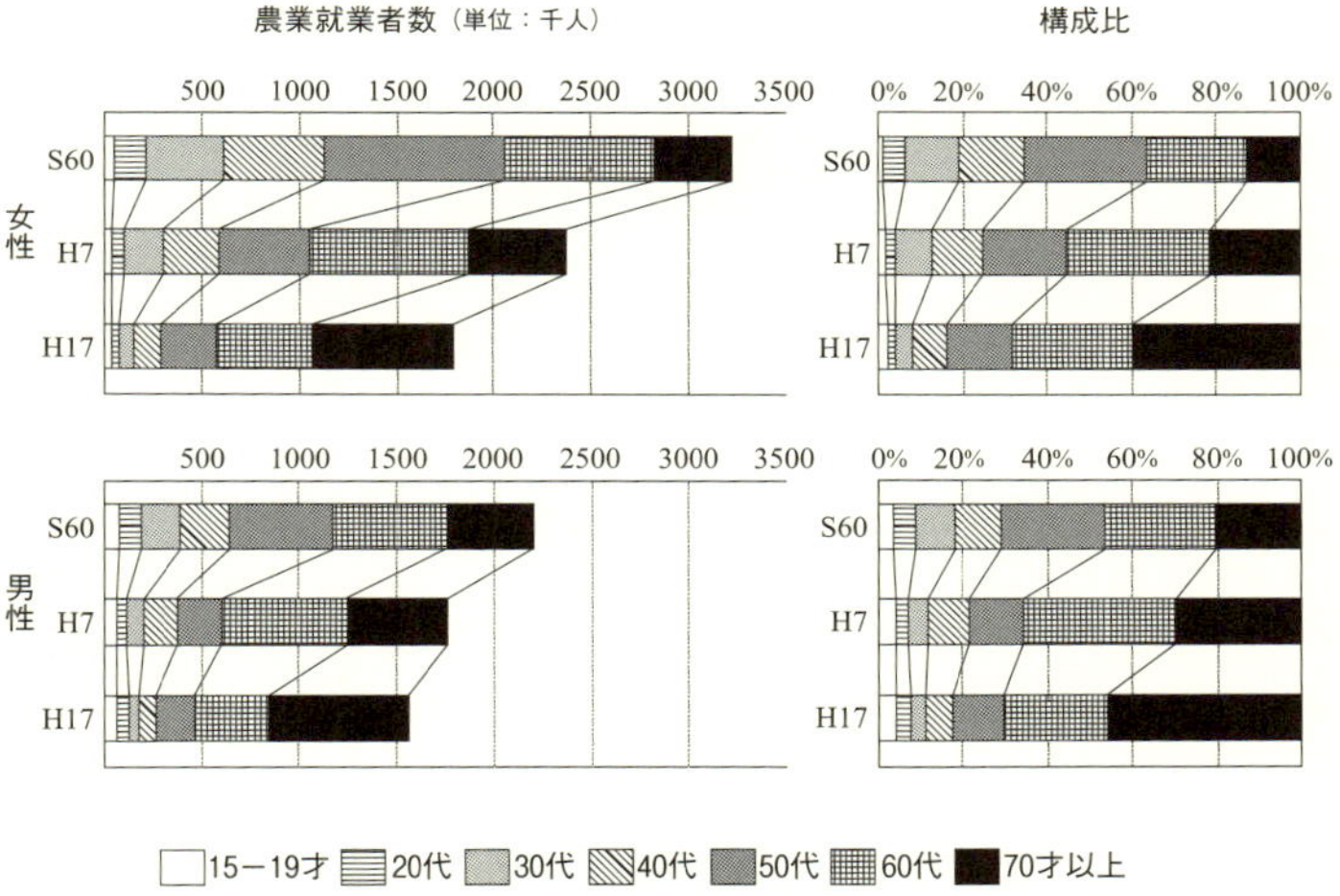

（出所）　農林業センサス。

ージよって大きく変化している様子が窺える。また、一九八五年当時二〇代の女性(■)、一九九五年当時二〇代の女性(●)の推移を見ると、二〇代から三〇代にかけて、いずれも増加している点が注目される。

では、この時期の女性の農業経営への参画や育児の実態はどうなっているのだろうか。次節では、二〇〇九年に筆者が実施した調査結果(1)から、次世代女性農業者の現状と意識について見てみよう。

(2) 次世代女性農業者の現状と意識

さて、女性の二〇代から三〇代は結婚・出産育児期に相当するが、女性が農業に関わり始める時期も、結婚直後、第一子

図２　農業就業者数の推移

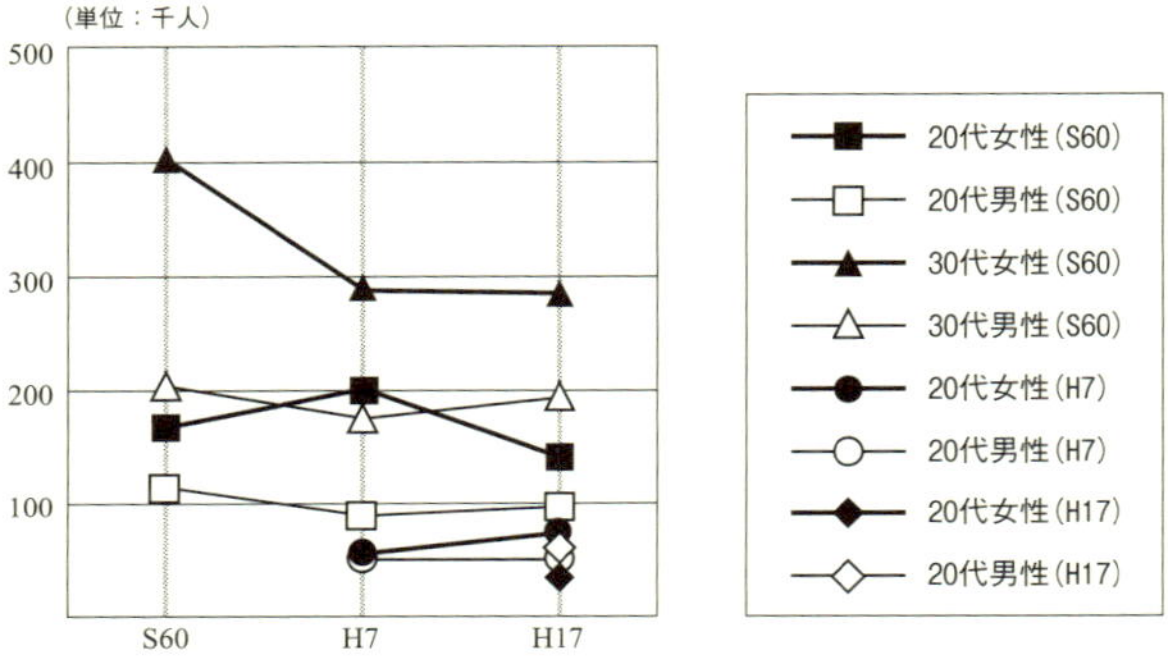

(出所) 農林業センサス

図３　農業経営に関わり始める予定または関わり始めた時期(SA)

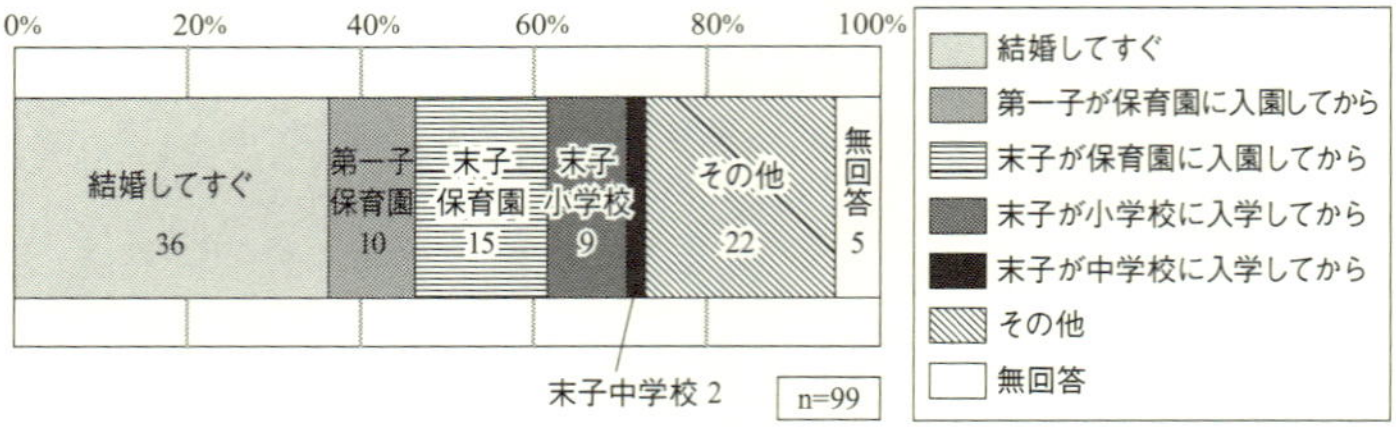

(出所) 女性農業者の農業経営と育児等の両立支援に関する調査・分析事業 平成21年度報告書 (NPO法人と人とくらし研究センター 2010))

図４　子どもの育児 (MA)

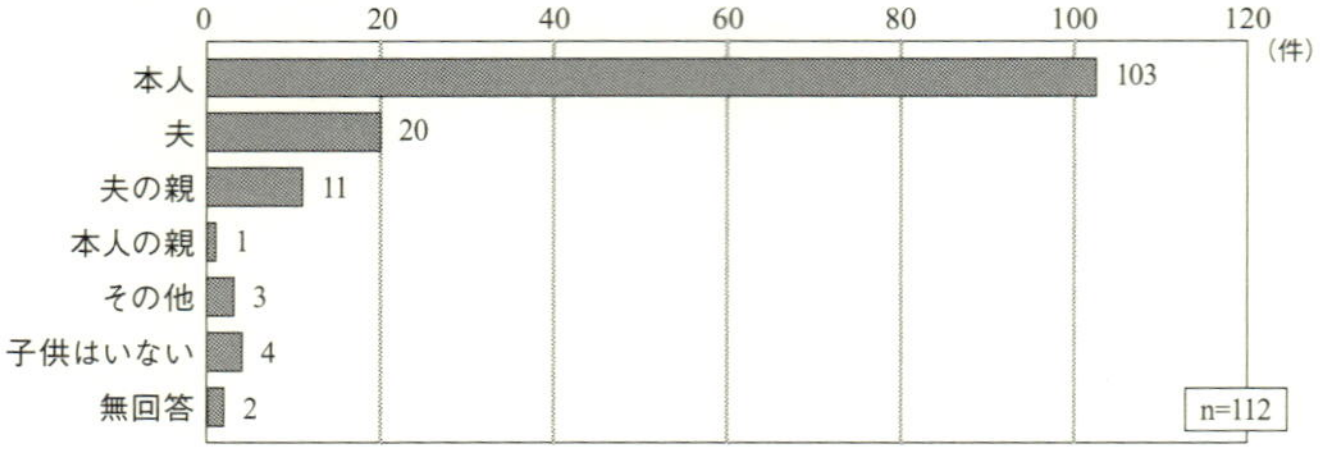

(出所) 図3と同じ。

図５　農業経営の形態（SA）

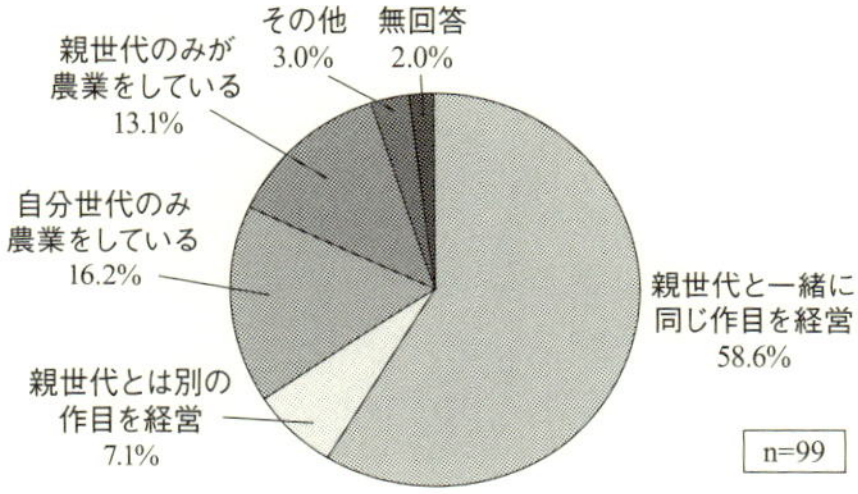

（出所）図３と同じ。

図６　農業経営や農作業で関わりのある内容（MA）

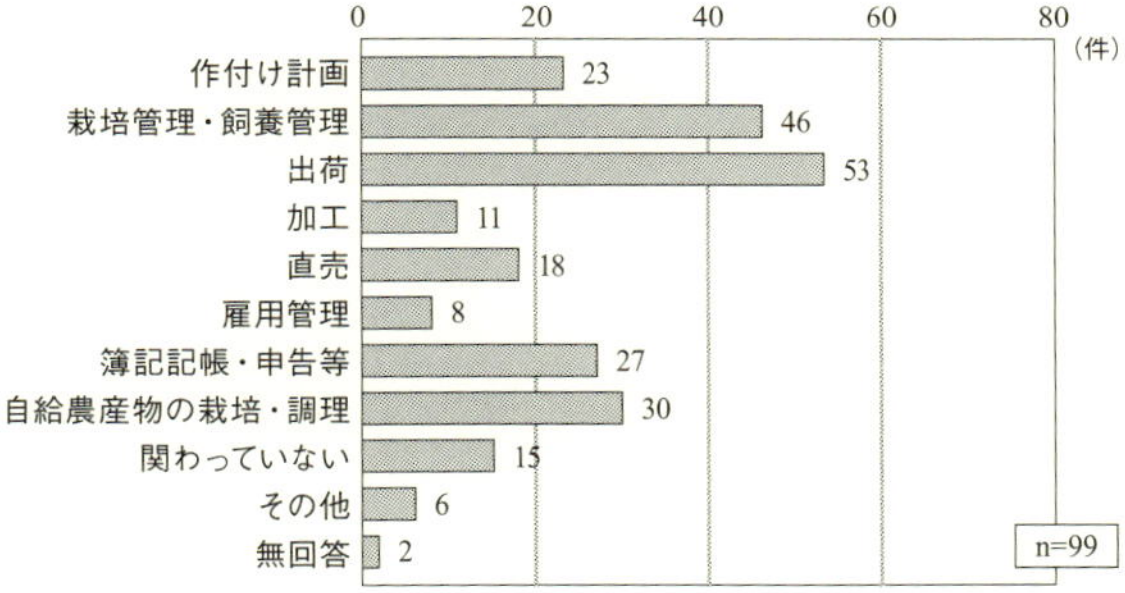

（出所）図３と同じ。

図７　農業経営に関わることの良い点（MA）

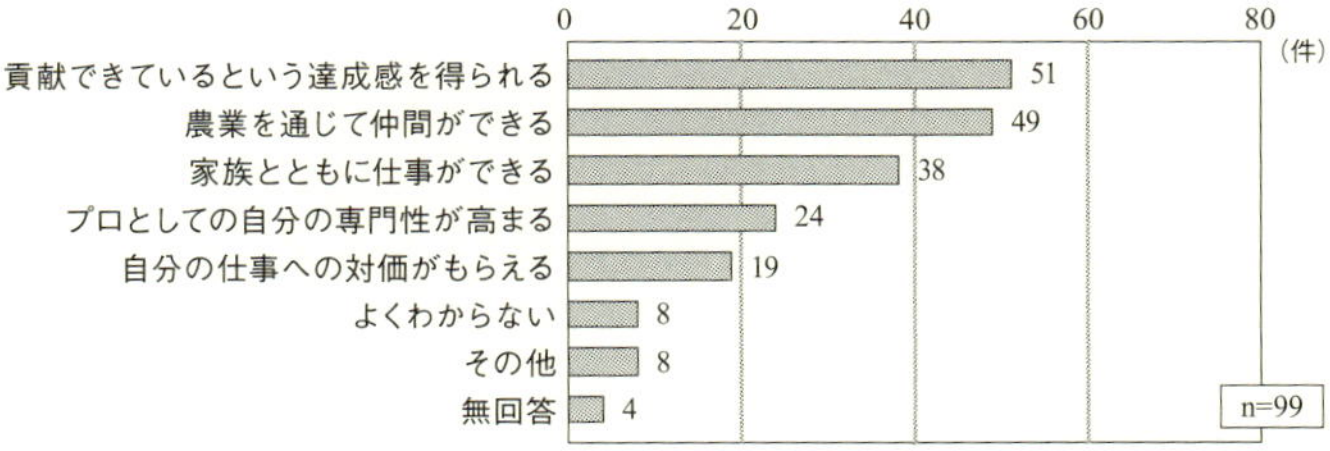

（出所）図３と同じ。

あるいは末子の保育園入園や小学校入学という育児の節目に集中している（図3）。育児については、圧倒的に女性が行っており、夫や家族の分担はほとんど見られない（図4）。農業経営の形態は、「親世代と一緒に同じ作目を経営」が約六割を占め、親子継承を前提とした家族農業が一般的である（図5）。そして、農業経営への女性の関わり方は（図6）、「出荷」や「栽培管理・飼養管理」が半数を超え、親世代の経営下では作業中心の関わり方をしている様子が窺われる。

次いで、「自給農産物の栽培・調理」「簿記記帳・申告等」がそれぞれに三割近い。前者は、経済事業である農業経営とは一線を引かれるため、農業への入口として敷居が低く、取り組みやすい。後者は、従事時間に融通が効くので育児期の女性が従事しやすく、そして、我が家の農業経営状況を把握するためにも有効である。

一方、農業経営や農作業にかかわっていない女性の理由には、「他の仕事をしている」や「人手が足りている」、「子育てを重視して欲しいと言われる」等の声が聴かれ、冒頭で触れたように、農産物価格の低迷により農業所得で不足する家計費を補填するために他産業に就労する女性、農業経営の規模によっては余剰労働力とされる女性、育児期は家事や育児に専念するものとの家族間での役割規範によって、家事・育児に専念する女性などの存在が窺われる。

では、彼女たちはどんな意識でいるのだろうか。農業経営に関わることの良い点は（図7）、「自分も貢献できているという達成感を得られる」「農業を通じて仲間ができる」が約半数、「家族とともに仕事ができる」が続いている。家族農業の一員としての意識や意欲、農業者としての職業意識が

図８　今後の農業経営への関わり方（SA）

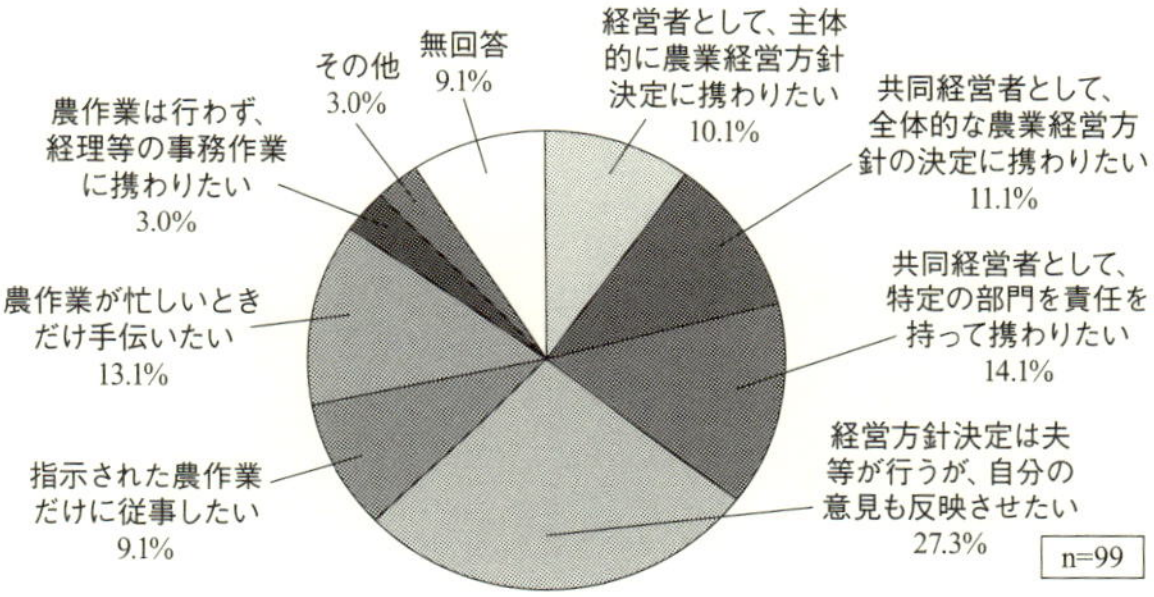

（出所）図３と同じ。

窺われる。この他、「自然と関わりリラックスできる、リフレッシュできる」「子供が野菜に興味をもつ」「目には見えない心の成長につながる気がする」等、農業の心身への効果を挙げる意見も聴かれる。そして、将来は、「経営者として」あるいは「共同経営者として」農業経営に携わりたいが約三割、「自分の意見も反映させたい」約三割と、約六割強の女性が農業経営への積極的な参画を希望している（図８）。

農業経営に求める改善点は（図９）、「休日が規則的に取れないこと」四割強、「自分の労働報酬が十分でないこと」約三割。続く「労働時間が長いこと」二割弱も含めて、これらは改善が求められながらも長年続いている課題である。

そして、農業経営への参画を進めるためには、回答者の半数が「休日の確保」「家事の分担」を、次いで「労働報酬の支払い」「育児の分担」を求めている（図10）。また、地域社会への参画を進めるためには、「家族の理解と協力」を求める女性が九割を占めており、これを家庭内部への要望とするなら、外部に対しては「同年代の仲間」、仲間に出会うための「交流・

図９　農業経営の改善点（MA）

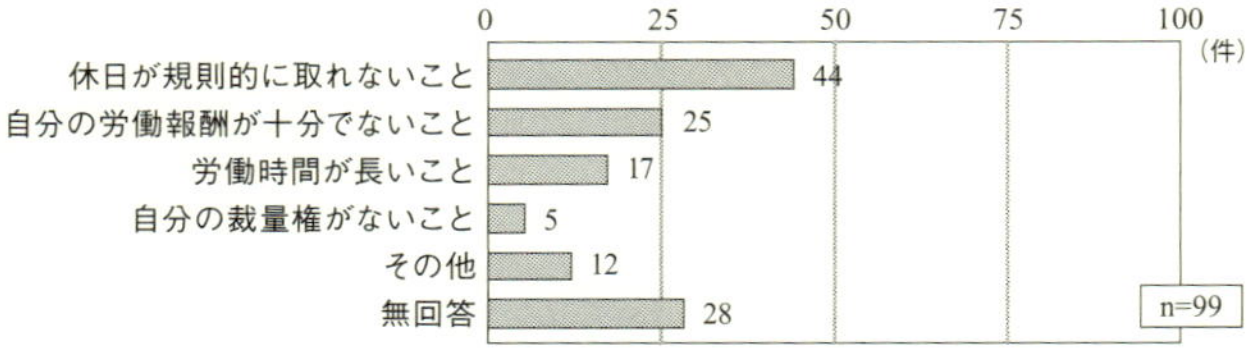

（出所）図３と同じ。

図１０　農業経営への参画に必要なこと（MA）

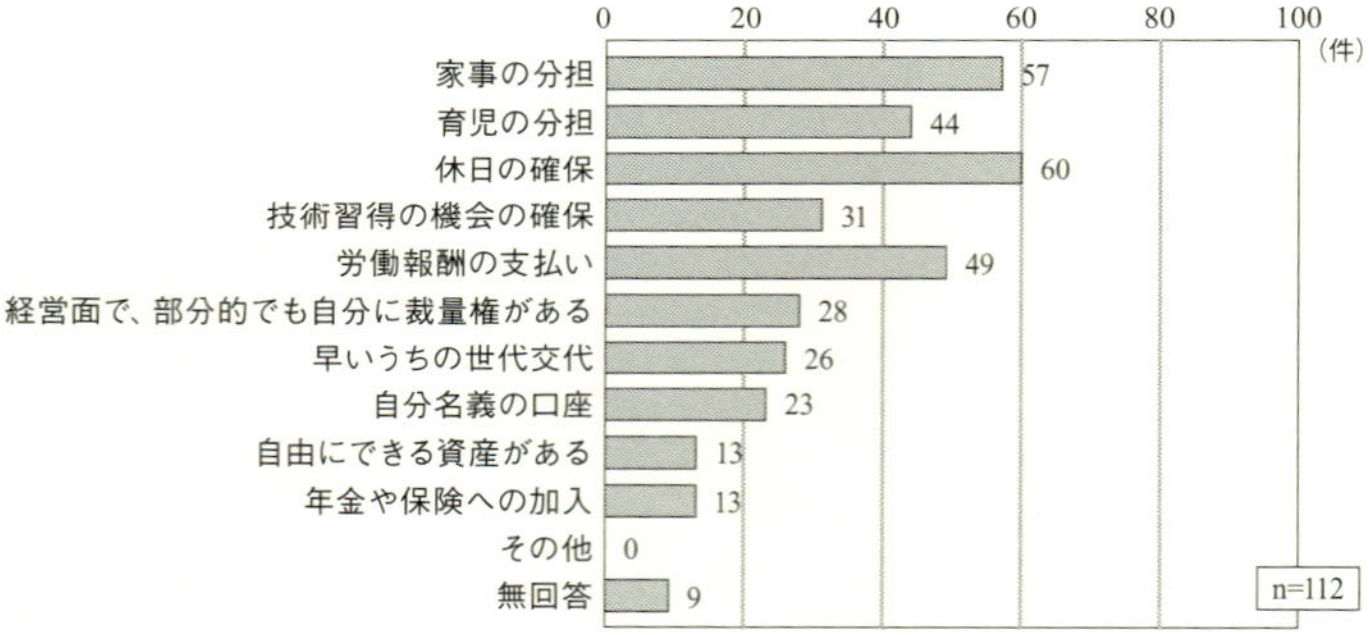

（出所）図３と同じ。

図１１　地域活動への参画に必要なこと（MA）

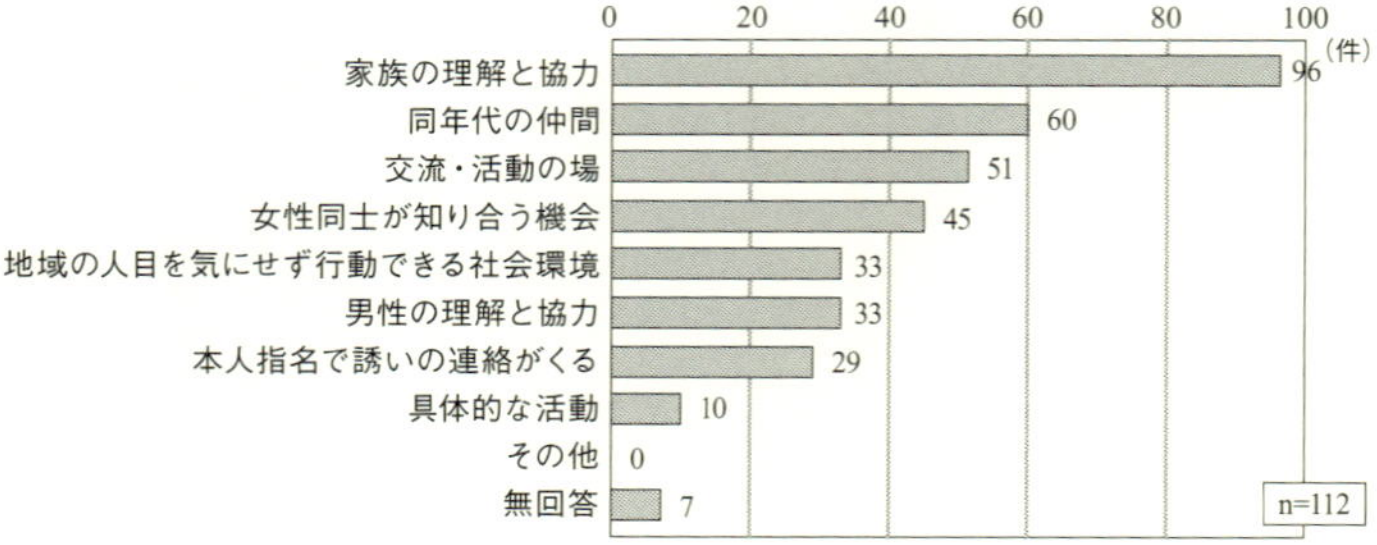

（出所）図３と同じ。

活動の場」「女性同士が知り合う機会」が必要とされている（図11）。

以上から、次世代女性農業者の課題を整理してみると、統計分析によれば、二〇代から三〇代の女性の増加が継続的に見られることから、結婚就農期の女性の把握と農業者としての育成の必要性が挙げられる。次に、アンケート調査結果からは、家族農業における休日の設定と労働報酬の支払い、家庭での家事・育児分担の実現、地域社会へ参画するための家族の理解と協力の獲得、仲間づくりための場づくりが求められる。

では、これらの課題をふまえて、千葉県で行われている次世代女性農業者の育成事業について、次で触れよう。

2　次世代女性農業者の育成に関する取り組み（千葉県を事例に）

（1）千葉県による次世代女性農業者育成事業「次世代ヒロイン研修」の概要

千葉県では、二〇〇七年から四〇歳以下の女性農業者の育成事業（セミナー）を実施している。この事業の目的は、女性リーダーの育成である。四〇歳以下の若い女性農業者の仲間作りと農業経営への参画を目指し、加えて、女性農業者組織への加入誘導も行っている。そのポイントは、地域で活躍している女性農業者が、それぞれの地域において次世代の女性農業者を育成することにある。(2)

第一段階　対象者の把握

県内一〇箇所に設置されている農林振興センターにおいて、県が把握している新規就農者に対して、各管内の巡回等を通じて新規就農者の配偶者の有無を確認し、対象となる四〇歳以下の女性農業者の把握を行った。その結果、一九九人の女性の存在が確認された(平成一八年時点)。

第二段階　支援対象者の実態把握

確認した女性を対象にアンケート調査を実施し、農業経営内容と関わり方、報酬と受け取り方、生活に関わる苦労などを把握、また、セミナーに関する希望を尋ねた。県担当者によると、次の実態および意向が明らかになったという。

・半数は非農家より嫁ぎ、現在は家事・育児を担当しながら農作業を手伝っている
・将来は家族と対等な農業経営者になりたいという意向も強い
・地域の中で農業者同士の交流がなく、同世代の女性農業者同士の仲間がいなく寂しい
・農業技術を学びたい意向がある

・多世代家族で気を遣っている
・農業は時間のけじめがなく、休日がないことに不満を感じている
・育児が仕事とみなされていない

第三段階　セミナーの開催

事業初年度は、二箇所の農林振興センターを重点支援のモデルに設定し、四〇歳以下の女性一五人を対象に、年三回から五回、セミナーが開催された。郷土料理講習や女性リーダーとの交流、農業に関する知識技術の修得・向上や農業経営と暮らしのプランづくり等が、その内容である。なお、育児期の女性がセミナーに参加しやすいように、託児サービスが行われた。

(2) 女性たちへの影響

セミナー修了後、受講生による自主グループが結成され、女性農業者リーダーを指導者に、料理講習や意見交換会などが実施されている。(3) では、このセミナーに参加した女性はどのような意識でいるのか。セミナー修了生に行ったインタビューの一部を示しておこう。

・Iさん

Ｉさんは四〇歳。農業経営は、水田一二ヘクタール、ハウス五〇アール（トマト、キュウリ）。家族構成は、祖父、父、夫、子一人。他県の専業農家の跡取り娘だったが、千葉の専業農家に嫁いで一四年目になる（調査時）。農業後継者と農業後継者の妻の両方の立場を経験しているＩさんによると、「嫁の世界は全然違う、後継者と嫁では全然違う」のだという。セミナー参加者の中ではリーダー的存在で、セミナー開催中にＡさんが受講生名簿を自ら作成し、グループを発足させた。仲間づくりの必要性について、Ｉさんは次のように話した。

こういう同年代の女性農業者によるグループ活動をずっとしたかった。実家とは家風が違い、おとなしくしていた。一〇年間、嫁の立場でいるつもりではなかったが、若い女性農業者同士の接点がなかった。一〇年、（このような機会を）待っていた。非農家の女性の中には何のバックアップも得ずに子育てサークルを運営している人もいる。そんな女性を見て、農家の女性は行政やＪＡのバックアップがあるのだから、もっとがんばらないといけないと思った。セミナーに来られる人は救ってもらえる。来られない人は救ってもらえない。来たくてしょうがないけど行けない女性もいる。たまたま農業をやっていて、立派な農業経営の家にいるけれど、自分は何なの、子育てばっかり、と感じている女性は多い。農業経営は家族経営、家族と農業は両輪。その中で嫁は鬱積している。だから、セミナーが終わっても生き抜きをするためのグループがあれば、情報を流せると思った。何か所属がないと、皆、バラけてしまうから、一回でもセミナーに参加した人は名簿に載せている。載ったら、皆、会員。会員には通信を出している。県のセミナーには卒業がある。参加者名簿は個人情報の関係から作成してもらえないので、自分でやらなければならない。なんとしてもグループを作り上げたいと思った。そういう思いの人がいないとダメ。思い続ければ、地元に根ざしたグループができる。自分が弱い時にこういうところへ呼んで欲しかった思いがあるから、ここに来られない女性、家でおとなしくしている一歩出られない女性を引っ張って行こうと思っている。

・Tさん

Tさんは三四歳。農業経営は、酪農四〇頭、水稲六ヘクタール、露地野菜一ヘクタール。家族構成は、父、母、夫、本人、子三人（調査時）。県内の非農家の生まれ。高校生の頃から農業に関心があり、大学で農学を専攻した。無農薬・有機農業を志向し、大学卒業後は、新規就農者として自立することを目指していた。しかし、地元の農業後継者と結婚した。結婚して五年。出産するまでは農業に従事していたが、出産後は育児に専念している。Tさんは今の思いを次のように話した。

農家の嫁がどういうものか、解らずに嫁いだ。農家に嫁に入ると、既に完成した農業経営への中へ入っていくので、自分の好きなようにはできないと最初は気になった。それを乗り越えると、自分でやれることに気付く。お金を稼ぎ、家族を養い、地域を守るには、無農薬・有機農業ではやっていけないと思うようになった。それぞれのやり方があるから、生活と仕事が楽しくやれれば良い、自分の社会での責任を果たせばよいと思う。今は家事で目一杯の状態だが、子供の手が離れていけば徐々に経営と向き合うようになると思っている。自信を持ちたい。いろんな人と経営について話をして、自分を確認したい。今の経営に疑問が沸く時が来れば、また違うニーズが出てくると思っている。農家は点在していても孤立感はないと思っていたが、農業関係者同士の関わりがなかった。子育て中は家から出られないんじゃないかと思い、家族に遠慮していた。セミナーに参加して、うちは全然大変じゃないと、周りを見て自分を知ることができた。

・Sさん

Sさんは三五歳。農業経営は、観葉植物一〇〇〇坪ガラス温室、七〇坪×一四棟パイプハウス。家族構成は父、母、夫、本人、子二人。結婚して一二年。家の家事一切を任されて九年になるSさんは、農業に従事しながら、家事・育児の一切を行っている（調査時）。Sさんはセミナーの影響を次のように話した。

研修に参加したきっかけは、農林振興センターから、「後継者中心のセミナーをやるのでどうかな」と声をかけられたことだった。夫は観葉植物の仕事仲間の付き合いがあるけれど、妻たちは一緒に出て行けない。我が家は雇用も入れていないので、家の中で四六時中、朝からずっと、家族で同じ仕事をする。夫が良い機会だからセミナーに出てみたらと勧めてくれた。家から出て行けるとなってルンルンな気持ちだった。セミナーに出てみると、同じ環境の人がいた。自分以上に大変な人の存在を知った。友人関係がかなり増えた。同じ業種でなくても悩みも相談もできる。人の輪が大きくなった。悩みながら仕事をしていることを話し合える友人ができた。自宅で農作業の休憩時間に携帯電話でメールのやりとりをする。セミナー参加者の中で、自分は、観葉植物をやっている農業者なのだというのを認識できるのも大きい。セミナーを終えて帰宅すると、父母から、セミナーでは何をしてきたかと聞かれる。参加者の話をすると、皆、大変なんだと理解を示してくれる。次のセミナーの案内状が来ると「いつ？　セミナーでしょ」と、夫や母が先に聞いてくれるので、「行こうかな」と言える。自分宛の手紙は、農業者として認められる。家族の中で、仕事をしているひとりと思えるようになった。セミナーの後、夫と仕事のやり方について話ができるようになった。

（3）次世代女性農業者の育成支援の課題

ここまで、千葉県の次世代女性農業者の育成事業と受講生の意識をみてきた。この事例から、次世代女性農業者の育成支援の課題として、以下のことを指摘できよう。

①後継者世代の女性農業者の把握と農業の担い手に位置付けた支援

冒頭で述べたように、男女共同参画基本法の施行から一〇年の間、女性農業者の社会参画が進められてきた。ただし、その対象となった女性はリーダー格の女性たちだった。後に続く女性たちの育成は手付かずのまま、対象となる女性がどこにいるのか、その把握さえもなされていないというのが実状であろう。千葉県での取り組みは、まさにこの女性の「発見」から始められている。

着目したのは、次世代の農業の担い手として把握されている新規就農者であり、その配偶者の把握だった。潜在する対象者を普及指導員が個別訪問を行い、一件ずつ押さえていった。家族農業が主たる経営スタイルである日本の場合、夫婦＋αの労働力による農業経営が一般的である。

すると、配偶者である女性農業者も農業後継者と同様に、農業の担い手として位置付けられなければならない。このことを十分に踏まえた上で、女性農業者の「発見」を丁寧に行うべきである。この地道な作業は貴重なデータベースとなり、地域農業の推進、農村の振興にあたって、資産となるだろう。

② ニーズに応じた支援プログラムの設定と自主的グループ活動への継続支援

最近の傾向として、若い女性農業者は、高学歴で何らかの職業経験や資格を有している場合が少なくない。そして、情報システムの発達により、農村であっても様々なルートからあらゆる情報を獲得できる環境が整備されつつある。女性の育成支援には、そうした時代性をふまえた支援プログラムが求められている。

それは、目的意識の明確な若い女性たちのニーズに適った内容を設定することである。そのためには、千葉県が初動段階で実施した、実態把握、ニーズ調査が不可欠である。地域特性や対象となる女性の特性によってニーズは異なるため、対象ごとの把握が求められる。そして、支援プログラムでは、対象となる女性たちが自主的な仲間づくりに向かえるよう、交流の機会を十分に用意することが重要である。千葉県では、「場」やきっかけがあれば、女性は主体性を持って行動する傾向が窺われた。

したがって、組織化や活動の方向付けは当事者の主体性に任せること、支援サイドは、今後の農業・農村の担い手に求められるスキルや資質の醸成に向けて、女性農業者の育成に関する中期・長期の目標を明確にすること、女性支援を担い手育成のための継続的な事業として位置付けていくことが課題といえよう。

なお、セミナーの段階では、生活技術、そして、先駆的モデルである女性農業者の農業経営（農業経営と農家経営）を学び、自主グループ活動段階では、女性だけでなく、男性も交えた交流や学習機会を組み込み、男女が共同して農業経営に参画できる土壌づくりを支援していく必要があるだろう。

3　女性のエンパワーメント

最後に女性のエンパワーメントの視点から、次世代女性農業者を育成する際に非常に重要な女性の主体形成について考察してみたい。

（1）農村女性の主体の不在

日本における農村女性への支援は、第二次世界大戦後、ＧＨＱ占領下において勧められた生活改善普及事業によって始められた。「生活改善とは生活技術の普及による生活経営の合理化であり、それらを通じて農家婦人の地位向上と農村民主化に寄与することが事業の最終目標とされた」（市田、二〇〇五）。この目標を実現させるために、一九五四年に示された考え方と方法が図12である。「生活をよりよくすること」と「考える農民を育てること」の二つの柱があり、前者の目的を果たすための方法が「生活技術の改善」であり、後者の目的を果たすための手段が「グループ育成」であった。

当時の農林省生活改善課長であった山本松代は、「『生活を丸く見ること』、つまり生活を総合的に捉えることの重要性を終始訴えていたという」（農と人とくらし研究センター、二〇〇九、一二頁）。この農家生活を総合的に捉えるものさしとして一九五九年に農林省から出されたものが、表1の「よりよい暮らしの当面目標」（以下、「当面目標」とする）である。この当面目標には、「Ⅰ　勤労者としての健康の維持」「Ⅱ　家庭生活の合理的な運営」「Ⅲ　次代の農業人の基礎を作るための育児と家庭教育」「Ⅳ　快適で楽しみの多い民主的家庭生活」の４つの目標があり、それぞれに具体的な指標が細かく明示

図 12　生活改善普及事業の概念図

生活改善普及事業とは
目的は二本立て

農村生活がよりよくなる（農家生活によりよき変化をもたらす）

考える農民が育つ

その内容的手段は

生活技術の改善
農家生活がよくなるためには他に政治の面、農業経営の面、社会機構の改善など色々な分野がある

グループ育成
集団思考の場なる生活改善グループ
受け入れ組織としてのグループ仕事
伝達促進の場なるグループはこの目的の手段ではない

仕事を進める方法は

教育的（技術＋人）
このほか仕事を進める方法としては命令的（技術＋法令）、最直的（技術＋金、物）などの方法がある

（出典）『生活改善　普及活動の手引き（その 1)』農林省農業改良局普及部生活改善課、1954

表 1　よりよい農家生活への当面目標（一部抜粋）

寝具を調節している。
やすい寝具の組合せにな
上の睡眠をとっている。
寒暖に適した被服を着て
被服を着ている。
業衣とそれに合った下着
作業ができる被服を着て
、住血吸虫等）や有害薬
のに充分な身づくろいを
に容易な着方をいつもし
着ている。
つもち 3 日に一度以上は
枚以上もち、洗濯して清
な住居にすんでいる。
⋮

A　農家生活のよりよい状態に対する当面の目標

Ⅰ　勤労者としての健康の維持

(1)　必要な栄養を確保した食事を毎日とっている。
ア　栄養を考えて食品を上手に組合せた食事をしている。
a　魚または肉を合わせて大 1 切分（90～ 100 g）と卵中 1 個以上とっている。豆類を 100 g以上とっている。
b　乳を½本（90cc）以上とっている。
c　食用油脂を大さじ 1 ぱいと小さじ ⅓ ぱい（計15 g）以上とっている。
d　野菜、いも、果物を合わせて 500 g（うち緑黄色野菜 100 g）以上とっている。
e　栄養を損失しないような調理のしかたをしている。
（以上は、農山漁家生活改善総合対策案によるものである。）
イ　時間や設備を確保して栄養的な食事をとっている。
a　最低必要な時間を確保して家族の食事をととのえている。
b　働きやすい調理の場があり、調理用の設備
⋮

B　農家生活に対するよりよい態度の標

日常の暮し方に対し

Ⅰ　自主性がある

(1)　自分の生活に目標をもつ。
ア　よりよい生活を送るため、この 1 年するか自分で考えた目標をもっている
(2)　自分の意見をもち自分の行動を自分で
ア　義理や人情、しきたりにこだわらな に出席する。
イ　他人の意見に左右されないで自分で 改善問題をきめる。

Ⅱ　科学性がある

(1)　見通しをもって計画をたてる。
ア　改善計画をもつ。いきあたりばっ ない。
(2)　科学的に判断し処理する。
ア　技術の良否を見分けてとり入れる。
イ　自分の生活の中の問題点を知る。
ウ　迷信や因習にこだわらない。かん にたよらない。

Ⅲ　実践力がある

(1)　よいと思ったことは必ず実行する。
⋮

（出典）長野県普及職員協議会生活部会そよかぜ会『みどりのむらに輝きを』1986

されている。その指標の数は、大指標二〇、中指標五八、小指標六四にも及ぶ。

農家生活領域を体系的に網羅したこの指標でもって、農家生活の改善に取り組むというものだった。しかし、この総数一〇〇を超える指標を達成することは困難だったといえよう。そして、問われるのは、提示された指標を達成することが生活をよりよくし、考える農民を育てるとの認識に立ち、あるべき理想像に近づけるための画一的な誘導がなされたのではないかという点である。そこに当事者主体はあったのだろうか。

この疑問を抱えつつ、次に、かつて長野県で実施された農村女性育成支援事業について触れることにする。

(2)「農村婦人学校」における「問題解決学習」(長野県を参考に)

長野県では、人材育成事業として、一九八二年から農村の女性を対象にした「農村婦人学校」を開催した。これは「国連婦人の一〇年」の追い風を受けたものであった。基礎(若妻教室)、中級(農村中堅婦人教室)、上級(農村婦人リーダー教室)の三つの講座があり、基礎講座の対象者はおおむね二五歳~三五歳(後に四〇歳)の農業に従事する若妻であった。

ねらいは、若妻の農業観、生活観を育むこと。内容は、農家生活、農業経営、農業生産技術、地域農業の学習、そして、若妻の仲間づくりを柱に、一〇か月で一六単位三二時間のカリキュラムを受講するというものだった。初年（一九八二年）は、二三地区で八五二人の受講生がいた。実際の講座は、柱となる内容を基本に地区ごとに異なっていた。そして、ここで注目したいのは、この農村婦人学校で実施された「問題解決学習」である。[4]

長野県の「問題解決学習」の手法とは、農林省が普及員の手引きとして開発した「三層五段階思考法と同じものを指している。同県では、この普及員用の手法を、昭和五〇年代後半より受講生向けテキストに「くらしの三層構造」と「問題解決学習のすすめ方」として、図13のように掲載したのだった。例えば、この頃の北佐久地区では、「問題解決学習」に重点をおいたBコースが、基礎講座に設定されている（表2）。

当時の受講生の手記から、「問題解決学習」に関する記述を紹介しよう。

午後、Bコースの話し合いに出席したところ、「暮らしとは何か？」で始まり、考え考えの半日でした。ずっと、考えることから遠ざかっていた頭をゆり起こしての時間は、長く苦痛でした。毎日の暮らしの中でのしかかっているもの、そして各家庭の中の具体的な問題を、ひとりひとりが持って、問題解決学習に取り組むことになりました。いざ自分が一つのテーマを定めて、それを掘り下げていくとなると、ふだん何も考えず、なりゆきまかせの生活をしている私は、とまどってしまい、〈何もないじゃないか、あってもそんなことどうにもならないのではないか〉そう考え、一つテーマを定めること自体が最大のテーマになってしまったのです。

一体、私は、今まで何を考えて生きてきたのだろうか？　考えること、めんどうなことは避け

図１３　くらしの三層構造と問題解決学習のすすめ方

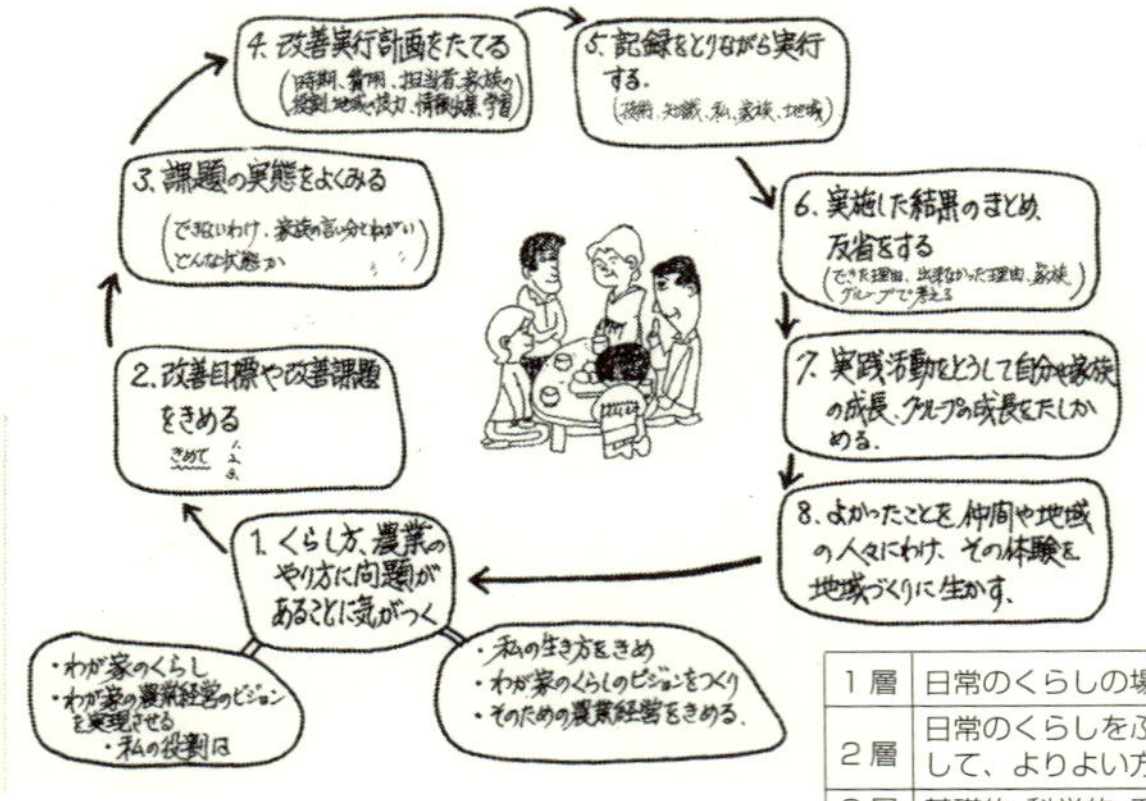
4. 改善実行計画をたてる
(時期、費用、担当者、家族の役割、地域の協力、情報収集、学習)
5. 記録をとりながら実行する。
6. 実施した結果のまとめ、反省をする
(できた理由、出来なかった理由、家族、グループで考える)
7. 実践活動をとうして自分や家族の成長、グループの成長をたしかめる。
8. よかったことを仲間や地域の人々にわけ、その体験を地域づくりに生かす。
3. 課題の実態をよくみる
(できないわけ、家族の言い分とねがい どんな状態か)
2. 改善目標や改善課題をきめる
1. くらし方、農業のやり方に問題があることに気がつく
・わが家のくらし
・わが家の農業経営のビジョンを実現させる
・私の役割は
・私の生き方をきめ
・わが家のくらしのビジョンをつくり
・そのための農業経営をきめる。

１層	日常のくらしの場
２層	日常のくらしをふりかえり、そして、よりよい方向を考える場
３層	基礎的、科学的、系統的学習の場

（出典）上高井農業改善普及所『上高井農村婦人学校（基礎講座）テキスト』1983

表２　農村婦人学校基礎講座内容（北佐久地区）

回数	月日	午前・午後	Aコース	Bコース
1	11月30日	前	開講式、農業の変遷と今後の課題	Aコースに同じ
		後		くらしの問題解決について
2	12月16日	前	農村婦人の役割	Aコースに同じ
		後		課題選定と計画作成
3	1月21日	前	私の農業経営、農業技術と婦人	Aコースに同じ
		後		プロジェクト活動の実際
4	2月14日	前	農家主婦の体験発表と交換	Aコースに同じ
		後		プロジェクト活動のまとめ
5	3月1日	前	くらしの問題学習について	Aコースに同じ
		後	反省と閉講式	Aコースに同じ

（出典）長野県農政部『村を拓く婦人の学習　昭和57年度農村婦人学校のまとめ』1983

て通って来た自分が、はっきりと浮き彫りにされた様な気がしました」（Fさん）（長野県農政部、一九八三）

（3）考える農村女性

「当面目標」と「問題解決学習」の双方の普及指導にあたった元生活改良普及員Aさんは、「当面目標」にて育成した女性農業者のことを「雛型人間の育成だった」と反省を込めて振り返る。その意味するところは、主体の不在であった。対して、先の手記に見られるように、「問題解決学習」では、「一つテーマを定めること自体が最大のテーマ」なのである。ここには確かに主体が存在する。重要なのは、図13の「1 くらし方、農業のやり方に問題があることに気がつく」→「2 改善目標や改善課題をきめる」一層一段階の部分に、女性が自身と正面から向き合う行為であり、その過程であった。

当時、泣き出す女性、怒り出す女性が何人もいたという。それほどに女性を精神的に追い詰める学習でもあった。そして、女性が〝私の問題〟と向き合うことができた段階で、この学習による成果は出たようなものだった。当時、若妻で、実際に問題解決学習を経験した年配の女性農業者に話を聞くと、問題解決学習の手法を今も応用しているという。「相手の気持ちになって考えること」「自分が変わること」「頭の整理の仕方」を学んだから、「心穏やかに暮らせる」という（二〇〇九、木島平女性グループインタビューより）。

このように、次世代女性のエンパワーメントには、主体形成を促す支援が必要であり、主体の確立が鍵となることが指摘できよう。

おわりに

本稿では、統計や調査の結果から、次世代女性農業者の現状と課題、そして、次世代女性農業者を育成するための支援事例とその課題を示した。そして、過去に取り組まれた農村の若妻を対象にした育成支援事業に触れ、女性のエンパワーメントの視点から主体の確立、主体形成の重要性を指摘した。

現在の三九歳以下の女性農業就業者数は、総数の三パーセントにも満たない。ただし、存在が把握されている女性は、高学歴、または、職業経験や資格を有した、農業経営および社会への参画に意欲的な女性が少なくない。一方、農家の嫁としての立場は今も変わらず、休日や労働報酬の不備、家事・育児の負担などの問題が続いている。

こうした状況下にある次世代女性農業者に必要な支援とは何か。学習と仲間づくりの機会提供であることは、戦後から現在までも変わりないようだ。そして、最も重要なことは、女性のエンパワーメントの視点に立った、女性の主体形成を促すことである。

現在、食料・農業・農村基本計画および男女共同参画基本計画では、『二〇二〇年三〇パーセント』

の達成に向けて、農業委員および農協役員への女性の登用が促進されている。このこと自体は歓迎すべき取り組みであるが、成果を急ぐあまりにジェンダーの再固定化や数合わせの実のない登用にもなりかねない。

目指すべきは、女性の地位向上ではなく、男女を問わず、人が個として尊重され、その能力を十分に発揮できる社会や環境を築き上げることである。そして、そうした将来像を自ら描き、実現できる実行力を備えた人材の育成を図ることが期待されよう。

（なお、本稿は、二〇一〇年ＡＲＳＡ一般口頭報告内容に一部加筆修正を加えたものである）

〔注〕

（1）二〇〇九年一〇月から一一月、ＪＡフレッシュミズを対象に実施。有効回答数一一二票。回答者の年令構成は、二〇代二パーセント、三〇代三三パーセント、四〇代五六パーセント、五〇代八パーセント。詳細は、「次世代を担う女性農業者の育成支援」報告書、二〇一〇年三月、特定非営利活動法人農と人とくらし研究センター発行、参照のこと。

（2）セミナー受講生は、女性農業者リーダーとの交流によって、様々な知識や技術、精神的な安定を獲得している。同じ地域に暮らし、嫁の立場を経験して、現在は農業者として実績のある女性リーダーは、若い女性にとって説得力があり、将来像を描く際の見本のひとつとなっている。

（3）二〇〇九年時点で、セミナー修了生は一七六名、二つの自主グループとＪＡフレッシュミズ組織一件が結成されている。

（4）問題解決学習の手法（「三層五段階」思考法）については、太田（太田、二〇〇四）が詳しい。

【引用文献】
市田知子「二章　戦後改革期と農村女性」『農村社会史　戦後の日本の食料・農業・農村　第一一巻』」農林統計協会、二〇〇五
特定非営利活動法人農と人とくらし研究センター「山本松代と生活改善普及事業を語る」『農と人とくらしNo.1』（トヨタ財団研究助成プログラムによる研究成果の一部）、二〇〇九
特定非営利活動法人農と人とくらし研究センター『次世代を担う女性農業者の育成支援　農林水産省農業・農村男女共同参画チャレンジ総合推進事業のうち女性農業者の農業経営と育児等の両立支援に関する調査・分析事業　平成二一年度報告書』二〇一〇
長野県農政部『村を拓く婦人の学習　昭和57年度農村婦人学校のまとめ』、一九八三

【参考文献】
太田美帆『生活改良普及員に学ぶファシリテーターのあり方　戦後日本の経験からの教訓』ＪＩＣＡ二〇〇四

あとがき

窪田　憲子

都留文科大学履修要項の資格講座のセクションを開けると、日本語教員養成課程や環境ＥＳＤプログラムなど各種の講座と共に、ジェンダー研究プログラムの頁が設けられている。プログラムを構成している科目名、単位などを記載したわずか一頁の簡単な科目表ではあるが、学生たちにとって、ジェンダー・プログラムのさまざまな科目を履修する際に、拠りどころにする重要な頁である。ジェンダー・プログラムの修了証取得に至らないまでも、ジェンダー研究に関連する科目を履修する学生たちは、毎年、数百名にのぼっている。学生数約三千名の都留文科大学にあって、ジェンダー関連の科目履修者が延べ人数で毎年数百人ということからも、学生への浸透度や人気がうかがわれよう。

このように、本学にすっかり定着した感があるこのプログラムであるが、まだ発足後一〇年経っておらず、ジェンダー研究プログラム立案に携わった時のことも私の記憶に新しい。ここで、当プログラムが立ち上がるまでを簡単にふり返ってみたい。

　ジェンダー研究プログラムが生まれた契機はいくつかあるが、一つは本学の男女平等委員会（現人権委員会）における学生への啓蒙活動であった。この委員会は学内のセクシュアル・ハラスメント対策に当たるために、一九九七年にセクシュアル・ハラスメント防止対策委員会として発足したのであるが、当時、このような委員会が置かれている大学はまだそう多くなかった。セクシュアル・ハラスメントという概念／言葉自体が日本に入ってから日が浅かったのである。

　セクシュアル・ハラスメント（sexual harassment）という用語は、一九七〇年代前半のアメリカで最初に使われたと言われている。私自身、一九八〇年代前半に、授業でアメリカ事情に関するテキストを読んでいたとき、そこに出てきた'sexual harassment'という言葉を日本語で何というべきか、内容をどのように学生に説明すべきか、考えてしまったことがある。当時の日本の社会で、そのような言葉はまず聞いたことがなかったからである。日本でセクシュアル・ハラスメントという言葉が聞かれるようになったのは、一九八〇年代後半以降であったように思う。

　この言葉を日本語で表現する場合、「性的嫌がらせ」ということもあるが、しかし、「嫌がらせ」という言葉では、英語の'harassment'という意味を表しきれず、現在は、英語をそのままカタカナで表すことが多い。一般の人びとの間でセクシュアル・ハラスメントというカタカナ言葉が日常的に口にのぼるようになったのは、おそらく一九八九年ではないか。セクシュアル・ハラスメントという言葉はその年の流行語大賞になっているのである。それ以来、この言葉は——時にセクハラと縮めて言われることもあるが――日本の社会に急速に定着したといえる。

重要なことは単なる言葉の有無ではなく、言葉が存在することにより、その言葉が表す事象が顕在化され、問題の所在が認識されるということである。セクシュアル・ハラスメントという言葉が定着する前の日本の社会では、女性の容姿は日常のいとも当たり前の話題であった。また職場において親密さを示すという名目で、男性上司が部下の女性の身体に触れることがあっても、黙認されることが多かった。しかし、一九八九年以降、日本の社会に急速に定着していったセクシュアル・ハラスメントという言葉により、何がセクシュアル・ハラスメントという行為や言動であるのか、ということが、明確に認識できるようになった。それまでは、嫌悪を感じても、社会の慣習として甘受せざるを得なかったり、あるいは漠然とした不快さという形でしか受け止められなかったことが、そのような行為をセクシュアル・ハラスメントと認識して、はっきりとノーという声をあげることが可能になったのである。

このように、概念の確立、事象の可視化という意味で大きな役割を果たしたセクシュアル・ハラスメントという言葉であるが、言葉の定着だけでは、問題が生じたときに解決できないことは自明の理である。そのため、全国の大学はセクシュアル・ハラスメントという問題に対してどう対処するのか模索し始めた。二〇世紀が終わろうとしている頃であった。渡辺和子・女性学教育ネットワーク編著『キャンパス・セクシュアル・ハラスメント――調査・分析・対策』（一九九七年一一月）によれば、一九九七年に高知大学ではセクシュアル・ハラスメント対策と防止に向けたガイドラインを作成しており、名古屋大学は、一九九七年度の学生便覧の中で、セクシュアル・ハラスメント対策を説明している（渡辺　四二三―四三〇）。一九九七年九月にキャンパス・セクシュアル・ハラスメント全国ネットワークが設立され、その中で独自にガイドライン作成を目指す大学もあった。さらに一九九九年三月になって、当時の文部省は、各大学にセクシュアル・ハラスメントの対策を講じるようにという通達を出している。文部科学省のホームページによれば、二〇〇二年度には、全国六九九大学のうち、約八二％の大学でセクシュアル・ハラスメント対策の何らかの機関が設けられている。

このような流れをみると、都留文科大学が一九九七年にセクシュアル・ハラスメント防止対策委員会を設置したのは、全国の大学の中でも逸早い動きであったと言える。そのようにして発足した委員会であったが、持ち込まれる相談事に対処しているうちに、学内からセクシュアル・ハラスメント問題をなくすためには、この問題に対する意識を高めていく必要性があることが痛感されてきた。そのために、講演会を開催したり、ポスターを作成したり、セクシュアル・ハラスメントについてわかり易く解説した冊子を作ったりした。しかし、委員会の中で、また有志の教員の中で、授業においても、より恒常的に、より体系的にジェンダーについて学ぶ場を提供すべきではないかという声が強くなっていった。本学にはそれまでも「ジェンダー論入門」、「フェミニズム・ジェンダー」「ジェンダーがもたらす社会問題を理解する」といったテーマを掲げたジェンダー研究の科目はあったのだが、さらに一歩進んで、体系的なジェンダー研究のカリキュラムを作ることになっていく。

当時、ジェンダー・プログラムという包括的なカリキュラムは他の大学ではほとんど行われていなかったので、プログラムの構想は、ジェンダー研究プログラムのプロジェクト・チームのメンバーが手探りの状態から構築していった。国立女性教育会館発行『高等教育機関における女性学・ジェンダー論関連科目に関する調査報告書（平成一二年度開講科目調査）』なども参考にし、さらに外国の大学の同種のプログラムなども参考にしながら、案を練っていった。二〇〇三年には頻繁に会議をもち、プログラムの検討を重ね、本書の前書きの説明にあるようなジェンダー研究プログラムが二〇〇五年度に発足したのである。

男女平等が憲法の基本理念となっているのに、日本の社会では依然として〈女らしさ〉、〈男らしさ〉が人間生来のものとみなされることが多く、そのことから生まれる男女差別も残っている。ジェンダー研究プログラムを立ち上げた眼目の一つは、そのような本質主義的なジェンダー観に疑義を挟み、その問題にさまざまな観点から対処する視点を養うことであった。この点において、二〇一二年度で発足七年経つジェンダー研究プログラムはかなりの成果をあげていると言える。

さらに、学生たちが、ジェンダー認識という堅固な理論を土台にして、それぞれの学科で、それぞれの領域の勉強を深めていくことができるのも、このプログラムの成果と思われる。すでに、学部の勉強だけでは飽き足らず、海外の大学院でジェンダー・スタディーズを研究する学生が出現していることも心強い。

しかし、ジェンダー研究プログラムの成果は学生だけが与かったのではない。このプログラムに関心をもつ教員にとっても、このジェンダー研究プログラムから学ぶことは大きかった。教員がそれぞれの学科で担当している専門科目をジェンダー研究プログラムに繰り入れる際に、それは自分のもつジェンダーへの学問的関心を、果たして教育という場でどれほど具体的に示してきたのか、ということへの問いかけにもなっていったからである。さらに、ジェンダー教育という共通認識をもつことにより、互いの学問的成果をジェンダーという土俵で発表したい、という願いも強くなっていった。今回、その願いが実現し、このように多くの原稿が集まったことは、本書出版編集委員会として嬉しい限りである。

今を去る二二〇年前、メアリ・ウルストンクラフトの『女性の権利の擁護』(一七九二年)がイギリスで出版された。出版当時の酷評を乗り越えて、ウルストンクラフトの主張と精神は、後世に受け継がれ、この著作はジェンダー学における記念碑的書物となっていく。一九世紀後半にジョン・スチュワート・ミルと伴侶ハリエット・テイラーは女性が参政権をもつことを主張し、その獲得を目的とした第一波のフェミニズム運動は、二〇世紀前半まで続く。一九六〇年代に始まる全世界的な運動になった第二波のフェミニズムにおいては、主として、男女平等社会のための条件整備や意識の覚醒に力点がおかれた。それを受けて一九九〇年年代から現在に至るまでは、第三波のフェミニズムの時代と言われている。価値観の多様化する社会にあって、ジェンダーに関連する問題の本質も自ずと以前とは異なってきている。本書がそのような第三波のフェミニズムの社会を考察する一つの試みになれば、望外の喜びである。

本書出版にあたって大勢の方にお世話になった。本書の企画を論創社に紹介していただいた編集者の野中文江さん、論創社で編集を担当された松永裕衣子さんに感謝の念を捧げます。

二〇一二年一二月

【参考文献】

Gillis, Stacy et al. *Third Wave Feminism: A Critical Exploration*. London: Palgrave Macmillan, 2007.
Mill, John Stuart. *The Subjection of Women*. 1869. London: Dent, 1970.
Wollstonecraft, Mary. *A Vindication of the Rights of Woman*. 1792. London: Dent, 1992.
国立女性教育会館編『高等教育機関における女性学・ジェンダー論関連科目に関する調査報告書（平成一二年度開講科目調査）』国立女性教育会館、二〇〇〇年。
文部科学省高等教育局大学振興課「大学におけるセクシュアル・ハラスメントの防止について」http://www.mext.go.jp/b_menu/shingi/chousa/koutou/027/siryo/06021607/031.htm
渡辺和子・女性学教育ネットワーク編著『キャンパス・セクシュアル・ハラスメント――調査・分析・対策』、啓文社、二〇〇七年。

諸藤　享子（もろふじ　きょうこ）

1962 年、宮崎県生まれ。東京農工大学大学院連合農学研究科博士課程修了。宇都宮大学農学部附属里山科学センター特任研究員。共著に『暮らしの革命戦後の生活改善事業と新生活運動』（農山漁村文化協会、2011）、『*A Turning Point of Women*、*Families and Agriculture in Rural Japan* 転換期にある日本農村女性と家族』（学文社、2010）。

山本　芳美（やまもと　よしみ）

1968 年千葉県出身。昭和女子大学大学院生活機構研究科博士後期課程単位取得中退後、2000 年に同大学院に学位論文を提出。学術博士（論文）。都留文科大学比較文化学科准教授。主著に『イレズミの世界』（河出書房新社、2005）、『コスプレする社会──サブカルチャーの身体文化』（成実弘至編、せりか書房、2009）、『靴づくりの文化史』（稲川實氏との共著、現代書館、2011）。ほか、沖縄と台湾原住民族の歴史や文化に関する文化人類学的な論文がある。

カ文学』(南雲堂フェニックス、2005)、『ハーストン、ウォーカー、モリスン―アフリカ系アメリカ人女性作家をつなぐ点と線』(南雲堂フェニックス、2007)、『木と水と空と――エスニックの地平から』(金星堂、2007)、*The Other World of Richard Wright: Perspectives on His Haiku*(UP of Mississippi、2011)、『作品は作者を語る――アラビアン・ナイトから丸谷才一まで』(春風社、2011)、『世界文学史はいかにして可能か』(成美堂、2011)、『豊穣なる空間――亡霊のアメリカ文学』(国文社、2012)。

藤本　恵（ふじもと　めぐみ）

1973年、山口県生まれ。2004年、お茶の水女子大学大学院博士後期課程単位取得退学。同年、都留文科大学専任講師、2007年より准教授。共著に、『明治 大正 昭和に生きた女性作家たち――木村曙　樋口一葉　金子みすゞ　尾崎翠　野溝七生子　円地文子』（お茶の水学術事業会、2008)、『掘りだしものカタログ3　子どもの部屋×小説』（明治書院、2009）がある。

三橋　順子（みつはし じゅんこ）

1955年埼玉県生まれ。都留文科大学・明治大学・東京経済大学非常勤講師、国際日本文化研究センター共同研究員。専門は性別越境（トランスジェンダー）の社会・文化史。著書に『女装と日本人』（講談社現代新書、2008)、共著に『戦後日本女装・同性愛研究』（中央大学出版部、2006)。主な論文に「往還するジェンダーと身体――トランスジェンダーの経験――」（講座・身体をめぐるレッスン第1巻『夢見る身体 Fantasy』岩波書店、2006）など。

村上　研一（むらかみ　けんいち）

1972年神奈川県生まれ。2008年関東学院大学大学院経済学研究科博士後期課程修了。博士（経済学)。横浜市立港商業高等学校・横浜総合高等学校・金沢高等学校教諭を経て、都留文科大学社会学科准教授。主な著書に『現代日本再生産構造分析』（日本経済評論社、2013)、『海外進出企業の経営現地化と地域経済の再編』（共著、創風社、2011)。

望月　理子（もちづき　りこ）

1958年山梨県生まれ。2011年都留文科大学文学研究科修士課程修了。韮崎市立韮崎西中学校教諭。主な論文に「教室で読む『猫の事務所』――「半分同感」の意味」(『日本文学』日本文学協会、2011年3月号)、「国語教育と人権――人権意識を育てる表現指導――」(『都留文科大学大学院紀要第16集』都留文科大学、2012年3月)。

早稲田大学他で非常勤講師として現代史を教える。主な著書に『アヴァンギャルドの戦争体験　松本竣介　瀧口修造　そして画学生たち』(青木書店、1994)、『「原爆の図」描かれた＜記憶＞、語られた＜絵画＞』(岩波書店、2002)、『第五福竜丸から「3.11」後へ　被爆者 大石又七の旅路』(岩波書店、2011)。

笹野　悦子(ささの　えつこ)

佐賀県生まれ。2004年早稲田大学文学研究科博士後期課程単位取得退学。早稲田大学、武蔵大学、都留文科大学等非常勤講師。主要論文「女性の高学歴化と「社会進出」」(筑波大学出版会、『共生と希望の教育学』251-263頁、2011)、「ジェンダーと共生の視座」(リスク共有型共生社会研究会『リスク社会化環境における共生社会論──問題系の確認と展開』58-78頁、2009)、「戦後日本の「サラリーマン」表象の変化──『朝日新聞』を事例に」(共著、『社会学評論』205号：16-32頁、2001)。

杉井　静子(すぎい　しずこ)

1944年、中国青島生まれ。1967年中央大学法学部卒業。1969年弁護士となる。2009年ひめしゃら法律事務所開設。日弁連女性の権利に関する委員会委員長、女性初の第二東京弁護士会副会長・関東弁護士会連合会理事長等を歴任、現在日弁連家事法制委員会委員長。主な著書に「新しい法と自分らしい生き方」(新日本出版社、1999)、「格差社会を生きる」(かもがわ出版、2008)、「たかが姓されど姓」(かもがわ出版、2010)。

田中　夏子(たなか　なつこ)

1960年生まれ。慶應義塾大学文学研究科修士課程修了。東京都出身。都留文科大学教授。著書；『イタリア社会的経済の地域展開』(日本経済評論社、2004)。主な論文;「社会的排除と闘う協同：イタリアの社会的協同組合の取り組みを題材に」(『世界』(特集 協同が社会を変える) 836号、2012年11月)、「社会的経済が示す未来」(大沢真理編著『ジェンダー社会科学の可能性 第2巻 承認と包摂へ』所収、岩波書店、2012)、「イタリアにおける貧困への視座と対策：地域間格差の再生産の背景にあるもの」(『海外社会保障研究』〔特集 貧困への視座と対策のフロンティア〕177号、2011)。

中地　幸(なかち　さち)

1967年、東京都生まれ。2001年米国オハイオ大学大学院博士課程修了、Ph.D.(アメリカ文学)。都留文科大学文学部英文学科教授。2009－2010年ニューヨーク大学・ＵＣバークレーにてフルブライト客員研究員。共著に『カリブの風──英語文学とその周辺』(鷹書房弓プレス、2004)、『越境・周縁・ディアスポラ──三つのアメリ

著者略歴

（50音順）

牛山　恵（うしやま　めぐみ）

1949年生まれ。横浜国立大学教育学研究科修士課程修了。都留文科大学文学部国文学科教授。主な論文に「国語教材論――ジェンダーと国語教材」（『国語教育の再生と創造』教育出版、1996）、「国語教育史におけるジェンダー――坪内雄蔵『國語讀本』に見られるジェンダー形成の問題」（『国語科教育』全国大学国語教育学会、2001）、「小学生・中学生・高校生のコミュニケーション意識に見られる男女の差異」（『国文学論考』都留文科大学国語国文学会、2002）「ジェンダーの視点からの教師力」（『日本語学』明治書院、2003）、「読み書き能力における男女差」（『国文学論考』都留文科大学国語国文学会、2004）、「小学校国語教材とジェンダーⅠ・Ⅱ」（『都留文科大学研究紀要　第61集、第62集』2005）、「児童文学とジェンダー」（『アプローチ児童文学』翰林書房、2008）などがある。

大平　栄子（おおひら　えいこ）

1952年生まれ。岩手県出身。マウント・ホーリヨーク大学特別大学院課程修了。都留文科大学文学部教授。『嵐が丘研究』（リーベル出版、1991）、"Redeeming Bleeding : The Representation of Women in Githa Hariharan's *The Thousand Faces of Night*"(*Indian Journal of Gender Studies*、2011年)、『インド英語文学研究――分離独立文学と女性』（彩流社2013年出版予定）。

窪田　憲子（くぼた　のりこ）

1946年生まれ。津田塾大学大学院文学研究科博士課程単位取得。都留文科大学名誉教授、大妻女子大学短期大学部英文科教授。主要著書・訳書に *Britain & Japan:Biographical Portraits*, Vol. Ⅷ (Hugh Cortazzi ed. Leiden-Boston : Global Oriental, 2013) Ⅷ、『ヴァージニア・ウルフ』（マイケル・ウィットワース著、彩流社、2011年）、『イギリス文化　55のキーワード』（共編著、ミネルヴァ書房、2009年）、『マーガレット・アトウッド』（共著、彩流社、2008年）、『英語文学事典』（共編著、ミネルヴァ書房、2007年）、『ダロウェイ夫人』(編著、ミネルヴァ書房、2006年)、*Woolf Across Cultures* (co-authored. New York; Pace University Press, 2004)、『〈衣裳〉で読むイギリス小説』（共編著、ミネルヴァ書房、2004年）などがある。

小沢　節子（こざわ　せつこ）

1956年東京生まれ。早稲田大学大学院文学研究科博士前期課程修了。文学博士。

ジェンダーが拓く共生社会

2013 年 3 月 20 日　初版第 1 刷印刷
2013 年 3 月 30 日　初版第 1 刷発行

編　者　都留文科大学ジェンダー研究プログラム
　　　　七周年記念出版編集委員会
発行者　森下紀夫
発行所　論 創 社
　　　　東京都千代田区神田神保町 2-23　北井ビル
　　　　tel. 03（3264）5254　fax. 03（3264）5232
　　　　http://www.ronso.co.jp/
　　　　振替口座 00160-1-155266
装　幀　中野浩輝
印刷・製本　中央精版印刷

ISBN978-4-8460-1232-8　C0036　Printed in Japan